Beck-Wirtschaftsberater
Optionsscheine

dtv

Beck-Wirtschaftsberater

Optionsscheine

Grundlagen für den gezielten Einsatz an der Börse
2. aktualisierte Auflage

von Rolf Beike
und Andreas Potthoff

Deutscher Taschenbuch Verlag

Originalausgabe

1998
Redaktionelle Verantwortung: Verlag C. H. Beck, München
Umschlaggestaltung: Fuhr & Partner Design-Agentur, Mainz
Satz: Fotosatz Otto Gutfreund GmbH, Darmstadt
Druck und Bindung: C. H. Beck'sche Buchdruckerei, Nördlingen
ISBN 3 423 50812 4 (dtv)
ISBN 3 406 44525 X

Vorwort zur zweiten Auflage

Das Buch ist auf eine derartig große Resonanz gestoßen, daß bereits jetzt – noch im Jahr der Erstauflage – eine Neuauflage notwendig wurde. Wir haben dies zum Anlaß genommen, kleinere Fehler aus dem Text zu verbannen und an einigen Stellen Aktualisierungen und Ergänzungen vorzunehmen. Besonders bedanken möchten wir uns bei den Lesern für die freundliche Aufnahme und die wertvollen Anregungen. Auch in Zukunft sind wir für Verbesserungsvorschläge sehr dankbar.

Münster/Wolfratshausen, im August 1998   *Rolf Beike*
Andreas Potthoff

Vorwort zur ersten Auflage

Kaum ein Wertpapier ist in der Gunst der Anleger in letzter Zeit derart gestiegen wie Optionsscheine. Während im Jahre 1989 gerade einmal 100 verschiedene Wertpapiere dieser Sorte existierten, hat sich die Zahl der Emissionen inzwischen auf über 7000 ausgeweitet. Zum Spekulieren werden Optionsscheine gerade deshalb so gern genutzt, weil sie auf Marktschwankungen mit überproportionalen Wertänderungen reagieren. Allerdings sind nicht nur die Gewinnchancen ungewöhnlich hoch, sondern auch die Verlustmöglichkeiten. Deshalb ist es überaus wichtig, daß Anleger besonnen handeln und sich nicht von verheißungsvollen Werbebotschaften der Emittenten anstecken lassen. Ein tiefgreifendes Verständnis für die Funktionsweise und Bewertungsmechanismen ist unabdingbare Voraussetzung für eine auf Dauer erfolgreiche Spekulation.

Wir wenden uns mit diesem Buch nicht nur an versierte Anleger, sondern auch an den Börsenneuling. Deshalb haben wir die elementaren Zusammenhänge sehr ausführlich und, wie wir meinen, auch für verhältnismäßig unerfahrene Interessenten leicht nachvollziehbar dargeboten. Die Theorie beschränkt sich auf ein Minimum. Dafür enthält das Buch um so mehr realitätsnahe Fallbeispiele, die den Leser dazu anleiten sollen, selbst herauszufinden, ob sich die Anschaffung einzelner Optionsscheine lohnt. Dabei behandeln wir die Standardprodukte, machen aber auch vor „Exoten" nicht halt. Damit gewinnt der Leser einen erschöpfenden Überblick über die gesamte Angebotsvielfalt.

Für ihre Unterstützung beim Korrekturlesen gilt unser besonderer Dank Rainer Gottschlich, Holger Mager sowie Stefan Tomberg. Die Verantwortung für Fehler und Unvollkommenheiten liegt allein bei uns. Für Kritik und Anregungen sind wir jederzeit offen und sehr dankbar.

Paderborn, im Dezember 1997

Rolf Beike
Andreas Potthoff

Inhaltsverzeichnis

1. Optionen – Wie sie funktionieren, warum sie existieren und wo sie gehandelt werden

Ein erster Einblick

„Sie bringen hohe Gewinne, doch sie sind gefährlich", so titelte die *Wirtschaftswoche*[1] und meinte damit Optionsscheine. Woher die oft enormen Verdienstmöglichkeiten stammen und was „Scheine", wie viele schlicht sagen, für den Anleger so riskant macht, läßt sich mit einigen wenigen Worten kaum zum Ausdruck bringen. Daß ein Erfolg an Erfahrung und Sachkenntnis geknüpft ist, steht allerdings wohl außer Frage. Vor allem Börsenneulinge, so das renommierte Wirtschaftsmagazin weiter, fielen mit Optionsscheinen auf die Nase. Unzählige Male nämlich landen die oft vollmundig angepriesenen Wertpapiere nur deshalb im Depot, weil die Anleger eine falsche Vorstellung von den damit verbundenen Chancen und Risiken haben. Am Ende steht dann nicht selten eine große Enttäuschung, da aus der erhofften Traumrendite ein großer Verlust wurde. Damit ihnen derlei Erfahrungen erspart bleiben, sollten Optionsscheinanleger fundierte Kenntnisse über Produkte und deren Bewertung mitbringen. Beginnen wir deshalb ganz vorn.

Scheine zählen zu den Optionen, die ihre Bezeichnung der lateinischen Vokabel „optio" verdanken, was soviel bedeutet wie „freier Wille". Damit kommt die Wesensart von Optionen recht deutlich zum Ausdruck. Sie sind nichts weiter als Rechte, die in Zukunft ausgeübt werden können, keinesfalls aber in Anspruch genommen werden müssen. So gesehen hat der Inhaber eines Rechts eine Wahlmöglichkeit erlangt, nicht jedoch eine Erfüllungspflicht.

Ein ebensolches Recht kann nun etwa darin bestehen, künftig eine Sache oder ein Finanzinstrument – etwa eine Aktie – zu erwerben. Genausogut könnte das Recht aber auch die Möglichkeit

---

1 *Wirtschaftswoche* Nr. 34 vom 14. 8. 1997.

zum Verkauf eröffnen, so daß wir grundsätzlich zwischen Kauf- und Verkaufsrechten unterscheiden können.

Um die Übersicht nicht zu verlieren und den Leser nicht gleich am Anfang mit allzu viel Details zu überhäufen, beschränken wir uns fürs erste auf Kauf- und Verkaufsrechte, die sich auf Aktien beziehen. Und der Anschaulichkeit wegen wollen wir nicht einfach „irgendeine" Aktie betrachten, sondern ganz konkret die Aktie der Deutschen Telekom AG, kurz T-Aktie.

Wenn wir uns noch einmal die obige Definition vor Augen führen, dann hat der Inhaber einer *Kaufoption auf T-Aktien* die Möglichkeit, derlei Wertpapiere in Zukunft zu beziehen. Nun wird mancher Leser sicherlich fragen, was daran so außergewöhnlich ist. Schließlich können Anleger T-Aktien in Zukunft ja auch dann erwerben, wenn sie nicht im Besitz von Kaufoptionen sind. Dieser Einwand ist zwar grundsätzlich angebracht. Nur darf dabei nicht übersehen werden, daß für die T-Aktien dann auf jeden Fall der in der Zukunft aktuelle Preis (Kurs) zu zahlen ist. Und damit sind wir bei dem entscheidenden Merkmal einer Kaufoption: Sie erlaubt es ihrem Inhaber, die T-Aktie zu einem ganz bestimmten, **im voraus** festgelegten Preis zu beziehen.[1] Wir wollen das einmal anhand eines einfachen Beispiels demonstrieren. Angenommen Sie, lieber Leser, besäßen eine Kaufoption, die Ihnen das Recht verleiht, eine T-Aktie in einem halben Jahr zum Kurs von, sagen wir 40 DM zu erwerben. Sie könnten später, genauer gesagt: in sechs Monaten, davon Gebrauch machen, ebenso könnten Sie auf die Inanspruchnahme verzichten. Natürlich wollen Sie jetzt wissen, wann sich eine Ausübung Ihres Kaufrechts lohnt. Da Sie aufgrund Ihrer Option eine T-Aktie zum Preis von 40 DM kaufen können, aber nicht müssen, werden Sie diese Möglichkeit

---

1 Optionen zählen zur Gruppe der Termingeschäfte, womit zum Ausdruck kommt, daß bereits gegenwärtig die Konditionen (z. B. der Preis) vereinbart werden, wohingegen eine Erfüllung, also die Lieferung und Bezahlung, erst in Zukunft stattfindet. Sind beide Parteien, also sowohl Käufer als auch Verkäufer, gleichermaßen zu Vertragserfüllung verpflichtet, so spricht man von einem unbedingten Termingeschäft. Im Gegensatz dazu zählen Optionen zu den sogenannten bedingten Termingeschäften, da eine Vertragspartei das Recht genießt, künftig die Erfüllung zu verlangen, darauf aber genausogut verzichten könnte.

auch nur dann beanspruchen, wenn der Kurs der T-Aktie in sechs Monaten 40 DM überschreitet. Obwohl die Aktie dann teurer ist und zum Beispiel 45 DM kostet, haben Sie das Recht, günstiger an das Papier zu kommen. Aufgrund Ihres Kaufrechts sparen Sie bei der gerade beschriebenen Konstellation 5 DM (45 DM – 40 DM). Notiert die T-Aktie in sechs Monaten hingegen unterhalb von 40 DM, so wäre eine Ausübung der Option ausgesprochen unvernünftig. Sie würden für die T-Aktie dann 40 DM bezahlen, obwohl das Wertpapier für 39 DM oder vielleicht noch weniger zu haben ist. Offenkundig profitiert der Inhaber einer Kaufoption also von einem Kursanstieg, sein Recht ist hingegen wertlos, wenn die Marke von 40 DM – die im Fachjargon übrigens **Basispreis**, **Strike Price** oder schlicht **Strike** heißt – unterschritten wird.

Wir können anhand dieses vergleichsweise unkomplizierten Beispiels bereits einen Beweggrund für die Anschaffung von Optionen erahnen: In unserem Fall erlangt der Optionskäufer die Gewißheit, für die T-Aktie in einem halben Jahr keinesfalls mehr als 40 DM zahlen zu müssen – er sichert sich gewissermaßen gegen steigende Aktienkurse. Bevor wir allerdings auf die Motive weiter eingehen, wollen wir nochmals einen Blick auf unser Beispiel werfen. Auf der einen Seite steht der Optionsinhaber, der sein Recht in der Zukunft in Anspruch nehmen darf. Entscheidet er sich für eine Ausübung, so muß jemand anderes die Aktie zum Basispreis zur Verfügung stellen. Es muß also eine weitere Partei existieren, die dem Optionsinhaber dieses Recht verschafft. Nahezu von selbst taucht dann die Frage auf, ob diese Partei das Recht wohl kostenlos einräumen wird oder vielleicht einen Preis dafür verlangt.

Betrachten wir unser Fallbeispiel dazu etwas genauer, dann bemerken wir, daß der Optionsinhaber von einem Kursanstieg profitiert, da er in diesem Falle von seinem Recht Gebrauch macht und eine T-Aktie zum verhältnismäßig günstigen Basispreis bezieht. Bei einem Kurs von 45 DM spart der Inhaber 5 DM, was wir weiter oben bereits gesehen haben. Nun beobachten wir das Ganze einmal aus der Perspektive der Gegenpartei. Sie muß ausharren – man könnte auch sagen „stillhalten" –, bis sich der Optionsbesitzer entschieden hat und – falls der Entschluß zur Ausübung fällt – die Aktie zum Basispreis liefern. Deshalb spricht man auch vom Stillhalter. Der Stillhalter muß, um beim obigen Beispiel zu bleiben, eine T-Aktie, die genaugenommen 45 DM wert ist, für 40 DM an den Optionsinhaber abgeben. Er verliert gewissermaßen 5 DM. Um Mißverständnissen vorzubeugen, wollen wir schon hier darauf hinweisen, daß ein Stillhalter freilich nur dann Verluste erleiden kann, wenn die T-Aktie über dem Basispreis notiert.

Nun läßt sich die Frage, ob ein Kaufrecht kostenlos überlassen wird, ohne weiteres beantworten. Da der Stillhalter bereits in dem Augenblick, in dem er ein Kaufrecht einräumt, damit rechnen muß, in der Zukunft in Anspruch genommen zu werden, verlangt er für die Option selbstverständlich einen Preis, die sogenannte **Optionsprämie**. So haben wir einerseits den Stillhalter, der gegen Erhalt des Optionspreises ein Kaufrecht einräumt, die Entscheidung des Käufers abwarten und sich dessen Entschluß, das Recht auszuüben oder darauf zu verzichten, beugen muß. Auf der anderen Seite befindet sich der Optionskäufer, der den Preis zahlt, dafür in Zukunft das Kaufrecht behaupten darf und damit die Chance erlangt, einen Gewinn zu verbuchen. Ein Optionsgeschäft setzt also stets zwei Vertragspartner voraus, die dazu bereit sein müssen, unterschiedliche Positionen einzunehmen.

Wenn wir das obige Beispiel genauer betrachten, so entdecken

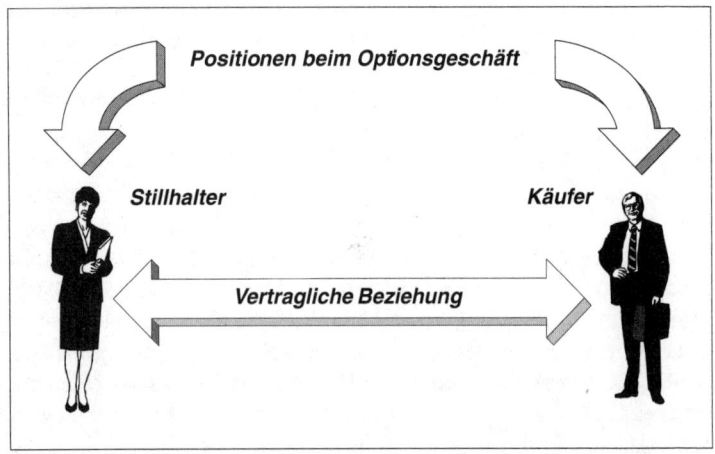

Positionen beim Optionsgeschäft

Stillhalter   **Käufer**

Vertragliche Beziehung

Abb. 1: Positionen beim Optionsgeschäft

wir, daß im Rahmen eines Optionsgeschäftes nicht nur der Preis, sondern eine Vielzahl weiterer Bestandteile – in der Fachsprache **Ausstattungsmerkmale** – fixiert werden müssen. Da ist zunächst der Gegenstand, auf den sich das Recht bezieht, in unserem Falle die T-Aktie. Man könnte auch sagen, die Option basiert auf der T-Aktie, so daß ganz allgemein vom **Basisgut** (englisch: **Underlying**) die Rede ist. Neben dem **Underlying** müssen sich die Vertragsparteien über die Laufzeit der Option verständigen oder, um gleich den einschlägigen Terminus zu verwenden, die **Optionsfrist**. Solche Rechte sind also immer zeitlich begrenzt, wobei die „Lebensdauer", wenn man so will, exakt derjenigen Spanne entspricht, die zwischen dem Zeitpunkt der Entstehung und Fälligkeit des Rechts verstreicht. Außerdem muß Einigkeit über die Höhe des Strikes herrschen. Anstelle eines Basispreises von 40 DM, um an das obige Beispiel anzuknüpfen, könnte genausogut ein Strike von 30,35 oder 50 DM sowie ein beliebiger anderweitiger Preis gewählt werden. Käufer und Verkäufer müssen darüber hinaus vereinbaren, ob der Stillhalter im Falle einer Ausübung das Underlying tatsächlich liefert, was die Fachleute auch als **effektive Andienung** bezeichnen. Dann zahlt der Optionsinhaber den Basispreis, um im Gegenzug vom Stillhalter das Underlying zu empfangen. Anstelle einer effektiven Andienung könnten sich die Vertragspartner allerdings auch für einen **Barausgleich** – englisch: **Cash Settlement** – entscheiden. Die Parteien würden in diesem Falle auf einen Austausch des Underlyings verzichten. Dafür zahlt der Stillhalter sozusagen „ersatzweise" die Differenz zwischen aktuellem Aktienkurs und Strike an den Optionsinhaber.

Nun haben wir fast sämtliche wichtigen Bestandteile einer Optionsvereinbarung kurz angesprochen, mit Ausnahme der sogenannten **Ausübungsmodalität**, womit die Möglichkeiten zur Inanspruchnahme einer Option gemeint sind. Die Vertragspartner könnten sich darauf verständigen, eine Ausübung ausschließlich am Verfalltag zu gestatten, wofür die Bezeichnung **europäische** Option geläufig ist. Im Gegensatz dazu haben Inhaber **amerikanischer** Optionen die Möglichkeit, von ihrem Recht jederzeit während der Optionsfrist Gebrauch zu machen, was allerdings – wie wir später noch sehen – im allgemeinen höchst unvernünftig ist.

Damit sind einige wesentliche Ausstattungsmerkmale eines Optionsgeschäftes skizziert worden, die wir der Übersichtlichkeit halber noch einmal zusammenfassen:

- Underlying (zum Beispiel Aktien),
- Strike Price (zum Beispiel 40 DM),
- Optionsfrist (zum Beispiel 12 Monate),
- Andienung (zum Beispiel Cash Settlement),
- Ausübungsmodalität (zum Beispiel europäisch).

Wir sind bislang davon ausgegangen, daß eine Option ihren Inhaber dazu berechtigt, in der Zukunft das Underlying zum Strike Price zu erwerben. Genausogut könnte ein Optionskäufer aber auch das Recht erlangen, das Basisgut zu veräußern, so daß man allgemein zwischen **Kauf-** und **Verkaufsoptionen** – englisch **Calls** bzw. **Puts** – unterscheiden kann. Die bereits oben für Calls besprochenen Ausstattungsmerkmale lassen sich problemlos auch auf Puts übertragen, so daß wir hierauf zunächst nicht weiter eingehen müssen. Zur Verdeutlichung wollen wir allerdings noch einmal hervorheben, daß ein Put, im Gegensatz zu einem Call, seinen Inhaber in die Lage versetzt, bei Ausübung das Underlying zum Basispreis verkaufen zu dürfen. Anders als ein Call-Käufer profitiert ein Put-Besitzer also von einem Preisrückgang des Underlyings. Auf eine Darstellung weiterer Details soll an dieser Stelle allerdings verzichtet werden, da wir uns in den beiden folgenden Abschnitten ausführlich mit der Funktionsweise eines Calls bzw. Puts und den Motiven für deren Anschaffung (respektive Veräußerung) befassen.

Kaufoptionen – Calls

Um die Funktionsweise einer Kaufoption möglichst realitätsnah und anschaulich demonstrieren zu können, führen wir gleich zu Beginn ein Beispiel ein, auf das wir im Laufe dieses Abschnitts immer wieder zurückkommen.

Call-Option	
Underlying	T-Aktie
Strike Price	40 DM
Fälligkeit	1. 6. 1998
Andienung	effektiv
Typ	europäisch
Prämie	5 DM

Wir gehen nun davon aus, daß Sie sich für den Kauf dieses Calls entscheiden. Damit besitzen Sie das Recht, die T-Aktie am 1.6. 1998 für 40 DM kaufen zu können. Dem Stillhalter zahlen Sie dafür eine Prämie, die sich hier auf 5 DM beläuft. Bevor wir uns näher mit anderen wichtigen Aspekten auseinandersetzen, wollen wir überlegen, was Sie zur Anschaffung bewegen könnte.

Im vorhergehenden Abschnitt haben wir bereits gesehen, daß sich die Ausübung einer Kaufoption immer dann lohnt, wenn der im Optionsvertrag festgelegte Basispreis überschritten wird. Nehmen wir zur Verdeutlichung dieses Sachverhaltes einmal an, die T-Aktie notiere am 1.6. 1998 zu einem Kurs in Höhe von 60 DM. Da Sie im Besitz des Calls sind, haben Sie die Möglichkeit, das Wertpapier zum Strike Price (40 DM) vom Stillhalter zu beziehen, indem Sie die Option einfach ausüben. Aufgrund Ihres Kaufrechts haben Sie eine T-Aktie für 40 DM erlangt, wofür andere Marktteilnehmer, die über keinen Call verfügen, 60 DM zahlen müßten. Sie sparen beim Bezug der Aktie durch Ausübung der Option also 20 DM gegenüber einem Direkterwerb des Wertpapiers.

Nun verkörpert eine Option, wie wir schon festgestellt haben, ein Recht, keineswegs jedoch eine Pflicht zur Ausübung. Sie sind daher nicht gezwungen, eine T-Aktie vom Stillhalter für 40 DM zu übernehmen. Am 1.6. 1998 werden Sie vielmehr abwägen, ob eine Inanspruchnahme des Kaufrechts überhaupt sinnvoll ist oder der Verzicht auf eine Ausübung nicht die bessere Alternative darstellt. Und diese Entscheidung hängt einzig und allein vom Kurs der T-Aktie am 1.6. 1998 ab. Liegt er über dem Basispreis, so lohnt sich eine Ausübung, andernfalls lassen Sie Ihr Kaufrecht besser verfallen, weil der Direkterwerb günstiger ist.

Mit der Anschaffung der Kaufoption versichern Sie sich sozusagen gegen einen Kursanstieg, da Sie an das Recht gelangen, zum Basispreis kaufen zu dürfen. Sie werden am 1.6. 1998 niemals mehr als 40 DM für eine T-Aktie ausgeben müssen, und zwar völlig unabhängig von der tatsächlichen Kursentwicklung. Es kann allerdings durchaus sein, daß Sie weniger zahlen werden, etwa bei einem Aktienkurs in Höhe von 38 DM. Dann verzichten Sie auf die Ausübung Ihres Rechts und kaufen das Wertpapier direkt. Der Stillhalter könnte also durchaus als Versicherungsgeber angesehen werden, wohingegen Sie die Position des -nehmers bekleiden. Für diese Leistung bezahlen Sie eine „Versicherungsprämie", genauer: den Optionspreis.

Damit sind wir einem bedeutenden Motiv auf die Spur gekommen – der Absicherung gegen einen zukünftigen Preisanstieg. Mancher Leser wird sich an dieser Stelle gewiß fragen, warum die T-Aktie nicht gleich erworben wird, anstatt den Kauf in die Zukunft zu verschieben und eine Absicherung vorzunehmen. Dieser Einwand ist prinzipiell nicht von der Hand zu weisen, nur müssen wir uns auch vor Augen führen, daß der Aufschub eines Aktienkaufs mitunter unausweichlich ist. Nehmen wir einmal an, ein Sparer habe sein Kapital in einen Sparbrief investiert, der erst in einem Jahr zur Rückzahlung gelangt. Er könnte momentan, auch wenn er wollte, gar keine T-Aktien erwerben, weil er zunächst auf die Rückzahlung seines Kapitals warten muß. Plant der Sparer, künftig anstelle von Sparbriefen T-Aktien zu kaufen, so hat er selbstverständlich ein Motiv, sich gegen steigende Kurse zu sichern. Für ihn kämen folglich Calls auf T-Aktien in Frage.

Nun ist eine Absicherung gegen steigende Kurse wahrhaftig nicht der einzige Beweggrund. Wie wir oben bereits gesehen haben, profitiert ein Call-Inhaber grundsätzlich von einem Kursanstieg. Was läge bei Erwartung eines Kursanstiegs also näher als die Anschaffung eines Calls. Ein Absicherungsbedürfnis muß dabei gar nicht existieren. Der Call-Käufer setzt einfach auf einen Kursanstieg in der Hoffnung, erkleckliche Gewinne einzustreichen. Er verfolgt also weniger Absicherungs- als vielmehr Spekulationsmotive. Bestätigt sich seine Vermutung, so übt er die Option zum Basispreis aus und verkauft die Aktie umgehend zum höheren aktuellen Kurs. Wir wollen dies der Deutlichkeit halber einmal an einem konkreten Beispiel illustrieren. Dafür unterstellen wir, daß die T-Aktie am 1. 6. 1998 zu einem Preis von 60 DM notiert. Der Spekulant übt seinen Call aus, zahlt 40 DM und empfängt prompt eine T-Aktie, die er allerdings umgehend für 60 DM wieder veräußert. Sein Gewinn beläuft sich auf 20 DM, wenn wir von der bereits bezahlten Optionsprämie einmal absehen. Für Spekulanten hat der Optionspreis damit den Charakter einer Versicherungsprämie verloren. Er entspricht jetzt eher einem Wetteinsatz, auch wenn viele professionelle Optionshändler dies gar nicht gerne hören.

Die doch recht umständlichen Aktientransaktionen zur Realisierung des Gewinns kann unser Spekulant übrigens ganz einfach umgehen, indem er eine Option mit Cash-Settlement wählt. In diesem Fall empfängt er vom Stillhalter die Differenz zwischen aktuellem Aktienkurs und Strike Price, also exakt 20 DM.

Spätestens an dieser Stelle taucht sicherlich beim einen oder anderen Leser die Frage auf, warum sich ein Spekulant für einen Call entscheidet, wenn er von einem Kursanstieg der T-Aktie ausgeht. Er könnte doch genausogut die T-Aktie selbst kaufen, den möglichen Kursanstieg abwarten und das Wertpapier dann zum hoffentlich höheren Preis veräußern. Diese Strategie ist natürlich nicht ausgeschlossen und führt auch zum Erfolg, wenn der Spekulant mit seiner Vorhersage recht behält. Um beide Alternativen – also Aktien- oder Call-Kauf – jedoch direkt miteinander vergleichen zu können, müssen wir schon etwas genauer hinsehen. Wir wählen dafür erneut ein konkretes Beispiel: Nehmen wir an, die T-Aktie koste am 1. 12. 1997 exakt 40 DM und der weiter oben beschriebene Call werde just an diesem Tag an unseren Spekulanten für 5 DM veräußert. Unterstellen wir weiter, der Spekulant kaufe am 1. 12. 1997 entweder eine T-Aktie (Strategie 1) oder alternativ acht Call-Optionen (Strategie 2).

Nun ist es natürlich von großem Interesse, zu erfahren, welches Ergebnis der Spekulant mit der jeweiligen Strategie erzielt, wenn der Aktienkurs am Verfalltag der Option (1. 6. 1998) gestiegen ist und sagen wir bei 60 DM steht. Strategie 1 beschert ihm eine Wertsteigerung von 50 Prozent für sein eingesetztes Kapital. Einen deutlich höheren Zuwachs erzielt der Spekulant stattdessen bei der zweiten Strategie. Jeder Call hat einen Wert von 20 DM, was bei acht Optionen zu insgesamt 160 DM führt und damit einem Wertzuwachs von 300 Prozent entspricht. Erinnern wir uns: Beide Strategien erfordern denselben Kapitaleinsatz (40 DM). Dennoch erbringt Strategie 2 einen höheren Gewinn als Strategie 1. Zurückzuführen ist dieses „Phänomen" auf den sogenannten Hebeleffekt bei Optionen, den wir allerdings nicht hier vertiefen, sondern an einer anderen Stelle (vgl. S. 192). Dessenungeachtet könnte der Hebeleffekt einen Spekulanten dazu veranlassen, anstelle der T-Aktie die Calls zu wählen.

Damit haben wir zwei plausible Motive für einen Call-Erwerb vorgestellt: Auf der einen Seite die Absicherung gegen steigende Kurse, auf der anderen Seite die Spekulation auf steigende Aktienpreise.

Nun wissen wir, was einen Call-Käufer zu seiner Entscheidung bewegen kann. Aber was um alles in der Welt treibt einen Akteur zur Veräußerung eines Kaufrechts? Rufen wir uns dafür doch einfach die Pflichten eines Stillhalters ins Gedächtnis. Der Verkäufer garantiert dem Call-Käufer, eine T-Aktie in der Zukunft zu einem im voraus vereinbarten Preis beziehen zu dürfen. Dieses Versprechen gibt der Stillhalter freilich nicht kostenlos ab, sondern nur gegen Zahlung der Optionsprämie. Lohnenswert ist die Veräußerung eines Kaufrechts immer dann, wenn es der Käufer nicht in Anspruch nimmt – also bei Aktienkursen, die den Basispreis nicht überschreiten. In diesem Fall hat der Stillhalter die Prämie kassiert, ohne eine Gegenleistung zu erbringen. Er verbucht die gesamte Prämie als Gewinn. Aber selbst bei einer Inanspruchnahme der Option kann für den Stillhalter noch etwas übrigbleiben, und zwar genau dann, wenn die Differenz zwischen aktuellem Aktienkurs und Basispreis nicht größer ist als die vereinnahmte Optionsprämie. Liegt der Kurs der T-Aktie am 1. 6. 1998 exakt bei 45 DM, so muß der Stillhalter das Wertpapier für 40 DM abgeben und die zuvor vereinnahmte Optionsprämie (5 DM) ist vollends aufgezehrt. Aktienkurse über 45 DM führen für den Stillhalter sogar zu einem Verlust.

Wir können also festhalten, daß sich die Veräußerung einer Kaufoption grundsätzlich lohnt, wenn der Aktienkurs

– sinkt,
– unverändert bleibt oder
– nur geringfügig steigt.

Dabei wollen wir es zunächst bewenden lassen und uns nun Verkaufsoptionen zuwenden.

Verkaufsoptionen – Puts

Während sich Calls bei zukünftigen Preissteigerungen als lukrativ erweisen, trifft für Puts genau das Gegenteil zu. Man könnte also vermuten, daß sich Verkaufsoptionen zur Sicherung gegen sinkende Preise eignen oder zur Spekulation darauf. Wir wollen das im weiteren überprüfen und greifen dafür auf das folgende Beispiel zurück.

Put-Option	
Underlying	T-Aktie
Strike Price	40 DM
Fälligkeit	1. 6. 1998
Andienung	effektiv
Typ	europäisch
Prämie	3 DM

Angenommen, wir stünden vor der Entscheidung, die soeben beschriebene Put-Option zu erwerben. Dafür müßten wir dem Stillhalter eine Prämie in Höhe von 3 DM zahlen und würden das Recht erlangen, am 1. 6. 1998 eine T-Aktie für 40 DM veräußern zu dürfen. Der Stillhalter müßte, sofern wir von unserem Recht Gebrauch machen, Aktien annehmen und Geld dafür abgeben, weshalb er auch als „Stillhalter in Geld" bezeichnet wird. Der Stillhalter einer Kaufoption ist, um das Ganze abzurunden, hingegen „Stillhalter in Wertpapieren".
Nun wollen wir der Frage nachgehen, was uns zur Anschaffung dieser Verkaufsoption motivieren könnte. Erinnern wir uns zunächst an die einleitenden Worte in diesem Buch: Ein Verkaufsrecht garantiert uns einen festen Kurs – hier: 40 DM –, zu

dem wir das Underlying veräußern dürfen. Wir können also unmittelbar die Überlegung anfügen, in welchen Fällen die Fixierung
eines bestimmten Verkaufspreises angebracht erscheint. Die Frage ist schnell beantwortet. Eine derartige Garantie würden wir uns
genau dann beschaffen, wenn wir mit einem Rückgang des Preisniveaus für T-Aktien rechnen. Unterstellen wir zur Veranschaulichung der Sachlage einmal einen Kursrückgang um 10 DM für die
T-Aktie. Das Wertpapier notiert am Verfalltag der Option (1. 6.
1998) entsprechend unserer Annahme zu einem Preis in Höhe von
30 DM. Da wir von unserem Recht Gebrauch machen können, erhalten wir für die Hingabe einer T-Aktie, die jetzt nur 30 DM wert
ist, vom Stillhalter 40 DM. Dadurch kommt der Kauf des Puts einer Versicherung gegen sinkende Kurse gleich, womit wir bereits
ein plausibles Motiv für die Anschaffung herausgefunden haben.
Wir wollen diesen Aspekt ein wenig vertiefen und schauen deshalb etwas genauer auf die einzelnen Schritte. Gesetzt den Fall,
wir besäßen am 1. 12. 1997 eine T-Aktie und planten, das Wertpapier am 1. 6. 1998 zu veräußern. Da wir in Zukunft mit einem
Kursrückgang rechnen, entschließen wir uns zum Kauf der oben
beschriebenen Put-Option. Einige Leser werden sich bestimmt
fragen, warum wir die Aktie nicht sofort verkaufen und dem dro-
henden Verlust damit aus dem Wege gehen. Dieses Argument liegt
auf Anhieb sicherlich sehr nahe – gegen eine sofortige Veräußerung sprechen bisweilen allerdings einige zum Teil recht unterschiedliche Gründe. So ist es beispielsweise denkbar, daß wir gerne an der nächsten Hauptversammlung der Telekom AG teilneh-
men würden, was natürlich den Besitz von T-Aktien voraussetzt,
zumindest bis zum Tag der Versammlung. Ein anderweitiges, in
der Praxis häufig ausschlaggebendes Motiv ist auf die steuerliche
Behandlung von Aktienkursgewinnen zurückzuführen. Realisieren Anleger Kursgewinne innerhalb der vom Gesetzgeber explizit
genannten Spekulationsfrist, so sind die Gewinne – abgesehen
von Freigrenzen – grundsätzlich zu versteuern. Es liegt daher im
Interesse vieler Investoren, einen möglicherweise innerhalb der
Spekulationsfrist erzielten Kursgewinn erst nach Beendigung dieser Frist zu verwirklichen, um die Steuerbelastung zu reduzieren.
Ein einmal erreichtes Kursniveau könnte beispielsweise mit Put-
Optionen bis zum Ablauf der Spekulationsfrist gesichert werden.

Liegt der Aktienkurs nach Verstreichen dieser Zeitspanne unterhalb des Basispreises, dann übt der Investor sein Verkaufsrecht aus, andernfalls verzichtet er darauf und veräußert das Wertpapier zum höheren aktuellen Preis.[1]

Neben einer Absicherung gegen künftige Kursrückgänge eignen sich Put-Optionen ausgezeichnet zur Spekulation auf sinkende Preise in der Zukunft. Nehmen wir zur Verdeutlichung einmal an, daß ein Spekulant am 1. 12. 1997 von einem Kursrückgang der T-Aktie überzeugt ist und sich daraufhin zum Kauf der Put-Option entscheidet. Unterstellen wir weiter, der Kurs für die T-Aktie sei tatsächlich gesunken und betrage am Verfalltag (1. 6. 1998) 30 DM. Unser Spekulant könnte nun eine Aktie für 30 DM kaufen, seine Option ausüben, die Aktie an den Stillhalter weiterreichen und von diesem den Basispreis (40 DM) kassieren. Der Gewinn beläuft sich auf 10 DM, wenn man von der Optionsprämie einmal absieht. Einer effektiven Andienung kann der Spekulant ohne Schwierigkeiten ausweichen, indem er sich für einen Put mit Cash-Settlement entscheidet. In diesem Falle zahlt der Stillhalter die Differenz zwischen Basispreis und aktuellem Aktienkurs an den Optionskäufer aus.

Gerade für Privatleute stellen Put-Optionen ein ausgesprochen komfortables Instrument zur Spekulation auf künftige Preisrückgänge beim Underlying dar. Eine Spekulation mit der Aktie selbst ist für Private nahezu ausgeschlossen, weil das Wertpapier dafür „leerverkauft" werden müßte. Derartige Geschäfte sind in aller Regel allerdings institutionellen Marktakteuren vorbehalten, wozu vorwiegend Banken, Fondsgesellschaften, Pensionskassen und Versicherungen zählen. Trotz allem wollen wir kurz auf das Prinzip eines Leerverkaufs eingehen, damit der Leser eine Vorstellung von derartigen Geschäften gewinnt. Allzu viele Details wollen wir allerdings nicht vertiefen, um den Faden nicht zu verlieren. Bei einem Leerverkauf veräußern wir eine Sache – hier die T-Aktie –, die uns in Wirklichkeit gar nicht gehört (deshalb die Bezeichnung

---

1 Auf die steuerliche Behandlung von Gewinnen und Verlusten, die im Zusammenhang mit Warrants entstehen, gehen wir im Kapitel 6 noch ausführlicher ein.

„leer"). Dafür müssen wir uns das Wertpapier an einem bestimmten Tag, sagen wir am 1. 12. 1997, für einen bestimmten Zeitraum, angenommen 6 Monate, zunächst ausleihen. Nachdem wir das Wertpapier geliehen haben, verkaufen wir es sofort wieder und kassieren den aktuellen Kurs, der am 1. 12. 1997 bei 40 DM liegen soll. Da wir die Aktie nur entliehen haben – und zwar für sechs Monate – müssen wir sie natürlich am 1. 6. 1998 an den Verleiher zurückgeben. Wir kaufen also nach Ablauf der Leihfrist eine Aktie und reichen sie umgehend an den Verleiher weiter. Falls der Aktienkurs am 1. 6. 1998 geringer ist als der Preis am 1. 12. 1997, so werden wir einen Gewinn erzielen. Nehmen wir dazu einmal an, die Aktie kostet am Ende der Leihfrist 30 DM. Dann haben wir das geliehene Wertpapier am 1. 12. 1997 für 40 DM verkauft und die Aktie nach sechs Monaten zu einem geringeren Preis „zurückgekauft", so daß uns ein Gewinn in Höhe von 10 DM verbleibt. Leerverkäufer profitieren also von einem Rückgang des Preisniveaus, genauso wie Put-Käufer.

Bei der Darstellung von Calls haben wir bereits darauf hingewiesen, daß der Stillhalter das Kaufrecht nicht unentgeltlich vergibt, sondern eine Prämie dafür verlangt. Das gilt selbstverständlich auch für Puts. Lohnenswert ist die Veräußerung einer Verkaufsoption immer dann, wenn der Preis für das Underlying

– steigt,
– unverändert bleibt oder
– nur geringfügig sinkt.

Wir wollen das kurz anhand der weiter oben dargebotenen Put-Option illustrieren. Der Stillhalter wird vom Optionskäufer nur dann in Anspruch genommen, wenn der Kurs für die T-Aktie am Verfalltag unterhalb des Basispreises liegt. Ansonsten ist der Verzicht auf eine Ausübung der Option für den Käufer allemal vorteilhafter. Einen Verlust erleidet der Stillhalter erst dann, wenn der Aktienkurs am Verfalltag soweit unter den Basispreis gesunken ist, daß die Optionsprämie (3 DM) aufgezehrt wird. Dies trifft etwa für einen Aktienkurs in Höhe von 36 DM zu. In diesem Fall übt der Optionsinhaber aus und erhält für eine T-Aktie 40 DM, obwohl das Wertpapier nur 36 DM wert ist. Der Stillhalter zahlt für die Aktie einen Preis, der um 4 DM über dem aktuellen Wert liegt. Er hat beim Verkauf der Option allerdings die Prämie (3 DM) kassiert, so daß ihm letztendlich ein Verlust in Höhe von einer DM entsteht.

Bisher standen einige eher grundlegende und für ein Verständnis der weiteren Ausführungen unabdingbare Aspekte im Vordergrund. Bevor wir nun näher auf Underlyings, Optionsstrukturen, die Abwicklung von Optionsgeschäften oder beispielsweise eine detaillierte Analyse einzelner Optionen eingehen, wollen wir im weiteren aufzeigen, wodurch sich Optionsscheine auszeichnen. Schließlich handelt dieses Buch nicht von Optionen im allgemeinen, sondern speziell von Optionsscheinen. Um dem Leser eine Einordnung dieses Begriffs zu erleichtern, befassen wir uns zunächst mit den verschiedenen Möglichkeiten, Optionsgeschäfte abzuschließen.

Wie Optionen entstehen und wo sie gehandelt werden

Dem Anleger stehen prinzipiell drei Wege offen, Optionsgeschäfte zu vereinbaren. Dazu gehören

- die Abwicklung Over-The-Counter,
- Terminbörsengeschäfte und
- Warrant-Transaktionen.

Eine in der Praxis ausgesprochen weit verbreitete Möglichkeit zum Abschluß eines Optionsgeschäftes ist dadurch gekennzeichnet, daß zwei Interessenten zumeist telefonisch Kontakt zueinander knüpfen, die Ausstattung des Geschäftes individuell vereinbaren und den Vertrag am Telefon schließen. Derartige Transaktionen werden allgemein als **Over-The-Counter**-Geschäfte – kurz **OTC**-Geschäfte – bezeichnet, was übersetzt soviel wie „über den Tresen" bedeutet. Optionsgeschäfte, die auf diese Art und Weise zustande kommen, heißen daher auch OTC-Optionen. Derlei Geschäfte entstehen genau dann, wenn sich zwei Vertragspartner – ein Käufer und ein Stillhalter – dazu bereit erklären. Für gewöhnlich ist zumindest eine der beiden Vertragsparteien eine Bank, die andere Partei könnte zum Beispiel eine Fondsgesellschaft, eine

Versicherung oder ein Industrieunternehmen sein. Die telefonisch geschlossene Vereinbarung wird anschließend schriftlich fixiert, den Vertragspartnern zur Überprüfung zugeleitet und zur Sicherheit von beiden nochmals schriftlich bestätigt. Es ist unmittelbar einsichtig, daß OTC-Geschäfte nur dann ins Leben gerufen werden, wenn sich die Vertragsparteien sehr genau kennen und wissen, daß sie sich aufeinander verlassen können. So wird etwa eine Geschäftsbank ein Industrieunternehmen nur dann als Stillhalter akzeptieren, wenn sie fest davon ausgehen kann, daß das Unternehmen seinen Verpflichtungen auch nachkommt, sofern die Bank in der Zukunft von ihrem Recht Gebrauch machen will. Zudem müssen die Geschäfte ein bestimmtes Mindestvolumen erreichen. Nahezu ausgeschlossen ist beispielsweise, daß eine Bank eine Option verkauft, der eine einzige Aktie zugrundeliegt. Solch ein Geschäft ist schon allein aufgrund der Abwicklungskosten nicht lohnenswert. Die Möglichkeit zum Kauf bzw. Verkauf von OTC-Optionen ist deshalb vorwiegend institutionellen, vor allem aber hinsichtlich ihrer Bonität einwandfreien Marktteilnehmern vorbehalten, die obendrein bereit sein müssen, ein entsprechend hohes Volumen zu handeln. Mitunter wird jedoch auch Privatleuten, hauptsächlich besonders vermögenden, die Gelegenheit zum Abschluß von OTC-Geschäften geboten.

Typisch für OTC-Optionen ist, wie weiter oben bereits angedeutet, die freie Aushandelbarkeit der Ausstattungsmerkmale. Die Vertragsparteien können also Underlying, Optionsfrist, Andienung und Ausübungsmodalitäten je nach Wunsch völlig frei vereinbaren. Dies führt natürlich dazu, daß eine OTC-Transaktion ganz individuelle Merkmale aufweist, was insbesondere dann sehr hinderlich sein kann, wenn sich eine Vertragspartei vorzeitig wieder von der Option trennen möchte. Gewiß werden jetzt einige Leser fragen, aus welchen Gründen ein Vertragspartner seine Optionsposition mit einem Mal wieder aufgeben möchte. Veranschaulichen wir uns das am besten anhand eines Beispiels und nehmen dazu an, ein Anleger habe vor geraumer Zeit mehrere Aktien-Puts erworben, um damit die in seinem Wertpapierdepot befindlichen Pro-Sieben-Aktien abzusichern, die er in genau sechs Monaten verkaufen möchte. Ganz plötzlich nimmt der Investor jedoch Abstand von seinen Verkaufsplänen; er möchte die Papiere doch noch einige Jahre behalten. Die Verkaufsoptionen benötigt er deshalb nicht mehr, so daß er sich am liebsten davon trennen würde. Er könnte seine Optionsposition nun dadurch auflösen – der Fachmann spricht dabei von **glattstellen** –, indem er selbst zum Stillhalter wird und eine Option verkauft, die exakt diejenigen Ausstattungsmerkmale aufweist wie die vor einiger Zeit erworbene. Die Laufzeit der verkauften Option muß dabei der Restlaufzeit der vom Investor gekauften Option entsprechen. Das setzt wiederum voraus, daß sich auch jemand findet, der bereit ist, die Käufer-Position einzunehmen. Und das ist in vielen Fällen gar nicht so einfach. Schließlich muß ein Marktteilnehmer existieren, der eine Option mit derlei spezifischen Ausstattungsmerkmalen auch gebrauchen kann.

Mit vergleichbaren Schwierigkeiten werden Marktakteure, die sich für sogenannte **Terminbörsenoptionen** entscheiden, hingegen nicht konfrontiert. Sie müssen dafür allerdings in Kauf nehmen, nur Optionen mit bestimmten genormten („standardisierten") Ausstattungsmerkmalen kaufen bzw. verkaufen zu können.

In Deutschland werden derartige Geschäfte an der **Deutschen Terminbörse** – kurz **DTB** – abgewickelt. Es würde hier jedoch zu weit führen, sämtliche Einzelheiten des Terminbörsenhandels zu vertiefen. Wir wollen dennoch kurz auf die wichtigste Eigenschaft von Terminbörsenoptionen eingehen, die in der Standardisierung bestimmter Ausstattungsmerkmale liegt. So können Marktteilnehmer, die an der DTB Optionen handeln, die Verfalltage der Optionen nicht individuell festlegen. Sie müssen sich vielmehr an die Vorgaben der Börse halten. Ebensowenig können die Underlyings beliebig vereinbart werden. Bei Aktienoptionen bietet die Deutsche Terminbörse beispielsweise Geschäfte auf Wertpapiere an, die auch im Deutschen Aktienindex (DAX) vertreten sind. Von besonderem Interesse ist nun natürlich die Frage, was durch eine derartige Standardisierung letztlich erreicht werden soll. Die Normierung bewirkt, daß das Spektrum der handelbaren Optionen sehr stark eingeschränkt wird. Die Marktakteure können beispielsweise ausschließlich zwischen vergleichsweise wenigen Verfallterminen auswählen, was allerdings dazu führt, daß die Umsätze für einzelne Optionen relativ hoch sind. Marktakteure, die sich zum Aufbau oder zur Glattstellung bestimmter Optionspositionen entschlossen haben, können deshalb mit sehr großer Gewißheit davon ausgehen, ihr Ansinnen auch zu verwirklichen. Sie müssen nicht lange nach einem geeigneten Vertragspartner Ausschau halten. Statt dessen wird stets ein Teilnehmer zur Verfügung stehen, der sich zur Einnahme einer Gegenposition bereit erklärt. Genau wie OTC-Optionen entstehen Börsenoptionen dann, wenn sich zwei handelswillige Marktakteure finden und weder der Stillhalter, noch der Käufer eine bereits bestehende Optionsposition durch seine Transaktion glattstellen will.

Wir wollen uns nun von OTC- sowie Terminbörsenoptionen abwenden und den Fokus auf **Optionsscheine** – englisch: **Warrants** – richten. Letztere weisen einen ganz wesentlichen Unterschied im Vergleich zu den davor behandelten Optionsarten auf. Optionsscheine – oder einfach Scheine – sind Wertpapiere, die oben dargestellten OTC- und Terminbörsenoptionen im Gegensatz dazu nicht. Warrants sind zum Teil zwar auch an Börsen zu haben, allerdings nicht an Termin-, sondern an Wertpapierbörsen. Ebenso werden Optionsscheine „Over The Counter" angeboten. Der Begriff bringt dann zum Ausdruck, daß ein Handel direkt mit dem Emittenten stattfindet und nicht an einer Wertpapierbörse. Hierauf gehen wir im Kapitel 6 etwas näher ein, wollen uns nun jedoch mit den spezifischen Merkmalen von Warrants befassen.

Wir haben bereits festgestellt, daß es sich bei Scheinen um Wertpapiere handelt, genau wie bei Aktien oder beispielsweise Anleihen. Wertpapiere weisen wiederum die günstige Eigenschaft auf, daß die mit ihnen verbundenen Rechte bzw. Pflichten verbrieft sind, also – vereinfacht formuliert – durch Ausgabe von Urkunden garantiert werden. Die Verbriefung führt nun, ohne dies hier weiter auszuführen, zu einer verhältnismäßig unkomplizierten Handelbarkeit, da Wertpapiere, anders als unverbriefte Titel, beispielsweise zum Handel an Börsen zugelassen werden. Mit anderen Worten: Wertpapiere lassen sich in aller Regel weitaus einfacher beschaffen oder veräußern als vergleichbare, nicht verbriefte Finanzinstrumente.

Nun wissen wir bereits, daß OTC- sowie Terminbörsenoptionen relativ einfach ins Leben gerufen werden können. Dazu reicht im Grunde die Bereitschaft zweier Marktakteure aus. Aber wie entstehen Warrants? Um diese Frage zu beantworten, müssen wir uns den Charakter eines Optionsscheins vor Augen führen. Scheine sind Wertpapiere und müssen deshalb, genau wie andere Wertpapiere, emittiert werden. Warrants können prinzipiell also nur von emissionsfähigen Marktteilnehmern stammen, die dann automatisch Stillhalter sind. Marktakteure, denen die Ausgabe von Wertpapieren verwehrt ist, haben grundsätzlich also keine Möglichkeit zum Aufbau einer Stillhalter-Position.

Im allgemeinen werden Scheine entweder separat oder als Bestandteil eines anderen Wertpapiers ausgegeben. Zu letztgenannten zählen insbesondere Optionsanleihen, aber auch andere mit Scheinen gekoppelte Wertpapiere, etwa Optionsgenußscheine. Wir wollen uns hier allerdings auf Optionsanleihen konzentrieren, da andere Instrumente in der Praxis eine eher untergeordnete Rolle spielen. In aller Regel sind Optionsanleihen genauso konstruiert wie herkömmliche Schuldverschreibungen, bis auf eine Ausnahme: Optionsanleihen beinhalten zusätzlich das Recht, in der Zukunft einen bestimmten Gegenstand (Underlying), zumeist einen Finanztitel, zu einem im voraus vereinbarten Preis (Strike) zu beziehen. Dieses Recht kann von der Anleihe getrennt und eigenständig gehandelt werden, so daß dann zwei eigenständige Finanztitel bestehen: auf der einen Seite die Schuldverschreibung und auf der anderen Seite der Optionsschein. Beide Wertpapiere können, nachdem sie getrennt wurden, völlig unabhängig voneinander verwertet werden. So ist beispielsweise denkbar, daß ein Anleger eine Optionsanleihe erwirbt, irgendwann den Schein von der Anleihe trennt und die Schuldverschreibung veräußert, den Warrant jedoch behält. Derlei Scheine zählen im übrigen zur Gruppe der sogenannten Klassischen Warrants.

Die Ausgabe eines Optionsscheins ist allerdings nicht an die Emission einer Anleihe oder irgendeines anderen Wertpapiers geknüpft. Warrants, die auf solche Art entstehen, bilden heutzutage eher die Ausnahme. Der mit Abstand größte Anteil sämtlicher umlaufender Scheine ist vielmehr von vornherein separat emittiert worden, ohne jemals Bestandteil einer Anleihe gewesen zu sein. Derartige Scheine werden also vollkommen eigenständig, sozusagen „nackt" ausgegeben, weshalb sie gelegentlich auch *Naked Warrants* genannt werden. Aufgrund ihrer überaus hohen Bedeutung wollen wir diese Scheine in den Mittelpunkt unserer Betrachtung rücken und uns nicht weiter mit Optionsanleihen oder ähnlichen Wertpapieren befassen.

Naked Warrants stammen in allen Fällen von Geschäftsbanken. Vielfach halten die Emittenten das Underlying – in aller Regel Aktien –, so daß die Warrants sozusagen „gedeckt" (englisch: covered) sind. Derartige Optionsscheine heißen daher auch *Covered Warrants*. Die im Bestand befindlichen Papiere stammen für gewöhnlich entweder von der Bank selbst („Eigenbestand") oder beispielsweise von Kapitalanlagegesellschaften („Fonds"), Versicherungen oder Pensionskassen.

Die Ausstattungselemente eines Warrants unterscheiden sich in keiner Weise von denen anderer Optionen. Scheine weisen also ebenso einen Strike auf, haben eine begrenzte Laufzeit und können entweder jederzeit innerhalb der Optionsfrist oder nur am Verfalltag ausgeübt werden. Darüber hinaus spielt bei Warrants ein ganz bestimmtes Gestaltungsmerkmal eine wichtige Rolle. Die Rede ist hier vom sogenannten *Bezugsverhältnis*, das bei anderen Optionen eher von untergeordneter Bedeutung ist. Diese Ziffer bringt diejenige Underlyingmenge zum Ausdruck, die – im Falle einer Ausübung – mit einem einzigen Warrant bezogen bzw. veräußert werden kann. Dazu ein Beispiel: In ihrem *Optionsschein Planer (August 1997)* offeriert die *Citibank* folgenden Warrant:

Call	
Underlying	Karstadt-Aktie
Strike Price	525 DM
Fälligkeit	26. 8. 1998
Bezugsverhältnis	**1/10**
Andienung	Cash Settlement
Typ	amerikanisch
Prämie (am 31. 7. 1997)	23,50 DM

Ein einzelner Warrant basiert angesichts des Bezugsverhältnisses von 1/10 auf einer Zehntel Karstadt-Aktie. Anders ausgedrückt berechtigen erst zehn Optionsscheine – wofür insgesamt 235 DM anfallen – zum Kauf einer einzigen Aktie.

Je geringer das Bezugsverhältnis, desto geringer auch der Warrantpreis. Während der Karstadt-Schein, um beim obigen Beispiel zu bleiben, bei einem Bezugsverhältnis von 1/1 immerhin 235 DM kosten würde, reduziert sich die Prämie pro Warrant bei einem Verhältnis von 1/10 auf 23,50 DM und bei 1/100 gar auf 2,35 DM. Durch Auswahl eines entsprechenden Bezugsverhältnisses kann der Preis – zumindest optisch – attraktiver gestaltet werden. Von dieser Möglichkeit der „Preiskosmetik" machen nahezu sämtliche Emissionshäuser Gebrauch. Einige wählen anstelle eines Bezugs-verhältnisses allerdings ein sogenanntes *Optionsverhältnis*, was nichts anderes ist als der Kehrwert des Bezugsverhältnisses. Demnach gibt das Optionsverhältnis an, wieviel einzelne Warrants benötigt werden, um eine Einheit des Underlyings im Falle einer Ausübung zu beziehen bzw. zu veräußern. Als Ersatz für das Be-zugsverhältnis von 1/10 hätte die *Citibank* für den Karstadt-War-rant auch ein Optionsverhältnis von 10/1 ansetzen können.

Im übrigen sind nicht nur das Bezugsverhältnis und der Strike, sondern sämtliche weiteren Ausstattungselemente in den soge-nannten *Emissionsbedingungen (Optionsbedingungen)* festge-halten, die Anleger direkt bei den Anbietern oder ihrer Hausbank bekommen. Damit der Leser einen Eindruck vom Erscheinungs-bild gewinnt, haben wir beispielhaft die Emissionsbedingungen für einen ausgewählten Warrant im Anhang aufgeführt.

Wir wollen schließlich noch auf einen interessanten Aspekt auf-merksam machen, der mit dem Verkauf von Warrants zusammen-hängt. Ganz zu Beginn dieses Buches hatten wir bereits gesehen, daß der Stillhalter auch als Optionsverkäufer bezeichnet wird. Daraus dürfen wir freilich keinesfalls den Umkehrschluß ziehen, daß jeder Warrantverkäufer gleichzeitig Stillhalter wäre. Haben wir uns irgendwann zum Kauf eines Optionsscheins entschieden, so sind wir natürlich nicht gezwungen, den Warrant auszuüben oder bis zur Fälligkeit zu halten. Vielmehr haben wir die Mög-lichkeit, den Schein zwischenzeitlich zu veräußern. Obwohl wir dann eine Option verkauft hätten, sind wir noch lange kein Still-halter. Die Pflicht zur Erfüllung liegt weiterhin beim Emittenten. Zur besseren Unterscheidung sollte man deshalb vom *Weiterver-kauf* sprechen, wenn ein Warrant den Besitzer wechselt.

2. Warrantpreise – wovon sie abhängen und wann sie fair sind

Wir haben in den vorhergehenden Abschnitten bereits die Erkenntnis gewonnen, daß Optionen – und damit natürlich auch Warrants – nicht kostenlos abgegeben werden, sondern ihren Preis haben. Entscheidend ist, daß der Investor ein Gefühl dafür entwickelt, wann Optionen angemessen („fair") bewertet sind. Bei zu teuren Optionen ist das Chancen-Gefahren-Verhältnis zuungunsten des Anlegers verschoben, während für unterbewertete Warrants genau das Gegenteil gilt.

Für Anleger, die sich mit dem Gedanken tragen, Scheine zu erwerben, sind daher diejenigen Faktoren von außerordentlich hoher Bedeutung, die Einfluß auf die Warrantpreise ausüben. Um beurteilen zu können, ob Scheine zu einem fairen Kurs oder etwa überteuert angeboten werden, müssen sich Investoren notgedrungen mit dem Preisbildungsmechanismus auseinandersetzen. Während sich die Einflußnahme einzelner Faktoren auf den Optionspreis noch vergleichsweise einfach verbal beschreiben läßt, setzt eine exakte Preiskalkulation doch weitergehende mathematische Kenntnisse voraus. Und es ist durchaus nicht vermessen hier schon von einer eigenen Wissenschaft („Optionspreistheorie") zu sprechen. Bemerkenswert ist dabei, daß die theoretischen Erkenntnisse längst die wissenschaftliche Bannmeile verlassen und Einzug in die Praxis gehalten haben. Ohne ein Verständnis der grundlegenden Preisbildungsmechanismen wird kaum jemand in der Lage sein, den „wahren" Wert eines Warrants zu bestimmen. Es ist daher unumgänglich, zumindest die Grundlagen der Optionspreisbildung aufzuarbeiten. Wir wollen den Leser bei diesem mitunter etwas mühseligen Unterfangen jedoch so gut es geht unterstützen und eine Darstellungsweise wählen, die sich auch ohne tiefergehende Mathematikkenntnisse nachvollziehen läßt. Der Übersichtlichkeit wegen unterteilen wir die Erläuterungen in zwei Abschnitte und richten unsere Aufmerksamkeit zunächst auf den *Wert einer Option am Verfalltag*, um im Anschluß daran auf die *Preisbildung vor Fälligkeit* näher einzugehen.

Wert einer Option am Verfalltag

Wir behandeln den *Wert einer Option am Verfalltag* getrennt für Kauf- sowie Verkaufsrechte und befassen uns anfänglich mit Calls. Aus Gründen der Anschaulichkeit greifen wir wieder auf ein konkretes Fallbeispiel zurück, das nachstehendem Tableau entnommen werden kann.

Call-Option	
Underlying	T-Aktie
Strike Price	40 DM
Fälligkeit	1. 6. 1998

Wir wollen nun der Frage nachgehen, welchen Wert dieser Call am Verfalltag (1. 6. 1998) haben muß. Erwiesenermaßen lohnt sich die Ausübung einer Kaufoption nur dann, wenn der Preis des Underlyings den Strike überschreitet. Andernfalls nützt das Recht nichts, da das Basisgut preiswerter direkt erworben werden könnte. Der Wert eines Calls am Verfalltag hängt demzufolge von zwei Einflußgrößen ab: zum einen dem Strike, zum anderen dem aktuellen Preis des Underlyings.

Wir wenden diese Erkenntnisse jetzt auf unser Fallbeispiel an. Der Call hat einen Basispreis in Höhe von 40 DM, so daß sich eine Ausübung erst dann bezahlt macht, wenn der Kurs der T-Aktie diese Grenze überschreitet. Der Call ist also wertlos, sofern der Kurs der T-Aktie bei 40 DM oder darunter liegt. Niemand wäre bereit, für die Option jetzt noch etwas zu bezahlen. Übersteigt der Aktienkurs am Verfalltag hingegen den Basispreis, so ändert sich die Lage. Nehmen wir einmal an, die T-Aktie notiere am 1. 6. 1998 zu einem Kurs in Höhe von 45 DM. Was würden Sie, lieber Leser, an diesem Tag für den oben genannten Call geben? Auf keinen Fall mehr als 5 DM, da sich die Anschaffung dann nicht mehr lohnt. Wir demonstrieren das an einem konkreten Beispiel. Bei einem Callpreis von beispielsweise 6 DM zahlen Sie für die Aktie insgesamt 46 DM – im Vergleich dazu wäre ein direkter Kauf ohne Umweg über die Option um eine Mark günstiger, was sich anhand der nachstehenden Kalkulation leicht begreifen läßt:

Kauf der Call-Option	6 DM
Ausübung der Option und Bezug der T-Aktie	40 DM
Auszahlung für eine T-Aktie	46 DM

Die Option ist damit zu teuer. Kein rational handelnder Anleger würde 6 DM für den Call bezahlen, wenngleich ein Stillhalter natürlich sofort bereit wäre, das Recht zu diesem Preis zu veräußern. Für den Verkäufer ließe sich die folgende Rechnung anstellen, wobei Einzahlungen aus Sicht des Stillhalters mit einem Plus- und Auszahlungen mit einem Minuszeichen kenntlich gemacht werden.

Verkauf der Call-Option	+6 DM
Kauf der T-Aktie, um sie bei Ausübung zu liefern	–45 DM
Call-Inhaber übt Option aus	+40 DM
Gewinn für Stillhalter	1 DM

Der angemessene („faire") Preis für den Call beläuft sich auf exakt 5 DM. Dann erleidet der Käufer keinerlei Nachteile und bezahlt sowohl im Falle eines Direktkaufs als auch bei Anschaffung und Ausübung der Option 45 DM für eine T-Aktie.

Einige Leser werden jetzt vielleicht fragen, ob 5 DM nicht eine Preisobergrenze für den Call darstellt und möglicherweise Preise unterhalb dieses Wertes zustandekommen könnten. Wir werden auch das prüfen und unterstellen deshalb einen Preis in Höhe von 4 DM. Ein Käufer zahlt diesen Betrag, übt die Option aus und bezieht eine T-Aktie für 40 DM. Er hat alles in allem 44 DM für das Wertpapier entrichtet und dadurch gegenüber dem direkten Kauf 1 DM eingespart. Käufer wären mit diesem Call-Preis also durchaus einverstanden. Werden sich bei dieser Prämie allerdings auch Stillhalter finden? Stellen wir dafür doch einfach die Rechnung aus der Perspektive eines Stillhalters an.

Verkauf der Call-Option	+4 DM
Kauf der T-Aktie, um sie bei Ausübung zu liefern	–45 DM
Call-Inhaber übt Option aus	+40 DM
Verlust für Stillhalter	–1 DM

Die Kalkulation belegt, daß kein rational handelnder Mensch bereit ist, für 4 DM die Position eines Stillhalters einzunehmen. Ein Preis in Höhe von 5 DM ist also tatsächlich ein fairer Wert – im Fachjargon: **Fair Value** –, weil er weder Käufer noch Stillhalter benachteiligt.

Nun sind wir in der Lage, den Preis für eine Kaufoption am Verfalltag zu bestimmen. Er entspricht der Differenz zwischen dem aktuellen Preis des Underlyings und dem Strike, allerdings nur dann, wenn diese Abweichung positiv ist. Ansonsten liegt der Wert bei null. Formal läßt sich dieser Sachverhalt in folgender Weise darstellen, wobei „AK" für „aktueller Kurs des Underlyings" und „BP" für „Basispreis" steht:

Call-Preis am Verfalltag = Max [0; AK – BP]

Damit entspricht der Call-Preis am Verfalltag dem größeren („Max") der in der Klammer ausgewiesenen Werte. Wir wollen den Umgang mit dieser „Formel" anhand einiger Beispiele demonstrieren. Als Grundlage dient die weiter oben eingeführte Call-Option.

Kurs der T-Aktie am Verfalltag	Wert des Calls		
33 DM	Max [0; 33–40]	=	0 DM
40 DM	Max [0; 40–40]	=	0 DM
44 DM	Max [0; 44–40]	=	4 DM

Die ausgewählten Beispiele verdeutlichen bereits den Zusammenhang zwischen dem Wert eines Calls am Verfalltag sowie dem aktuellen Preis des Underlyings. Sehr anschaulich läßt sich diese Beziehung graphisch darstellen (vgl. Abb. 2). Da der Verlauf des Call-Preises Ähnlichkeit mit einem Hockey-Schläger aufweist, spricht man auch von „Hockeystick-Diagrammen". Ein genauere Betrachtung der Graphik macht deutlich, daß die Prämie für einen Call – zumindest theoretisch – beliebig groß sein könnte, da für den Preis des Underlyings keine obere Grenze existiert.

Während Call-Optionen einen Wert verkörpern, wenn der Preis des Underlyings den Basispreis überragt, ist es bei Puts genau umgekehrt. Die Ausübung einer Verkaufsoption lohnt sich bei einem

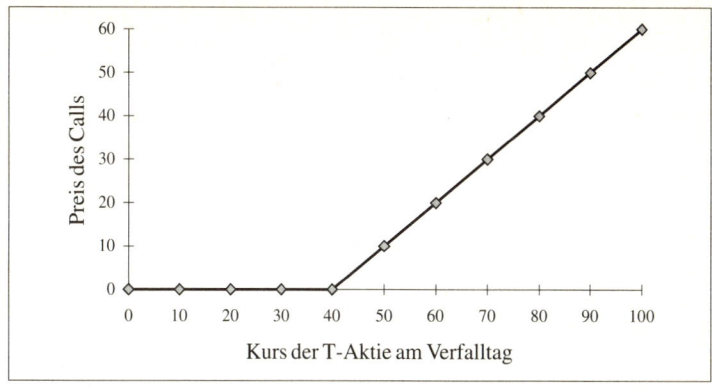

Abb. 2: Hockeystick-Diagramm beim Call

Unterschreiten des Strikes, was wir in den vorhergehenden Abschnitten bereits gesehen haben. Diese Einsicht hilft uns wiederum bei der Wertermittlung am Verfalltag. Aus Gründen der Anschaulichkeit wählen wir für die weiteren Ausführungen erneut ein fest umrissenes Beispiel.

Put-Option	
Underlying	T-Aktie
Strike Price	40 DM
Fälligkeit	1. 6. 1998

Gehen wir einmal davon aus, die T-Aktie notiere am Verfalltag zu einem Kurs in Höhe von 34 DM. Wo liegt dann der Fair Value für diese Option? Das Verkaufsrecht muß zweifellos einen Wert haben, der über null liegt, weil es den Inhaber dazu berechtigt, für die Hingabe einer Aktie 40 DM zu verlangen, obwohl der aktuelle Preis des Wertpapiers darunter liegt. Mit dieser Information geben wir uns natürlich nicht zufrieden; wir wollen vielmehr genau wissen, welchen fairen Preis dieses Recht hat. Wenn der Besitzer der Verkaufsoption 40 DM für die Überlassung einer T-Aktie erhält, das Wertpapier allerdings nur 34 DM kostet, dann liegt es doch nahe, die Differenz zwischen Basispreis und aktuellem Aktienkurs, genauer gesagt: 6 DM, als Optionsprämie aufzufassen.

Diese Vermutung ist gar nicht so abwegig, was die folgende Rechnung erhärtet, die die Sicht eines Put-Stillhalters widerspiegelt. Einzahlungen sind erneut mit einem Plus-, Auszahlungen demgegenüber mit einem Minuszeichen kenntlich gemacht.

Verkauf der Put-Option	+6 DM
Zahlung an den Put-Inhaber bei Ausübung der Option	–40 DM
Verkauf der vom Inhaber empfangenen T-Aktie	+34 DM
Gewinn/Verlust für Stillhalter	0 DM

Bei einem Putpreis in Höhe von 6 DM erleidet der Stillhalter weder Gewinn noch Verlust, so daß auch der Optionsinhaber keinen Verlust bzw. Gewinn verbuchen kann. Damit können wir die Prämie für einen Put am Verfalltag ableiten:

Putpreis am Verfalltag = Max [0; BP – AK]

Weicht der Preis von diesem Wert ab, so profitieren entweder Stillhalter oder Put-Inhaber, was wir hier allerdings nicht weiter vertiefen wollen, da sich die Überlegungen, die wir weiter oben im Zusammenhang mit Kaufoptionen angestellt haben, ohne größere Schwierigkeiten übertragen lassen. Zum Abschluß präsentieren wir das Hockeystick-Diagramm für diesen Put (vgl. Abb. 3).

Vergleichen wir den Hockeystick des Puts mit dem der Call-Op-

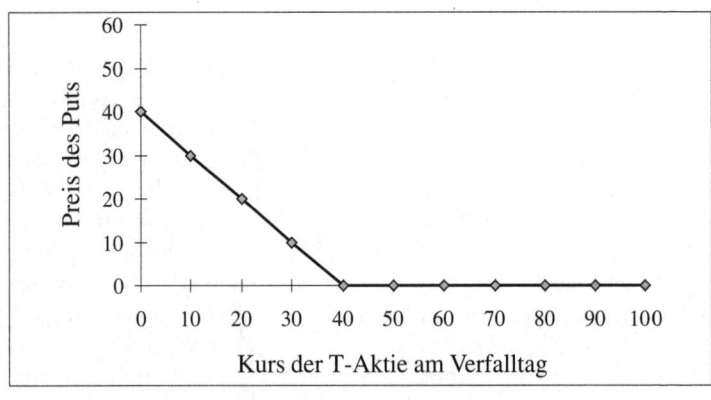

Abb. 3: Hockeystick-Diagramm beim Put

tion, so fällt uns sofort auf, daß für den Put ein Maximalwert existiert, da eine Untergrenze für den Preis des Underlyings besteht. Der Preis der T-Aktie kann nicht unter 0 sinken, was zu einem Putpreis in Höhe von 40 DM führt, der gleichzeitig der höchsten nur denkbaren Prämie für diese Option entspricht.

Wir haben gesehen, daß der Wert einer Option am Verfalltag lediglich vom aktuellen Preis des Underlyings und vom Strike abhängt. Die Resultate unserer Überlegungen fassen wir in Abbildung 4 zusammen.

	Call	Put
Aktienkurs > Basispreis	Aktienkurs - Basispreis	Null
Aktienkurs = Basispreis	Null	Null
Aktienkurs < Basispreis	Null	Basispreis - Aktienkurs

Abb. 4: Wert einer Option am Verfalltag

Im Fachjargon wird der in Abbildung 4 aufgeführte Wert als **Innerer Wert** bezeichnet. Er liegt entweder bei null oder entspricht der Differenz zwischen

– aktuellem Preis des Underlyings und Strike, wenn ein Call betrachtet wird und der Underlying- den Basispreis übertrifft;
– Strike sowie aktuellem Preis des Underlyings, falls ein Put zugrundeliegt und der Basispreis den Underlyingpreis übertrifft.

Werfen wir nochmals einen Blick auf Abbildung 4. Wir erkennen, daß der Innere Wert einer Kaufoption (Verkaufsoption) zum Ausdruck bringt, um wieviel der aktuelle Preis des Underlyings den Strike überragt (unterschreitet). Aus einsichtigen Gründen ist ein Innerer Wert niemals negativ.

Am Verfalltag läßt sich der Wert einer Option ohne größere Schwierigkeiten beziffern, was auch unmittelbar einleuchtet.

Schließlich herrscht am Verfalltag Sicherheit über den Preis des Underlyings, so daß eine Option ihren Versicherungscharakter verloren hat. Um so kniffliger ist im Verhältnis dazu die Bewertung einer Option vor dem Verfallzeitpunkt. Auf die Prämie haben nun nicht mehr ausschließlich der Strike und der Preis des Underlyings Einfluß, sondern eine Reihe weiterer Faktoren, um die wir uns im nächsten Abschnitt kümmern.

Preisbildung vor Fälligkeit

Wie wir bereits angedeutet haben, ist die Optionspreisbestimmung vor dem Verfalltag eine recht komplexe Angelegenheit. Aus diesem Grunde nähern wir uns der Lösung dieser Problemstellung schrittweise. Wir wollen zunächst herausfinden, wo die Wertunter- und -obergrenze für eine Call- bzw. Put-Option liegt. Da sich die Veranschaulichung anhand konkreter Fallbeispiele bewährt hat, schlagen wir auch jetzt wieder diesen Weg ein und ermitteln zuerst die Preisgrenzen für die folgende Kaufoption:

Call-Option	
Underlying	T-Aktie
Strike Price	40 DM
Fälligkeit	1.6.1998
Andienung	effektiv
Typ	amerikanisch

Angenommen, wir richten unser Augenmerk am **18. Januar 1998** auf diesen Call, den wir gerne kaufen möchten, weil wir auf einen Kursanstieg bei der T-Aktie spekulieren. Nun sind wir natürlich daran interessiert, die Option zu einem möglichst fairen Preis zu erwerben. Deshalb machen wir uns zunächst Gedanken über die Preisgrenzen, die nicht über bzw. unterschritten werden dürfen, um fürs erste zumindest einen groben Anhaltspunkt für eine weitere Wertbestimmung zu haben. Befassen wir uns zuerst mit der Preisuntergrenze.

Der Call wird auf keinen Fall unterhalb des Inneren Wertes liegen, da sich ansonsten sichere Gewinne erzielen lassen. Um dies demonstrieren zu können, benötigen wir den aktuellen Kurs für die T-Aktie. Gehen wir einmal davon aus, daß das Wertpapier am 18. Januar 1998 zu einem Kurs in Höhe von 50 DM notiert. Dann beläuft sich der Innere Wert auf 10 DM. Was aber wäre, wenn wir den Call günstiger erstehen könnten, sagen wir zu einem Preis in Höhe von 9 DM. In diesem Fall würden wir den Call kaufen, die Option umgehend ausüben, den Basispreis (40 DM) an den Stillhalter zahlen und die Aktie sofort wieder zum aktuellen Kurs (50 DM) veräußern. Wir erzielen einen sicheren Gewinn von 1 DM, was durch nachstehende Rechnung nochmals übersichtlich gezeigt wird. Allerdings weisen wir mit aller Deutlichkeit darauf hin, daß die im folgenden beschriebenen Transaktionen in der Realität nicht kostenfrei abgewickelt werden können. Vielmehr fallen sogenannte Transaktionskosten an, etwa Gebühren beim An- und Verkauf von Wertpapieren. Obendrein sind möglicherweise Steuern zu berücksichtigen, die zu einer Schmälerung des ausgewiesenen Gewinns führen können. Der Einfachheit halber verzichten wir an dieser Stelle jedoch auf eine Berücksichtigung dieser Aspekte.

Kauf der Call-Option	−9 DM
Erwerb einer T-Aktie durch Ausübung der Option	−40 DM
Verkauf der T-Aktie zum aktuellen Kurs	+50 DM
Gewinn	1 DM

Erst eine Call-Prämie in Höhe des Inneren Wertes schließt eine Realisierung derartiger Gewinne aus. Die Option muß infolgedessen mindestens 10 DM kosten. Damit kennen wir die Preisuntergrenze und können uns nun der Frage nach der Preisobergrenze zuwenden.

Um diese Aufgabe zu lösen, führen wir uns abermals vor Augen, daß der Kauf des Calls das Recht verleiht, am 1. 6. 1998 eine T-Aktie zu beziehen. Solch ein Recht darf niemals teurer sein als das Underlying selbst. Andernfalls könnten wir gleich das Wertpapier erwerben, anstatt nur das Recht zum Kauf zu erlangen. Damit sind wir in der Lage, sowohl Preisunter- als auch -obergrenze in einem Diagramm zu veranschaulichen (siehe Abb. 5).

Mit Hilfe der graphischen Darstellung ist es nun ohne weiteres

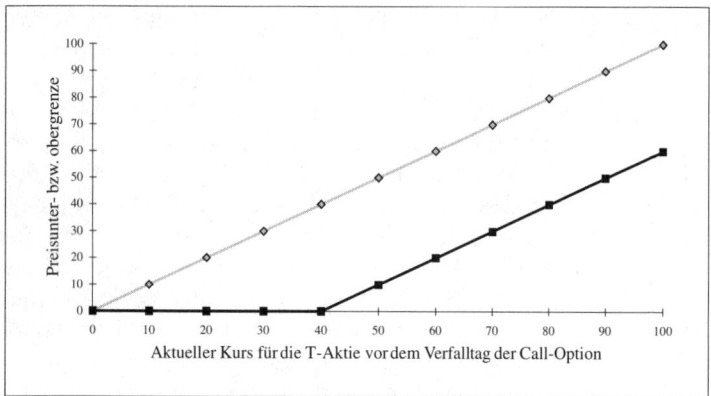

Abb. 5: Preisunter- und -obergrenze des Calls auf die T-Aktie

möglich, den Bereich abzustecken, innerhalb dessen der Call-Preis vor dem Verfalltag liegen muß. Bei einem aktuellen Aktien-kurs von beispielsweise 70 DM muß die Prämie für den Call zwischen Innerem Wert und aktuellem Aktienpreis liegen – das Kaufrecht muß also wenigstens 30 DM und darf im Höchstfalle 70 DM kosten.

Fachleute werden an dieser Stelle sicherlich einwenden, daß die Preisuntergrenze nicht ganz korrekt ist, weil der Innere Wert eines Calls strenggenommen der Differenz zwischen aktuellem Kurs und abgezinstem Basispreis entsprechen muß. Das ist natürlich korrekt. Unser Ziel besteht allerdings weniger in einer Darstellung bis ins letzte Detail. Hier geht es vielmehr darum, dem Leser Be-wertungsprinzipien näherzubringen. Alles andere würde uns zu weit von unserem Weg abbringen. Wer es also ganz genau wissen möchte, den verweisen wir auf die entsprechende Literatur.

Bleiben wir bei dem obigen Beispiel und gehen davon aus, daß die T-Aktie im Januar 1998 zu einem Kurs in Höhe von 50 DM no-tiere. Nun wissen wir, daß die Call-Prämie irgendwo zwischen In-nerem Wert (10 DM) und aktuellem Aktienkurs (50 DM) liegen muß. Nehmen wir, um einen konkreten Wert zu haben, einfach an, der Call werde zu einem Preis in Höhe von 15 DM gehandelt. Aufgrund der weiter oben gewonnenen Erkenntnisse können wir diese Prämie in ihre einzelnen Bestandteile zerlegen. Da ist zum einen der Innere Wert, der sich hier auf 10 DM beläuft. Damit liegt die Optionsprämie exakt um

15 DM – 10 DM = 5 DM

über ihrem Inneren Wert und wir müssen uns die Frage stellen, wofür wir diese 5 DM vergüten. Die Antwort ist schnell gefunden, wenn wir an die Chance denken, die mit der Anschaffung der Option verbunden ist. Der Aktienkurs könnte in der noch verbleibenden **Zeit** emporklettern, die Option wertvoller werden und wir hätten im Endeffekt vielleicht einen Gewinn erzielt. Dafür, daß wir in den Genuß dieser Chance kommen, müssen wir natürlich einen Preis zahlen, der im Fachjargon **Zeitprämie,** aber auch **Aufgeld** („**Agio**") genannt wird. Vor dem Verfalltag läßt sich der Optionspreis infolgedessen stets in zwei Komponenten zerlegen.

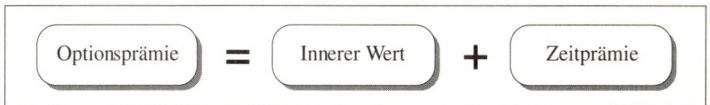

Im Vergleich dazu setzt sich die Optionsprämie am Fälligkeitstag einzig und allein aus dem Inneren Wert zusammen. Eine Zeitprämie fällt dann nicht mehr an, da Optionen am Verfalltag ihren Versicherungscharakter verloren haben. Wir können also festhalten, daß ein Call-Käufer sowohl vor Fälligkeit als auch am Verfalltag – kurzum: während der gesamten Optionsfrist – den Inneren Wert bezahlen muß und vor Erreichen des Verfalltages zusätzlich die Zeitprämie. Es ist selbstverständlich nicht ausgeschlossen, daß der Innere Wert bei null liegt, was bekanntlich dann zu beobachten ist, wenn der aktuelle Preis des Underlyings unter dem Strike liegt. In diesem Falle setzt sich der gesamte Optionspreis lediglich aus der Zeitprämie zusammen.

Nun sind wir auch in der Lage, zu beurteilen, wie sich der Preis des Underlyings spätestens am Laufzeitende entwickelt haben muß, damit ein Call-Inhaber keinen Verlust erleidet. Die Anschaffung macht sich nur dann bezahlt, wenn der Innere Wert bis zum Verfalltag wenigstens um die Zeitprämie gestiegen ist. Bleibt der Preis des Underlyings hingegen unverändert, so muß der Käufer einen Verlust in Höhe der gesamten Zeitprämie beklagen.

Sinkt der Preis gar, dann büßt er obendrein zumindest einen Teil
des beim Optionskauf möglicherweise bezahlten Inneren Wertes
ein. Wir wollen dies der Anschaulichkeit halber an einem Beispiel
verdeutlichen und greifen dafür auf den eingangs vorgestellten
Call zurück. Der Preis für diese Kaufoption soll am 18. Januar
1998, wie oben bereits vorgeschlagen, bei 15 DM liegen, der Kurs
für eine T-Aktie bei 50 DM.

Nun prüfen wir den Wert unseres Calls am Verfalltag bei unterschiedlichen Aktienkursen. Nehmen wir zunächst an, der Kurs
der T-Aktie verändere sich nicht. Er beträgt bei Fälligkeit der Option (1. 6. 1998) unverändert 50 DM. Bekanntlich hat der Call am
Verfalltag nur noch einen Inneren Wert. Da die Aktie an diesem
Termin einen Kurs von 50 DM aufweist, liegt der Wert der Kaufoption bei 10 DM. Damit hat der Call exakt 5 DM (Zeitprämie) an
Wert verloren. Ein Optionsinhaber erzielt nur dann weder Gewinn noch Verlust, wenn der Innere Wert am Verfalltag genau dem
am 18. Januar 1998 bezahlten Call-Preis entspricht. Dafür muß der
Aktienpreis am Ende der Optionsfrist allerdings gestiegen sein
und bei 55 DM liegen. Geht der Kurs statt dessen zurück, sagen wir
auf 42 DM, so verliert der Call-Inhaber nicht nur die Zeitprämie,
sondern überdies 8 DM des am 18. Januar 1998 bezahlten Inneren Wertes. Liegt der Aktienkurs gar bei 40 DM oder darunter,
dann muß der Optionsinhaber sogar einen Totalverlust beklagen.

Wir wollen die Bewertung von Calls vorläufig nicht weiter verfolgen und statt dessen überlegen, ob uns die gewonnenen Erkenntnisse auch bei der Suche nach Preisunter- und -obergrenzen
für Verkaufsoptionen nützen. Dafür stützen wir uns auf das folgende Fallbeispiel:

Put-Option	
Underlying	T-Aktie
Strike Price	40 DM
Fälligkeit	1. 6. 1998
Andienung	effektiv
Typ	amerikanisch

Falls die für Kaufoptionen gefundenen Bewertungsregeln auch für Puts Gültigkeit haben, dann darf der Preis einer Verkaufsoption vor dem Erreichen des Verfalltages den Inneren Wert nicht unterschreiten. Greifen wir zur Illustration auf einen konkreten Fall zurück. Angenommen, die T-Aktie notiere am 18. Januar 1998 zu einem Kurs in Höhe von 30 DM. Der Innere Wert unseres Puts lautet dann:

Innerer Wert = Max [0; BP – AK] = Max [0; 40 – 30] = 10 DM

Um zu veranschaulichen, daß der Innere Wert tatsächlich die Preisuntergrenze bildet, wollen wir überlegen, welche Konsequenzen ein Unterschreiten des Inneren Wertes hätte. Nehmen wir dazu an, der Put sei zum Preis von 7 DM zu haben. Bei dieser Preiskonstellation könnten wir einen sicheren Gewinn erzielen, indem wir die Option kaufen, außerdem eine T-Aktie anschaffen und unseren Put auf der Stelle ausüben. Unser Gewinn beliefe sich auf 3 DM, was die folgende Aufstellung unterstreicht. Transaktionskosten und steuerliche Aspekte lassen wir der Einfachheit halber wiederum unbeachtet.

Kauf der Put-Option	–7 DM
Erwerb einer T-Aktie	–30 DM
Verkauf der T-Aktie durch Ausübung der Option	+40 DM
Gewinn	**3 DM**

Zur Erzielung sicherer Gewinne ist solch eine Transaktion hingegen aussichtslos, sobald der Put nicht weniger als 10 DM kostet. Der Innere Wert bildet also auch bei Verkaufsoptionen die Prämienuntergrenze, so daß wir uns nun der Frage nach der Preisobergrenze zuwenden können. Da Puts, im Unterschied zu Calls, grundsätzlich dann eine Wertsteigerung erfahren, wenn der Preis des Underlyings fällt, kann der aktuelle Underlying-Kurs keine Preisobergrenze bilden. Die Wertobergrenze wäre in dem Falle ja um so geringer, je niedriger der Preis des Underlyings liegt. Das macht indes keinen Sinn! Hier existiert folglich eine deutliche Abweichung zur Preisobergrenze bei Kaufoptionen. Aber damit ist unser Problem noch nicht gelöst. Wir wollen deshalb überlegen, was passiert, wenn der Kurs des Underlyings immer weiter sinkt.

Es ist – zumindest theoretisch – denkbar, daß der Preis bis auf einen Wert von null fällt. Dann weist ein Put den größten nur vorstellbaren Inneren Wert auf, in unserem Falle 40 DM. Der höchstmögliche Preis entspricht also exakt dem Strike der Option. Aus diesem Grunde kann der Wert einer Verkaufsoption auf keinen Fall über ihrem Strike liegen, was wir mit Abbildung 6 graphisch veranschaulichen.

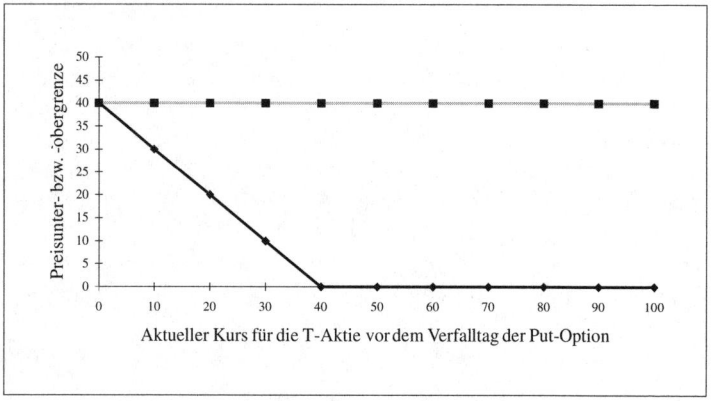

Abb. 6: Preisunter- und -obergrenze des Puts auf die T-Aktie

Notiert die T-Aktie zum Betrachtungszeitpunkt (18. Januar 1998) etwa zu einem Kurs in Höhe von 25 DM, so muß das Verkaufsrecht also wenigstens 15 DM und darf nicht mehr als 40 DM kosten.

Im Zusammenhang mit Calls sind wir bereits auf die Zeitprämie gestoßen und die Frage, inwieweit derartige Preisbestandteile auch für Verkaufsoptionen Geltung erlangen, ist durchaus angebracht. Prüfen wir dafür doch einfach, ob die Anschaffung eines Puts mit Chancen verbunden ist, die eine separate Prämie rechtfertigen. Während Call-Inhaber von zukünftigen Kursanstiegen profitieren und dafür beim Optionskauf eine Prämie vergüten, ist ein Preisrückgang des Underlyings für Put-Besitzer einträglich. Warum sollte Put-Käufern diese Chance kostenlos eingeräumt werden? Es existiert kein plausibles Motiv, das dafür sprechen könnte. Deshalb ist beim Erwerb eines Puts, genau wie beim Call-

Kauf, diese spezifische Chance zu vergüten. Auch Put-Prämien können, sofern das Ende der Optionsfrist noch nicht erreicht ist, stets in den Inneren Wert und die Zeitprämie zerlegt werden. Nehmen wir zur Verdeutlichung an, der oben beschriebene Put habe am 18. Januar 1998 einen Preis von 22 DM und die T-Aktie notiere an diesem Termin zum Kurs von 25 DM. Der Innere Wert beträgt dann:

Innerer Wert = Max [0; BP – AK] = Max [0; 40 – 25] = 15 DM

Da sich der gesamte Optionspreis aus Innerem Wert und Zeitprämie zusammensetzt, können wir die einzelnen Bestandteile ohne weiteres bestimmen:

Optionsprämie = Innerer Wert + Zeitprämie
22 DM   =   15 DM   + Zeitprämie

Zeitprämie = 22 DM – 15 DM = 7 DM

Wir haben im Zusammenhang mit Calls schon festgestellt, daß am Ende der Optionsfrist keinerlei Zeitprämie mehr anfällt. Dies trifft zweifelsohne auch für Puts zu. Am Verfalltag wird der Wert einer Verkaufsoption nur noch vom Inneren Wert bestimmt. Wir wollen die Analyse von Puts damit fürs erste abschließen. Bevor wir näher auf die einzelnen Einflußfaktoren eingehen, die den Preis einer Option vor dem Verfalltag bestimmen, befassen wir uns noch mit einem anderen Aspekt, der sämtliche Optionen gleichermaßen betrifft.

Welchen Zustand Optionen annehmen können

Im Verlaufe unserer Überlegungen haben wir herausgefunden, daß Optionen, die einen Inneren Wert größer als null aufweisen, ihren Inhabern einen Geldbetrag bescheren, wenn diese von ihrem Kauf- bzw. Verkaufsrecht Gebrauch machen. Derlei Optionen sind in gewissem Sinne **im Geld**, wofür Fachleute überwiegend die englischsprachige Bezeichnung **in-the-money** verwenden. Je mehr der Preis des Underlyings den Strike überragt (bei Calls) bzw. unterschreitet (bei Puts), desto weiter liegt die Option verständlicherweise im Geld. Bei sehr starken Abweichungen sprechen die Experten daher auch von Optionen, die **sehr weit im Geld** sind, englisch: **deep-in-the-money**.

Darüber hinaus können Optionen allerdings auch **am Geld** notieren, was im Finanzjargon dann **at–the–money**-Optionen sind. In diesem Falle entspricht der Preis des Underlyings zum Betrachtungszeitpunkt dem Strike und die Option hat just keinen Inneren Wert mehr, der über null hinausgeht. Genau genommen befindet sich eine Option nur dann at-the-money, wenn Underlying- und Basispreis identisch sind. Nehmen wir zur Veranschaulichung einmal an, ein Aktien-Call habe einen Strike von 50 DM und die betreffende Aktie notiere momentan zu einem Kurs in Höhe von 50 DM. Hier hätten wir sozusagen einen „lupenreinen" at-the-money-Call. In der Praxis wird dieser Begriff allerdings nicht so eng ausgelegt, so daß man auch dann noch von einer at-the-money-Option spricht, wenn der Preis des Basisguts geringfügig vom Strike abweicht.

Schließlich könnte der Underlying-Preis den Strike eines Calls auch unterschreiten, was mit der Bezeichnung **aus dem Geld** – fachsprachlich: **out-of-the-money** – zum Ausdruck käme. Ein Put liegt aus einsichtigen Gründen aus dem Geld, falls der Basispreis überschritten wird. Analog zu deep-in-the-money-Optionen existieren natürlich auch Calls und Puts, die sich sehr weit aus dem Geld befinden können (**deep-out-of-the-money**), was wir aber nicht weiter vertiefen müssen, da sich die im Zusammenhang mit deep-in-the-money-Optionen aufgegriffenen Gedankengänge problemlos übertragen lassen.

> **Hinweis:** Anleger sollten auf den Strike achten. Speziell deep-out-of-the-money-Optionen bergen ein ausgesprochen hohes Totalverlustrisiko, da das Underlying schon eine außergewöhnliche Kursbewegung vollführen muß, damit der Warrant am Verfalltag einen Inneren Wert aufweist.

Optionen können also grundsätzlich höchst unterschiedliche Zustände annehmen, was wir der Anschaulichkeit wegen noch einmal mit Hilfe eines konkreten Fallbeispiels demonstrieren. Das nachstehende Tableau beinhaltet fünf europäische Aktien-Calls (Restlaufzeit: 6 Monate), die sich einzig und allein durch ihre Basispreise voneinander unterscheiden, ansonsten aber völlig identisch ausgestattet sind. Die Optionen basieren damit auch auf derselben Aktie, die zum Betrachtungszeitpunkt bei **70 DM** notiert.

Strike	Callprämie	Innerer Wert	Zeitprämie	„Zustand"
20 DM	51 DM	50 DM	1 DM	deep-in-the-money
60 DM	14 DM	10 DM	4 DM	in-the-money
70 DM	8 DM	0 DM	8 DM	at-the-money
80 DM	3 DM	0 DM	3 DM	out-of-the-money
140 DM	0,50 DM	0 DM	0,50 DM	deep-out-of-the-money

Das Beispiel unterstreicht noch einmal, daß out-of-the-money- und at-the-money-Optionen keinen Inneren Wert aufweisen. Ihr Preis besteht nur aus einer Zeitprämie.

Zum Abschluß wollen wir noch anmerken, daß niemand allein anhand eines Optionspreises den „Zustand" einer Option beurteilen kann. Dafür ist vielmehr zusätzlich sowohl die Kenntnis des Strikes als auch des aktuellen Underlyingpreises erforderlich.

Was Warrantpreise beeinflußt

Nun sind wir in der Lage, für eine Option die Preisuntergrenze sowie die Preisobergrenze vor dem Verfalltag zu ermitteln und kennen damit zumindest das Intervall, innerhalb dessen der tatsächliche Optionspreis liegen müßte. Wir haben außerdem gesehen, daß die Preisgrenzen von zwei Einflußgrößen abhängen – einerseits dem aktuellen Preis des Underlyings zum Betrachtungszeitpunkt, andererseits dem Strike. Ein exaktes Verfahren zur Wertermittlung einer Option vor dem Verfalltag haben wir allerdings noch nicht gefunden. Um der Lösung unseres Problems einen Schritt näher zu rücken, kommen wir nicht umhin, neben Strike und aktuellem Underlying-Preis weitere Einflußgrößen in unsere Überlegungen miteinzubeziehen. Damit die Darstellung relevanter Faktoren nicht überhandnimmt, beschränken wir uns im weiteren auf eine ganz bestimmte Art von Optionen, genauer gesagt: **europäische Aktienoptionen.**

Besinnen wir uns zunächst auf die bereits gewonnenen Erkenntnisse. Aufgrund der Überlegungen zur Preisunter- und -obergrenze wissen wir, daß Calls grundsätzlich um so mehr wert sind, je höher der aktuelle Aktienkurs notiert. Bei Puts ist es genau umgekehrt. Je geringer der Aktienpreis, desto höher der Optionspreis. Anstelle des aktuellen Aktienkurses können wir auch vom Strike ausgehen. Ein Call ist dann um so teurer, je geringer der Basispreis ist, während für einen Put exakt das Gegenteil zutrifft. Damit haben wir abermals – und letztmalig – auf die Bedeutung des Strikes und des aktuellen Underlying-Preises hingewiesen.

Um einem weiteren preisbeeinflussenden Faktor auf die Spur zu kommen, versetzen wir uns in die Lage eines Call-Stillhalters. Rufen wir uns dafür kurz ins Gedächtnis, welche Pflichten der Stillhalter übernimmt. Er verspricht, im Falle einer Ausübung die entsprechende Aktie zum Basispreis zur Verfügung zu stellen. Da der Stillhalter im voraus nicht weiß, ob der Call-Inhaber künftig von seinem Kaufrecht Gebrauch macht, muß er generell mit einer Ausübung rechnen. Seiner Pflicht zur Lieferung der Aktie wird der Stillhalter zweifellos nachkommen können, wenn er sich schon in dem Augenblick, in dem er den Call veräußert, die entsprechende Aktie beschafft. Dann ist er für den Fall gewappnet, daß der Optionsinhaber am Verfalltermin eine Aktie zum Basispreis verlangt. Mit dem Kauf der Aktie bindet der Stillhalter allerdings Kapital. Er kann das beim Kauf des Wertpapiers ausgegebene Geld also nicht anderweitig investieren und verzichtet damit auf Zinserträge. Diese entgangenen Erträge versucht er natürlich zurückzugewinnen, indem er die Optionsprämie entsprechend erhöht. Unmittelbar einsichtig wird damit auch der Zusammenhang zwischen allgemeinem **Zinsniveau** und Call-Prämie: Je höher das Zinsniveau, desto höher die Zinserträge auf die der Stillhalter verzichten muß und desto höher ist deswegen auch die Call-Prämie. Aus der Sicht des Stillhalters läßt sich diese Argumentation durchaus nachvollziehen. Fraglich ist indes, ob auch der Call-Käufer Bereitschaft zeigen würde, bei einem Zinsniveauanstieg eine höhere Prämie zu zahlen. Schlüpfen wir zur Beantwortung der Frage doch einfach in dessen Rolle. Mit dem Erwerb eines Calls fixiert der Käufer einen Höchstpreis, genauer gesagt den Strike. Er kann die Anschaffung der Aktie also ruhig in die Zukunft verlagern; für das Wertpapier wird er allenfalls den Basispreis bezahlen. Dadurch vermeidet er während der Optionsfrist die vergleichsweise hohe Kapitalbindung, die ein Aktienkauf unweigerlich mit sich bringt. Die überschüssigen finanziellen Mittel kann er nun anlegen und folglich Zinserträge erwirtschaften. Je höher das allgemeine Zinsniveau, desto höher seine Zinserträge und desto größer seine Bereitschaft, einen höheren Call-Preis zu akzeptieren.

Nun kennen wir die Beziehung zwischen Zinsniveau sowie Call-Preis und wir stellen uns die Frage, ob sich Veränderungen der Zinsen auf Put-Preise genauso auswirken würden. Vergegenwärtigen wir uns noch einmal die Lage eines Put-Stillhalters. Mit dem Erhalt der Optionsprämie verbürgt sich der Stillhalter, die Aktie am Verfalltag zum Basispreis abzunehmen, sofern der Inhaber von seinem Verkaufsrecht Gebrauch macht. Dieser Verpflichtung wird er auch ohne Schwierigkeiten nachkommen können, wenn er schon jetzt Geld für den Ausübungsfall zurücklegt. Nun müssen wir nur noch überlegen, wie die Höhe dieses Geldbetrages mit dem Zinsniveau zusammenhängt. Der Anschaulichkeit halber greifen wir dafür auf einen konkreten Put zurück, der exakt in einem Jahr verfällt und einen Strike in Höhe von 189 DM aufweist. Um die am Verfalltag möglicherweise bestehende Zahlungsverpflichtung zu erfüllen, muß der Stillhalter heute keine 189 DM beiseite legen. Ein geringerer Geldbetrag reicht aus, da das Kapital ja für ein Jahr angelegt werden kann und währenddessen Zinserträge erwirtschaftet. Nach Ablauf der Optionsfrist muß dann das investierte Kapital zuzüglich der Zinserträge genau 189 DM ergeben. Nehmen wir an, der Stillhalter könnte sein Geld zu einem Zinssatz in Höhe von 5 % p. a. anlegen. Dann würde es genügen, 180 DM zu investieren, um nach einem Jahr über die unter Umständen geforderten 189 DM zu verfügen. Die folgende Rechnung bestätigt das.

Anlagebetrag	180 DM
5 % Zinsen für ein Jahr	9 DM
Am Verfalltag verfügbarer Geldbetrag	189 DM

Für uns ist es natürlich von besonderem Interesse, die zwischen Zinsniveau und notwendigem Anlagebetrag existierende Beziehung zu entschlüsseln. Deshalb wollen wir einmal darüber nachdenken, wie sich ein höherer Zinssatz, sagen wir 8 %, für den Stillhalter auswirkt. Bei diesem Szenario müßte er nicht mehr 180, sondern nur noch 175 DM investieren, um nach einem Jahr einen Betrag in Höhe von 189 DM zu erreichen, was sich anhand der nachstehenden Rechnung leicht nachvollziehen läßt.

Anlagebetrag	175 DM
8 % Zinsen für ein Jahr	14 DM
Am Verfalltag verfügbarer Geldbetrag	**189 DM**

Zwischen Anlagebetrag und Zinssatz herrscht ganz offenkundig ein inverser Zusammenhang: je höher (niedriger) das Zinsniveau desto geringer (höher) der notwendige Anlagebetrag. Und eine derartige umgekehrte Beziehung beobachten wir auch zwischen Put-Preis und Zinsniveau. Verkaufsoptionen sind grundsätzlich um so preiswerter (teurer), je höher (niedriger) das Zinsniveau ist. Erinnern wir uns: Der Stillhalter legt den Kapitalbetrag an, um für den Fall einer Ausübung Vorsorge zu treffen. Dann ist es auch unmittelbar einsichtig, daß der Stillhalter die Put-Prämie um so niedriger bemißt, je geringer der erforderliche Vorsorgebetrag ausfällt. Letzterer ist, wie wir wissen, um so geringer, je höher das Zinsniveau ausfällt. Ungeklärt ist nur noch, ob auch ein Put-Käufer Verständnis für diese Sichtweise aufbringt. Durch die Anschaffung der Option verschafft sich der Käufer die Gewißheit, künftig keinesfalls weniger als den Basispreis für eine Aktie zu erhalten. So gesehen kann ein möglicher Aktienverkauf getrost in die Zukunft verschoben werden. Damit nimmt der Optionsinhaber allerdings auch in Kauf, daß das im Falle einer Veräußerung zufließende Geld erst später zur Verfügung steht. Er verzichtet also auf Zinserträge. Und dieser Verzicht wiegt um so schwerer, je höher das Zinsniveau liegt. Aus verständlichen Gründen verliert ein Verkaufsrecht in einem solchen Falle an Attraktivität. Umgekehrt erfährt ein Put einen Wertzuwachs, wenn die Zinsen verhältnismäßig niedrig sind, da der Verzicht auf Zinserträge dann nicht so stark ins Gewicht fällt. Der Put-Käufer wird also Verständnis für die Argumentation des Stillhalters aufbringen, den Optionspreis der jeweiligen Zinssituation in der gerade beschriebenen Weise anzupassen.

Nun haben wir bereits drei Größen ausfindig gemacht, die Auswirkungen auf Optionspreise haben: Da ist zum einen der aktuelle Aktienkurs, zum anderen der Basispreis und das aktuelle Zinsniveau. Auf einen weiteren Einflußfaktor stoßen wir bei näherer Betrachtung der im Rahmen eines Optionsgeschäftes vereinbarten Ausstattungsmerkmale. Jedwedes Kauf- oder Verkaufsrecht gilt, wie wir wissen, nicht unbegrenzt, sondern zeitlich befristet. Aber welche Tragweite kommt der **Lebensdauer** zu? Hat dieser Faktor überhaupt Gewicht bei der Preisbildung oder ist er eher belanglos? Um diese Frage beantworten zu können, müssen wir uns überlegen, was eine längere im Vergleich zu einer kürzeren Optionsfrist für Stillhalter sowie Optionsinhaber bedeutet. Bekanntlich ist eine Option am Verfalltag um so mehr wert, je weiter sich der Aktienkurs vom Strike in die richtige Richtung entfernt hat. Eine derartige Entwicklung empfindet ein Optionsinhaber begreiflicherweise als positiv, einen Stillhalter begeistert sie hingegen nicht. Nun müssen wir überlegen, wovon die Höhe dieser Chance – der Stillhalter spräche freilich von einer Gefahr – abhängt. Neben anderen Faktoren, auf die wir später noch zu sprechen kommen, ist die Chance auf einen hohen Inneren Wert an die Optionsfrist gebunden. Kaum jemand wird bestreiten, daß die Ungewißheit für einen Stillhalter, am Verfalltag in Anspruch genommen zu werden, um so größer ist, je weiter der Verfalltermin in die Zukunft rückt. Da das Versicherungsrisiko mit zunehmender Restlaufzeit steigt, wird auch die Option teurer. Und das gilt für Calls und Puts gleichermaßen.

Hinweis: Mit abnehmender Restlaufzeit sinkt auch die Zeitprämie, allerdings nicht gleichmäßig, sondern immer schneller, je näher der Verfalltag rückt.

Während das Zinsniveau den Preis einer Kaufoption vollkommen anders beeinflußt als den Preis einer Verkaufsoption, wirkt sich eine relativ hohe (geringe) Laufzeit sowohl auf Calls als auch Puts preiserhöhend (preissenkend) aus. Für den Stillhalter lauert bei einer längeren Optionsfrist grundsätzlich eine größere Gefahr, aus welchem Grund er eine vergleichsweise hohe Gefahrenprämie verlangt. Die aus Sicht des Stillhalters höhere Gefahr bedeutet für den Optionsinhaber hingegen prinzipiell eine bessere Chance, wofür er im allgemeinen auch bereitwillig eine höhere Prämie bezahlt. Die Restlaufzeit ist im übrigen der einzige Preisfaktor, dessen künftige Veränderung wir mit uneingeschränkter Sicherheit bereits im voraus kennen. Ein Warrant der – von heute an gerechnet – in genau einem Jahr verfällt hat morgen garantiert eine Laufzeit von nur noch 364 Tagen.

> **Hinweis:** Warrants sollten prinzipiell über eine hinreichende Restlaufzeit verfügen, da gerade der rasante Zeitwertverlust am Fristende trotz richtiger Markteinschätzung zu beträchtlichen Einbußen führen könnte.

Mit der Optionsfrist haben wir einen weiteren Preisfaktor identifiziert, der zweifelsohne von Belang ist, aber bei weitem nicht die Bedeutung hat wie die sogenannte **Volatilität**. Sie gilt neben dem jeweils aktuellen Underlyingpreis als die mit Abstand wichtigste Einflußgröße. Bevor wir dies allerdings näher erläutern, richten wir unser Augenmerk zunächst auf den Begriff selbst, der eng mit dem italienischen Ausdruck *volare* („fliegen") verwandt ist und etwa soviel bedeutet wie *Flatterhaftigkeit* oder *Auf und Ab*. Volatilität – oder Vola, wie viele schlicht sagen – gilt im Sprachgebrauch der Finanzexperten als Synonym für die Intensität mit der Preise – vor allem natürlich Preise für Finanztitel wie Aktien, Anleihen oder Devisen, aber auch Zinssätze – im Zeitablauf schwanken. Um eine genauere Vorstellung davon zu erlangen, wollen wir anhand eines einfachen Fallbeispiels demonstrieren, auf welchem Prinzip die Bestimmung einer Volatilität üblicherweise basiert. Der Schwerpunkt soll dabei mehr auf der Denkweise liegen als auf den mitunter ein wenig vertrackten mathematischen Ausdrücken. Angenommen, wir betrachteten zwei Aktien A und B, die in der vergangenen Woche an den einzelnen Tagen jeweils zu den in der folgenden Tabelle aufgeführten Kursen notierten:

	Aktie A	Aktie B
Montag	41 DM	46 DM
Dienstag	40 DM	38 DM
Mittwoch	39 DM	32 DM
Donnerstag	38 DM	44 DM
Freitag	42 DM	40 DM

Unser Bestreben liegt darin, für jedes der beiden Wertpapiere die Intensität der Kursschwankungen zum Ausdruck zu bringen. Da *Schwankung* im Grunde nichts anderes als Abweichung bedeutet, liegt es nahe, festzustellen, wie weit sich die Kurse an den einzelnen Wochentagen von einem noch näher zu bestimmenden Referenzwert entfernt haben. Die Referenzgröße soll nicht gerade ein „Ausreißer" sein, was etwa für den Höchst- oder Niedrigstkurs zutrifft, sondern eher ein „normalisierter" Wert. Diese Eigenschaft erfüllt der Durchschnittskurs besonders gut, der in unserem Beispiel für beide Wertpapiere jeweils bei 40 DM liegt. Wir können also festhalten, daß sowohl Aktie A als auch Aktie B in der vergangenen Woche im Mittel gleich teuer waren. Damit wissen wir allerdings noch nichts über die Intensität der Preisschwankungen. Um etwas darüber sagen zu können, vergleichen wir jeden einzelnen Kurs mit dem entsprechenden Durchschnittswert und bestimmen jeweils die Abweichung. Ein Blick auf obiges Tableau macht recht schnell deutlich, daß einzelne Kurse sowohl über dem Durchschnittswert liegen („positive Abweichung"), allerdings auch darunter („negative Abweichung"). Ebenso sind keinerlei Abweichungen zu beobachten. Für jeden einzelnen Wochentag haben wir die Abweichungen in folgender Tabelle erfaßt.

	Aktie A	**Aktie B**
Montag	1 DM (**über** Ø-Wert)	6 DM (**über** Ø-Wert)
Dienstag	keine Abweichung	2 DM (**unter** Ø-Wert)
Mittwoch	1 DM (**unter** Ø-Wert)	8 DM (**unter** Ø-Wert)
Donnerstag	2 DM (**unter** Ø-Wert)	4 DM (**über** Ø-Wert)
Freitag	2 DM (**über** Ø-Wert)	keine Abweichung

Wir können durchaus behaupten, daß die Kurse der Aktie A im Zeitablauf bei weitem nicht so stark schwanken, wie diejenigen der Aktie B. Dies äußert sich schließlich auch durch die Abweichungen der Einzelpreise vom entsprechenden Durchschnittskurs: je größer die Divergenz, desto heftiger die jeweilige Preisbewegung! Die Abweichungen sind also durchaus ein Indiz für die Intensität der Kursschwankung („Volatilität"). Nun haben wir für jedes Wertpapier fünf Abweichungen und damit vergleichsweise

viele einzelne Informationen, die wir am liebsten so verdichten
würden, daß letztlich nur noch eine einzige, möglichst „griffige"
Kennziffer übrigbleibt. Aus diesem Grund bilden wir getrennt für
jede Aktie wiederum einen Mittelwert – diesmal allerdings den
Durchschnitt der Abweichungen. Für das Wertpapier A erhalten
wir dann einen Wert in Höhe von

$$\frac{1\ DM + 0\ DM + 1\ DM + 2\ DM + 2\ DM}{5} = 1{,}20\ DM,$$

für die Aktie B hingegen einen Wert von 4 DM. Damit läßt
sich folgende Feststellung treffen: In der vergangenen Woche
schwankten die einzelnen Kurse der Aktie A im Durchschnitt um
1,20 DM um ihren Mittelwert, wogegen die Preise des anderen
Wertpapiers im Mittel mehr als dreimal so stark davon abwichen.
Aktie B gilt daher als volatiler. In der Realität werden Volatilitäten
ein wenig anders ermittelt; das Prinzip ist allerdings dasselbe. Da
es uns weniger um eine Darlegung formaler Finessen geht, als vielmehr um ein Verständnis der Zusammenhänge, setzen wir den
Schwerpunkt auf den Aussagegehalt dieser Kennziffer.

Unser Beispiel unterstreicht, daß die ermittelten durchschnittli-
chen Werte in Höhe von 1,20 bzw. 4 DM sowohl Abweichungen
nach „oben" als auch nach „unten" widerspiegeln. Die Volatilität
signalisiert also grundsätzlich die Möglichkeit von Preisanstiegen,
als auch -rückgängen. Sie gibt damit sowohl die Gefahr unvorteil-
hafter, als auch die Chance günstiger Entwicklungen wieder und
kann daher als Risikokennziffer gelten, wobei Risiko hier nicht
nur die negativen („Gefahren"), sondern gleichermaßen die positiven Seiten („Chancen") umschließt. Wir können demnach festhalten: Je höher die Volatilität, desto riskanter das betrachtete Finanzinstrument! Um so höher ist folglich die Wahrscheinlichkeit,
daß sich der Preis relativ stark in die eine oder andere Richtung
bewegen könnte. Verdeutlichen wir das einmal anhand unseres
Fallbeispiels: Wir stellen fest, daß bei Aktie A der Preis in der vergangenen Woche weder über 42 DM gestiegen noch unter 38 DM
gesunken ist. Hätte sich ein Aktienbesitzer zum Verkauf des Wertpapiers A entschlossen, so wären für die Aktie mindestens 38 DM,
allerdings auch nicht mehr als 42 DM erzielt worden. Die Chance
auf hohe Kurse war ebenso schwach ausgeprägt wie die Gefahr ge-

ringer Preise. Bei Aktie B zeigt sich dagegen ein ganz anderes Bild. Hier reichte die Bandbreite von 32 bis hin zu 46 DM. Das Verlust- und Gewinnpotential war im Vergleich zum anderen Wertpapier also entschieden höher.

Nun kommen wir zurück auf unsere Ausgangsfrage, bei der es um die Verbindung zwischen Optionspreis und Volatilität ging. Anhand der beiden Aktien A und B konnten wir bereits in Erfahrung bringen, daß eine hohe Volatilität für gewöhnlich gleichbedeutend ist mit einer beträchtlichen Wahrscheinlichkeit für große Kursausschläge. Je volatiler die Kurse des Underlyings, desto größer die Wahrscheinlichkeit, daß der Preis am Verfalltag verhältnismäßig weit vom Strike abweicht. Und um so größer ist dann freilich die Chance für einen Optionsinhaber, einen relativ hohen Inneren Wert zu erzielen. Der Stillhalter muß hingegen mit einer ziemlich großen Gefahr leben. Die Tatsache, daß eine Option – gleichgültig ob Call oder Put – um so teurer ist, je volatiler der Preis des Underlyings, leuchtet also unmittelbar ein. Um diesen Einflußfaktor bei der Wertermittlung angemessen zu berücksichtigen, müssen wir uns allerdings eine Vorstellung von der **zukünftigen Volatilität** machen. Es nützt recht wenig, wenn wir – wie im obigen Beispiel – wissen, wie stark die Aktienkurse in der Vergangenheit schwankten, die Entwicklung in der Zukunft aber womöglich ganz anders aussieht. Einige Leser werden jetzt bestimmt fragen, woher wir denn wissen wollen, mit welcher Stärke sich die Preise des Underlyings künftig bewegen werden. An und für sich ist die zukünftige Volatilität doch gar nicht exakt zu beziffern, es sei denn, wir wären Hellseher! Wir können diesen Lesern nur beipflichten. Da die wenigsten über die Fähigkeiten eines Weissagers verfügen, lassen sich zukünftige Preisschwankungen auch nicht exakt vorherbestimmen. Infolgedessen gibt eine präzise Optionspreisbestimmung unlösbare Rätsel auf. Viele Finanztheoretiker geben sich damit allerdings nicht zufrieden und bewältigen diese Angelegenheit auf ihre Weise. Das eigentliche Problem wird dabei zwar nicht gelöst, was, wie wir bereits festgestellt haben, ja auch gar nicht möglich ist. Statt dessen wird die Schwierigkeit, wie es in der Theorie so oft der Fall ist, kurzerhand umgangen, indem einfach eine Annahme – im Fachjargon *Prämisse* – über die zukünftige Preisentwicklung getroffen wird. Meistens

stützen sich derlei Hypothesen dann auf Vergangenheitsdaten –
im Grunde wird also so getan, als wiederholte sich die historische
Entwicklung in der Zukunft noch einmal. Man könnte auch sagen, daß die künftige Volatilität – etwa die einer Aktie – unter Zuhilfenahme vergangener Aktienpreise geschätzt wird. Eine wissenschaftliche Note bekommt das Ganze dann in aller Regel vor
allem dadurch, daß für den Laien vergleichsweise komplizierte
mathematische und statistische Formeln Verwendung finden, mit
deren Hilfe aus historischen dann „zukünftige" Daten gemacht
werden. Da allerdings weithin unklar ist, welche historischen
Preise beispielsweise in die Schätzung einfließen oder wie die vergangenen Preise gewichtet werden sollen, ist die Bestimmung einer zukünftigen Volatilität keinesfalls frei von subjektiven Ein-
flüssen. Manche Akteure glauben etwa, daß die Preisschwankungen der vergangenen Tage oder Wochen als idealer Indikator für
die zukünftige Volatilität gelten, während andere möglicherweise
auf die Bewegungen der zurückliegenden Monate setzen. Wieder
andere verlassen sich lieber auf noch mehr historische Daten und
gehen deshalb unter Umständen gleich einige Jahre zurück. Der
eine oder andere wird nun sicherlich denken, daß die Akteure
dann ja auch zu unterschiedlichen Schätzwerten gelangen könnten. Wir können diesen Verdacht durchaus bestätigen: Die Akteure kommen sogar mit recht hoher Wahrscheinlichkeit zu voneinander abweichenden „zukünftigen" Volatilitäten. Das ist in gewisser Hinsicht aber gar nicht unpraktisch. Wenn einem Akteur
nämlich eine geschätzte Volatilität, aus was für Gründen auch immer, nicht paßt, dann hat er immerhin die Möglichkeit, es mit
mehr oder weniger Vergangenheitswerten oder mit einem anderen
Rechenverfahren solange zu probieren, bis ihm das Ergebnis ge-
fällt. Das ist zwar nicht gerade sehr einfallsreich, führt letztlich
aber fast immer zum gewollten Resultat, erweckt vielfach den Anschein von Objektivität und eignet sich oftmals hervorragend als
Argumentationsgrundlage. Aber welche Motive könnten die
Marktakteure zu derlei „Schönrechnerei" bewegen? Ein Stillhalter strebt verständlicherweise eine verhältnismäßig hohe Prämie
an, während ein Käufer möglichst preiswert an sein Kauf- bzw.
Verkaufsrecht gelangen möchte. Wie wir wissen, hängt der Optionspreis ganz wesentlich von der zukünftigen Volatilität ab, oder

besser: von dem, was die Akteure für die zukünftige „Vola" halten. Was liegt da näher, als an diesem „Preisschräubchen" zu drehen – in die gewünschte Richtung, versteht sich. Ein Stillhalter wird möglicherweise einen relativ hohen Optionspreis fordern, mit der Begründung, die künftige „Vola" sei ja ziemlich groß. Käufer, die das nicht akzeptieren wollen, argumentieren andersherum und „rechnen" niedrigere zukünftige Preisschwankungen vor, was sich natürlich in einer geringeren Prämie niederschlägt. Um Mißverständnissen vorzubeugen, sagen wir ganz deutlich, daß historische Preise durchaus ein Indikator für die Schwankungsintensität sein können. Werfen wir zur Illustration kurz einen Blick auf die Abbildung 7, die den Kursverlauf zweier Aktien wiedergibt:

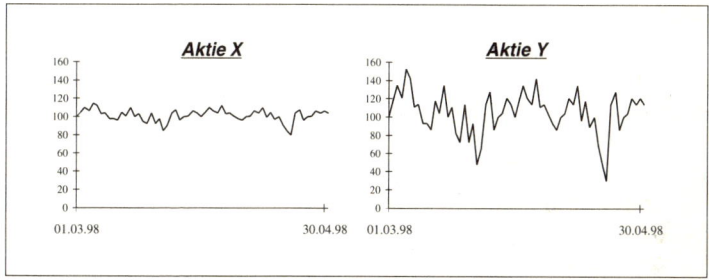

Abb. 7: Historische Kursverläufe zweier ausgewählter Aktien

Wohl unbestritten ist, daß die Kurse der Aktie Y – auch in Zukunft – heftiger schwanken als die der Aktie X. Für eine ganz präzise Kalkulation von Optionspreisen reicht die grobe Richtung allerdings nicht aus. Führen wir uns zum besseren Verständnis dieser Zusammenhänge noch einmal die übrigen Preiskomponenten vor Augen. Der aktuelle Aktienkurs steht ebenso zweifelsfrei fest wie der Basispreis, der Verfalltag oder das aktuelle Zinsniveau. An dieser Tatsache kommen weder Stillhalter noch Käufer vorbei. Mehr Spielraum gewährt dagegen die Taxierung der künftigen Volatilität. Wenn Stillhalter und Optionskäufer zum Geschäftsabschluß kommen – was nichts weiter heißt, als daß der Käufer den Preis des Stillhalters akzeptiert oder umgekehrt –, dann haben beide Seiten im Prinzip dieselbe Vorstellung über die künftige Volatilität, oder ein Partner teilt – wohl oder übel – die Meinung des jeweils anderen. Daß die Experten bei Optionsgeschäften gerne vom Volatilitätshandel („Vola-Handel") sprechen, überrascht daher kaum noch. Bezeichnend ist auch, daß kaum jemand von der zukünftigen Volatilität spricht. Statt dessen greifen die Fachleute gerne auf den Begriff *implizite Volatilität* zurück.[1] Den Zusatz „implizit" könnte man treffend mit „inbegriffen" oder „eingeschlossen" übersetzen, was andeuten soll, daß eine bestimmte, für die Zukunft vermutete Vola im Warrant-Preis enthalten ist. Salopp formuliert spiegelt die implizite Volatilität also nichts anderes wider als Spekulationen über künftige Schwankungen. Daß derlei Mutmaßungen im Laufe der Zeit mitunter selbst heftigen Veränderungen unterliegen, versteht sich von selbst. Zur Korrektur ihrer impliziten Volatilitäten neigen die Marktakteure beispielsweise dann, wenn Neuigkeiten verbreitet werden, die für die betreffenden Preise von Belang sind, etwa Meldungen über eine Leitzinsanpassung der Deutschen Bundesbank oder die Nachricht über eine Änderung der Steuergesetzgebung. Nicht selten nehmen die Akteure allerdings das eigene Profitstreben zum Anlaß, um die implizite Volatilität gewinnbringend anzupassen. Die *Wirtschaftswoche* stellt daher nicht zu unrecht fest, daß das Spiel mit Optionsscheinen einer Wette gleiche, bei der ein Beteiligter nachträglich noch zu seinen Gunsten die Wettbedingungen verändern könne. Einzelne Emittenten, so die *Wirtschaftswoche* weiter, rechnen beispielsweise trotz steigender Underlying-Preise an einem bestimmten Tag einfach mit deutlich niedrigeren Volatilitäten als zuvor und danach. Banken beispielsweise behaupten dann schlicht, ihre Markteinschätzung habe sich geändert. In Wirklichkeit haben sie aber einfach mit einer geringeren Volatilität gerechnet, damit niedrigere Preise gestellt und – gerade an Tagen, an denen viele Optionsinhaber ihre Rechte an die Bank „zurückverkaufen" wollen – ganz ordentlich gespart.[2]

---

1 Im Unterschied zur *impliziten Volatilität* nennen die Experten die allein aus historischen Preisen hervorgehende Schwankungsbreite *historische Volatilität*.

2 *Wirtschaftswoche* Nr. 34 vom 14. 8. 1997.

Hinweis: In Zeiten verhältnismäßig hoher impliziter Volatilitäten bergen Warrants besonders große Risiken. Pendelt sich die implizite Vola wieder auf ihr Normalniveau ein, so erleiden Warrant-Inhaber nicht selten einen deutlichen Wertverlust. Ob die implizite Volatilität relativ hoch ist, erkennt der Anleger häufig schon allein durch einen Vergleich mit der historischen Schwankungsbreite.

Der Vollständigkeit halber wollen wir nicht unerwähnt lassen, daß noch weitere Einflußfaktoren, wie zum Beispiel zukünftige Dividendenzahlungen während der Optionsfrist, Einfluß auf den Warrant-Wert ausüben können. Denn der Aktienkurs sinkt in aller Regel unmittelbar nach einer Dividendenzahlung, was die Finanzexperten mit der Bezeichnung „Dividendenabschlag" umschreiben. Ein absehbarer Dividendenabschlag während der Warrant-Laufzeit führt zu einem Preisrückgang bei entsprechenden Aktien-Calls, während Verkaufsoptionen an Wert gewinnen.

Hinweis: Anleger sollten beim Kauf von Aktien-Warrants grundsätzlich die Dividendentermine im Auge haben. Bei bevorstehenden Dividendenzahlungen sind Calls wegen des bereits berücksichtigten Abschlags oftmals nur auf den ersten Blick preisgünstig.

Nun standen die preisbestimmenden Größen lange genug im Mittelpunkt, so daß wir endlich der Frage nach der Prämienkalkulation nachgehen können. Wie wir wissen, läßt sich der Innere Wert – mit anderen Worten: die Preisuntergrenze – ohne große Mühe feststellen. Weitaus schwieriger gestaltet sich dagegen die Bestimmung der Zeitprämie. Im Laufe der Jahre wurden allerdings etliche Ansätze entwickelt, um dieser Schwierigkeit entgegenzutreten. Durchgesetzt hat sich schließlich ein Vorschlag der US-Amerikaner *Fischer Black* und *Myron Scholes* – kurz: *Black/Scholes*. Dafür wurde Scholes zusammen mit seinem Kollegen Merton der Nobelpreis für Wirtschaftswissenschaften 1997 zuerkannt. Sie werden mit der Optionspreisbestimmung mittlerweile ebenso selbstverständlich in Verbindung gebracht wie etwa *Albert Einstein* mit der Relativitätstheorie. Und das nicht etwa nur in Lehrbüchern, sondern vor allem in der Praxis! Es existiert kaum ein Optionshändler, der nicht auf die Erkenntnisse der beiden Amerikaner setzt. Was aber steckt hinter dem von *Black/Scholes* entwickelten Ansatz? Wir würden es uns recht einfach machen, wenn wir sagten, die Werte der einzelnen Preisfaktoren würden in eine Formel eingesetzt, so wie in Abbildung 8 angedeutet, und das Ergebnis wäre dann der sogenannte theoretisch richtige Optionspreis.

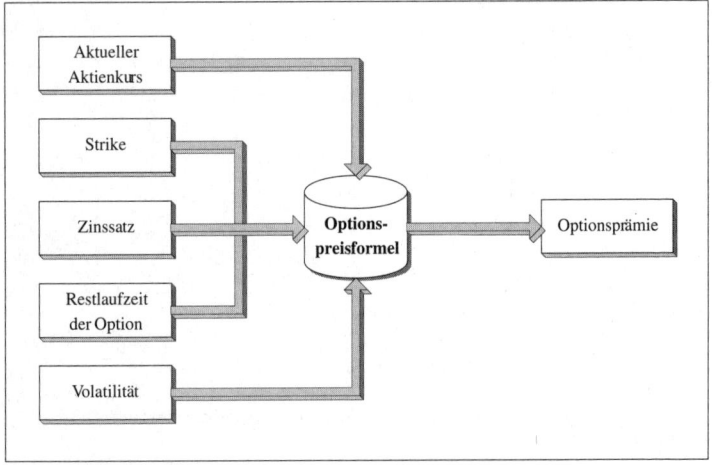

Abb. 8: Kalkulation einer Optionsprämie

Im Grunde ist es aber nicht viel anders. Entscheidend ist natürlich, was für eine Idee hinter der Formel steckt. Auf eine Darstellung bis in alle Einzelheiten müssen wir jedoch verzichten, damit das Buch nicht zu einer Abhandlung über die Optionspreistheorie ausartet, ganz abgesehen davon, daß es für die meisten Leser doch ziemlich ermüdend wäre. Was sich *Black* und *Scholes* bei ihrer Theorie gedacht haben, wollen wir dennoch schildern – allerdings mit einfachen Worten und allgemeinverständlich.

Um das Problem wenigstens einigermaßen in den Griff zu bekommen, treffen die beiden Optionspreistheoretiker eine Reihe von zum Teil recht unterschiedlichen Annahmen. Die wichtigste gilt der künftigen Volatilität – auch *Black/Scholes* sind schließlich keine Propheten. Aber wie bringen sie ihre Vola-Schätzungen zum Ausdruck? Ganz einfach: Indem sie einzelnen Aktienkursen bestimmte Wahrscheinlichkeiten zuordnen! Betrachten wir als

Beispiel zwei beliebige Aktien, die der Einfachheit halber mit A und B bezeichnet werden. Der Kurs der Aktie A soll in einem Jahr mit 30prozentiger Wahrscheinlichkeit bei 80 DM, mit einer Wahrscheinlichkeit von 40 % bei 100 DM und schließlich mit einer Wahrscheinlichkeit von 30 % bei 120 DM liegen. Bei Aktie B sieht die Verteilung der Wahrscheinlichkeiten dagegen ein wenig anders aus.

Kurs der Aktie B in einem Jahr	Wahrscheinlichkeit
60 DM	10 %
80 DM	20 %
100 DM	40 %
120 DM	20 %
140 DM	10 %

Wir wollen zwischendurch kurz der Frage nachgehen, die sicherlich viele Leser interessiert: Woher kommen derlei Wahrscheinlichkeiten in der Praxis? Freilich können über die Wahrscheinlichkeiten, mit der bestimmte Kurse künftig eintreten, nur Vermutungen geäußert werden. Meistens orientiert man sich an historischen Kursen. So könnte ein Blick auf die letzten 100 Kurse der Aktie A etwa ergeben haben, daß der Wertpapierpreis in 30 Fällen bei 80, in 40 Fällen bei 100 und in 30 Fällen bei 120 DM lag. Unterstellt man für die Zukunft nun dieselbe Entwicklung, so beträgt die Wahrscheinlichkeit für einen Aktienkurs in Höhe von 80 DM genau 30 % usw.

Doch nun zurück zu unserem Beispiel und zur Frage, wo der Zusammenhang zwischen Wahrscheinlichkeiten und der Volatilität liegt. Zur Veranschaulichung haben wir Aktienkurse und entsprechende Wahrscheinlichkeiten getrennt für die beiden Wertpapiere A und B graphisch dargestellt (vgl. Abbildung 9).

Recht deutlich ist zu erkennen, daß die Schwankungsbreite der Aktienkurse bei B stärker ausgeprägt ist als bei A – vorausgesetzt, die vermuteten Wahrscheinlichkeiten spiegeln die tatsächliche zukünftige Entwicklung entsprechend wider. Wie wirken sich jedoch die Erkenntnisse über die Wahrscheinlichkeiten auf die Kalkulation einer Optionsprämie aus? Diese Frage wollen wir an-

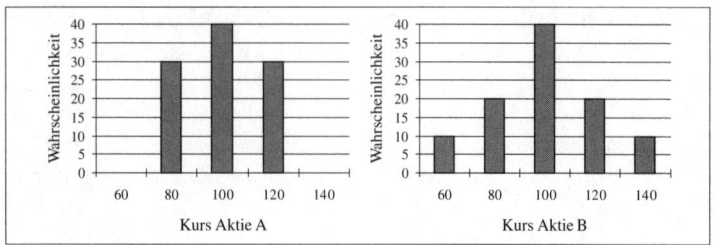

Abb. 9: Kursverteilung zweier ausgewählter Aktien

hand eines konkreten Fallbeispiels beantworten und betrachten dazu die nachstehende Option.

Call-Option	
Underlying	Aktie A
Strike Price	100 DM
Fälligkeit	in einem Jahr
Andienung	Cash-Settlement
Typ	europäisch

Der Call hat am Verfalltag nur dann einen Wert („Inneren Wert"), wenn der Kurs der A-Aktie den Basispreis überschreitet. Andernfalls ist das Kaufrecht nutzlos. Nun wissen wir, daß der Kurs der A-Aktie in einem Jahr mit 30prozentiger Wahrscheinlichkeit bei 120 DM liegt. Bei diesem Wertpapierpreis hätte die Option einen Inneren Wert von 20 DM. Außerdem ist uns bekannt, daß die A-Aktie mit einer Wahrscheinlichkeit von 40 % zu einem Kurs von 100 und mit 30prozentiger Wahrscheinlichkeit zu 80 DM notieren wird. Unsere Option ist bei diesen Aktienpreisen allerdings wertlos. Fassen wir die Ergebnisse kurz in folgender Übersicht zusammen.

Kurs der Aktie A in einem Jahr	Innerer Wert des Call	Wahrscheinlichkeit
80 DM	0	30 %
100 DM	0	40 %
120 DM	20	30 %

Die Wahrscheinlichkeit, daß der Call am Verfalltag keinerlei Wert mehr aufweist, beläuft sich damit alles in allem auf 70 % (30 % + 40 %), wohingegen mit 30prozentiger Wahrscheinlichkeit damit zu rechnen ist, daß die Option in einem Jahr einen Wert von 20 DM verkörpert. Nun taucht natürlich die Frage auf, was wir für ein derartiges Finanzinstrument heute bezahlen würden. Führen wir uns dafür doch einfach die Konsequenzen vor Augen, die mit einer Anschaffung der Option verbunden sind. In 70 von 100 Fällen werden wir unseren Kapitaleinsatz vollständig verlieren, in 30 Fällen erhalten wir indes 20 DM zurück, so daß sich der folgende Durchschnittswert ergibt:[1]

$$\frac{70 \times 0\ DM + 30 \times 20\ DM}{100} = 6\ DM$$

Dieser Mittelwert bildet einen fairen Preis – im Fachjargon *fair value*. Warum ist das so? Angenommen, wir würden hundert mal nacheinander die Option kaufen und jedesmal 6 DM dafür bezahlen. Insgesamt hätten wir dann 600 DM ausgegeben. In siebzig Fällen wäre unser Kapitaleinsatz verloren, in dreißig Fällen fließen allerdings jeweils 20 DM an uns zurück, was summa summarum 600 DM ergibt. Als Käufer können wir einen Preis in Höhe von sechs Mark also durchaus akzeptieren. Aber was halten potentielle Stillhalter davon? Für einhundert verkaufte Optionen beläuft sich der Erlös auf zusammen 600 DM. In siebzig Fällen verfällt das Kaufrecht wertlos – der Stillhalter wird nicht in Anspruch genommen. Wertvoll ist der Call in 30 Prozent aller Fälle, was zu einer Differenzzahlung von seiten des Stillhalters führt. Bei einhundert Fällen hätten wir 30 Zahlungen à 20 DM, was zu insgesamt 600 DM führt. Genau wie der Käufer gibt der Stillhalter letztlich soviel wieder aus, wie er eingenommen hat.

Nun tauschen wir bei unserer Kaufoption das Underlying aus. Dem Call liegt jetzt nicht mehr Aktie A, sondern Wertpapier B zugrunde. Damit verändert sich die Lage wie folgt:

---

1 Der Einfachheit der Darstellung zuliebe verzichten wir auf die Berücksichtigung von Zinseffekten.

Kurs der Aktie B in einem Jahr	Innerer Wert des Call	Wahrscheinlichkeit
60 DM	0	10 %
80 DM	0	20 %
100 DM	0	40 %
120 DM	20	20 %
140 DM	40	10 %

Die Wahrscheinlichkeit, daß die Option in einem Jahr wertlos verfällt, liegt weiterhin bei 70 %. Im Vergleich zur Aktie A besteht nun allerdings die Aussicht auf Kurse in Höhe von 140 DM. In zehn von hundert Fällen ist der Call am Verfalltag 40 DM wert, in zwanzig Fällen fließen 20 DM an den Inhaber zurück. Der Durchschnittswert („fair value") beläuft sich deshalb auf

$$\frac{70 \times 0 \text{ DM} + 20 \times 20 \text{ DM} + 10 \times 40 \text{ DM}}{100} = 8 \text{ DM}$$

Die größere Volatilität bei Aktie B führt zu einem um 2 DM höheren fair value als bei Aktie A.

Damit haben wir in groben Zügen das Prinzip erläutert, nach dem Optionspreise heutzutage üblicherweise bestimmt werden. In vielerlei Hinsicht ist das Fallbeispiel jedoch stark vereinfacht. So ist etwa die Wahrscheinlichkeitsverteilung in der Realität weitaus mehr abgestuft. Dennoch haben die vorangegangenen Ausführungen deutlich gezeigt, daß sich der Wert eines Warrants im wesentlichen auf die Merkmale des Underlyings zurückführen läßt, insbesondere dessen Preis und Volatilität. Deshalb zählen Optionsscheine ebenfalls zur Gruppe der sogenannten Derivate. Das Wort stammt vom lateinischen Terminus „derivare" ab, was übersetzt „ableiten" bedeutet. Damit soll zum Ausdruck kommen, daß sich der Wert, etwa der eines Warrants, sozusagen vom Basisgut ableitet. In die Kategorie der Derivate gehören nicht nur Optionsscheine, sondern auch andere Optionen sowie unbedingte Termingeschäfte, beispielsweise Futures. Das Gegenstück zu Derivaten stellen die sogenannten originären Geschäfte dar, worunter üblicherweise elementare Anlageformen wie Aktien oder Anleihen gefaßt werden.

Implizite Volatilität

Wie wir bereits gesehen haben, übt die Volatilität – genauer: die implizite Volatilität – einen ganz erheblichen Einfluß auf Optionspreise aus. Je höher die implizite „Vola", desto höher die Prämie. Es ist durchaus verständlich, daß der eine oder andere gerne wissen möchte, welche zukünftigen Kursschwankungen etwa bei einem Aktienoptionsgeschäft unterstellt wurden. Nun kann man einer Optionsprämie so ohne weiteres allerdings nicht ansehen, welche implizite Volatilität ihr zugrundeliegt. Letztere muß vielmehr eigens berechnet werden. Das Prinzip ist im Grunde genommen recht einfach. Da neben sämtlichen preisbestimmenden Einflußgrößen – mit Ausnahme der impliziten Volatilität – auch der Optionspreis und die bei der Preiskalkulation verwendete Formel bekannt sind, verbleibt lediglich eine Unbekannte. Zur Auflösung muß die Preisgleichung nur noch nach der impliziten Volatilität umgestellt werden. Veranschaulichen wir die Vorgehensweise einmal schematisch anhand des folgenden Warrants:

Call-Option	
Underlying	XYZ-Aktie
Strike Price	60 DM
Bezugsverhältnis	1/1
Restlaufzeit	200 Tage

Der Schein notiert im Augenblick zu einem Preis von 10 DM, die XYZ-Aktie zu 64 DM. Der für die Kalkulation notwendige Zinssatz liegt bei 6 % p. a.

Mit Hilfe dieser Angaben, der Ausstattungsmerkmale sowie der Optionspreisformel läßt sich nun die implizite Volatilität bestimmen. Dafür muß die in Abbildung 10 aufgeführte Gleichung nach der impliziten Volatilität aufgelöst werden. In der Praxis ist dies allerdings nicht ganz so einfach, wie es aufgrund unserer Beschreibung den Anschein haben könnte.

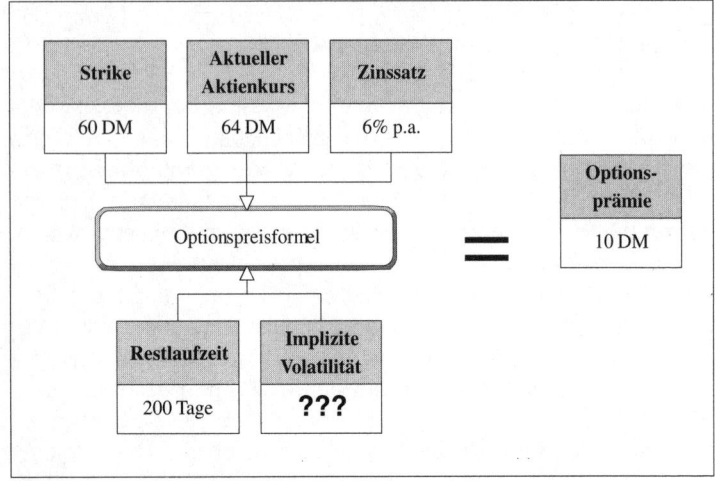

Abb. 10: Bestimmung einer impliziten Volatilität

Wie der Underlyingkurs den Warrantpreis beeinflußt

Bislang haben wir die Frage weitgehend ausgeklammert, wie die Beziehung zwischen Strike und aktuellem Underlying-Preis Einfluß auf die Zeitprämie ausübt. Die Antwort darauf wollen wir erneut anhand eines konkreten Fallbeispiels geben.

Call	
Underlying	T-Aktie
Strike Price	40 DM
Fälligkeit	1. 7. 1998
Andienung	effektiv
Typ	amerikanisch

Nehmen wir einmal an, daß der Call am 1. Januar 1998 bewertet werden soll, also ein halbes Jahr vor seiner Fälligkeit. Bekanntermaßen setzt sich der Optionsprämie dann aus zwei Bestandteilen zusammen: dem Inneren Wert und der Zeitprämie. Nahezu problemlos läßt sich der Innere Wert bestimmen, der, wie wir ja wissen, gleichbedeutend ist mit der Preisuntergrenze. Out-of-the-money- und at-the-money-Optionen lassen einen Inneren Wert von null erkennen, während im Geld befindliche Optionen einen positiven Inneren Wert aufweisen. Wir können uns deshalb gleich der zweiten Preiskomponente zuwenden und dabei der Frage nachgehen, inwiefern die Zeitprämie vom Zustand der Option abhängt. Ganz so einfach wie beim Inneren Wert ist die Antwort hier allerdings nicht. Besinnen wir uns daher noch einmal auf den Sinn und Zweck der Zeitprämie: Sie wird für die Chance gezahlt, daß die Option – vom Kaufzeitpunkt aus betrachtet – an Innerem Wert hinzugewinnt. Je höher diese Chance, desto größer ist erwartungsgemäß die Prämie dafür. Auf Grund dessen ist die Zeitprämie, soviel sei vorweggenommen, prinzipiell am höchsten, wenn eine Option at-the-money notiert und um so geringer, je weiter sich die Option im Geld oder aus dem Geld bewegt. Nun wollen wir die einzelnen Optionszustände allerdings etwas detaillierter betrachten. Notiert unser Call out-of-the-money, so liegt der Kurs der T-Aktie unterhalb des Strike, etwa bei 20 DM. Damit die Option für ihren Inhaber am Verfalltag einen Wert hat, müßte die T-Aktie um mehr als 20 DM steigen. Betrachten wir im Vergleich dazu den at-the-money-Fall. Strike und aktueller Aktienkurs stimmen jetzt überein. Aus diesem Grund reicht bereits ein geringer Aktienpreisanstieg aus, damit der Call an Innerem Wert hinzugewinnt. Daß die Chancenprämie hier größer sein muß als im out-of-the-money-Zustand, leuchtet also unmittelbar ein. Wenden wir uns schließlich der Situation zu, daß der Preis der T-Aktie, sagen wir um 20 DM, über dem Strike liegt. Auch hier genügt schon ein weiterer kleiner Kursanstieg – beispielsweise von 60 auf 61 DM –, damit der Call an Innerem Wert hinzugewinnt. Trotz allem ist die Zeitprämie hier deutlich geringer als bei der at-the-money-Option und entspricht eher der Zeitprämie des weiter oben erwähnten out-of-the-money-Calls. Aber warum? Versetzen wir uns einmal in die Lage eines Optionskäufers. Angenommen zum Kaufzeitpunkt (1. 1. 1998) notiere die T-Aktie bei 60 DM. Für den Call müßten wir einen verhältnismäßig hohen Preis bezahlen, da der Innere Wert relativ hoch ist. Immerhin liegt die Preisuntergrenze bei 20 DM, und die müssen wir freilich mitbezahlen! Zwar gewinnen wir an Innerem Wert dazu, wenn der Aktienkurs weiter steigt. Zugleich müssen wir allerdings mit der Gefahr leben, daß der Wert der T-Aktie künftig sinken könnte, was wiederum mit einem Verlust des am 1. Januar 1998 bezahlten Inneren Wertes einherginge. Im Extremfall büßen wir die gesamten 20 DM ein. Bei der at-the-money-Option tragen wir eine vergleichbare Gefahr indes nicht, da kein Innerer Wert existiert, der zum Kaufzeitpunkt bezahlt werden müßte und später wieder eingebüßt werden könnte. Es ist also durchaus verständlich, daß die Zeitprämie beim at-the-money-Zustand grundsätzlich höher ist als beim in-the-money-Zustand.

Alle diese Überlegungen versetzen uns jetzt in die Lage, nicht nur die Preisuntergrenze, die wir ja schon an früherer Stelle präsentieren konnten, sondern auch den Verlauf der gesamten Optionsprämie vor Erreichen des Verfalltages graphisch darzustellen. Der Anschaulichkeit wegen haben wir neben dem Gesamtpreis auch die Preisuntergrenze in Abbildung 11 eingezeichnet.

Was wir oben bereits verbal erläutert haben, läßt sich anhand der Graphik noch einmal hervorheben. Nehmen wir als Ausgangspunkt den deep-out-of-the money-Bereich. Je weiter sich der aktuelle Aktienkurs auf den Strike zubewegt, um so größer wird

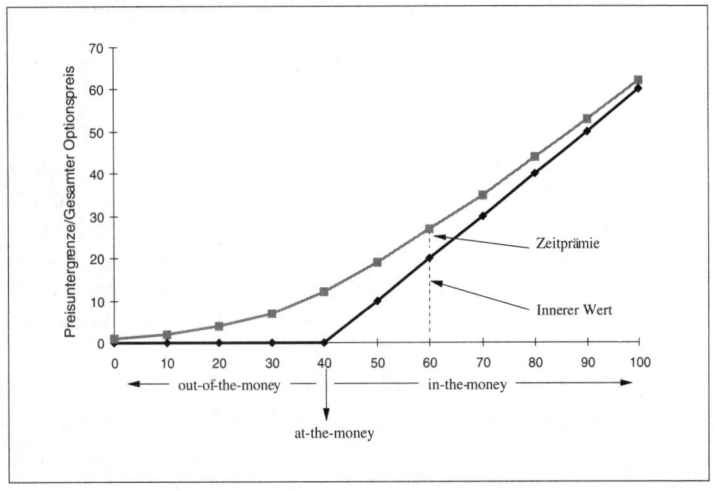

Abb. 11: Prämienverlauf beim Call

die Zeitprämie, bis sie schließlich ihr Maximum bei einem Aktienpreis von 40 DM erreicht. Von da an nimmt sie ab, wohingegen
der Innere Wert gleichmäßig steigt.

Der Vollständigkeit halber zeigen wir den Verlauf der Optionsprämie auch für einen, verglichen mit der obigen Kaufoption,
identisch ausgestatteten Put (vgl. Abbildung 12). Die im Zusammenhang mit dem Call gewonnenen Erkenntnisse lassen sich ohne Schwierigkeiten übertragen, so daß wir auf weitere Ausführungen verzichten können.

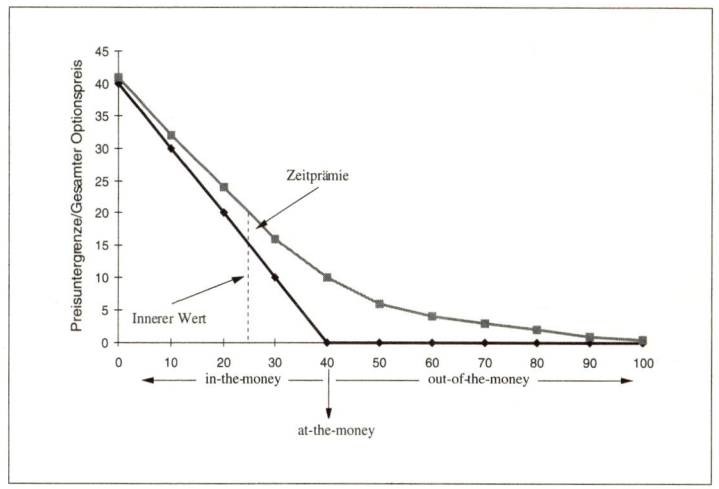

Abb. 12: Prämienverlauf beim Put

Da wir nun die Grundzüge der Optionspreisbildung kennengelernt haben,[1] können wir endlich der Frage nachgehen, ob sich eine vorzeitige Ausübung amerikanischer Optionen bezahlt macht.

---

1 Die bisher gewonnenen Erkenntnisse lassen sich grundsätzlich auch auf
amerikanische Optionen übertragen. Allerdings ist bei der Bewertung die
Möglichkeit zu berücksichtigen, daß das Kauf- oder Verkaufsrecht jederzeit
ausgeübt werden kann.

Lohnt sich eine vorzeitige Ausübung?

Bei der Besprechung der Ausstattungsmerkmale haben wir bereits gesehen, daß Optionen im Hinblick auf die Ausübungsmöglichkeit höchst unterschiedlich gestaltet sein können. Obwohl amerikanische, im Gegensatz zu europäischen Optionen, eine jederzeitige Inanspruchnahme des Kauf- bzw. Verkaufsrechts erlauben, ist es prinzipiell ausgesprochen unvernünftig, davon Gebrauch zu machen. Diese auf den ersten Blick verblüffende Feststellung ist bei näherem Hinsehen durchaus einleuchtend. Schließlich erleidet der Optionsinhaber dann einen Verlust in Höhe der Zeitprämie. Wir demonstrieren das einmal anhand eines konkreten Fallbeispiels. Angenommen, wir besitzen zum Betrachtungszeitpunkt (1. 2. 1998) den in der nachstehenden Tabelle aufgeführten Warrant.

Call-Option	
Underlying	T-Aktie
Strike Price	40 DM
Bezugsverhältnis	1/1
Fälligkeit	1.6.1998
Andienung	effektiv
Typ	amerikanisch

Die T-Aktie kostet am 1. Februar 1998 exakt 50 DM, während der Warrant-Preis bei 13 DM liegt. Da der Optionsschein amerikanisch ausgestattet ist, und die Aktie deutlich oberhalb des Strike notiert, liegt der Gedanke nahe, den Warrant auszuüben und eine T-Aktie, die ja eigentlich 50 DM wert ist, für nur 40 Mark zu beziehen. Besser wäre es, den Schein zu verkaufen und die Aktie direkt zu erwerben. Was wir dadurch einsparen, macht ein Vergleich beider Alternativen deutlich.

Üben wir den Warrant aus, so kommen wir für 40 DM in den Genuß einer T-Aktie. Anstelle dessen könnten wir den Schein auch veräußern, was uns eine Einnahme von 13 DM beschert. Für die Anschaffung der T-Aktie würden wir allerdings 50 DM bezahlen, so daß sich die Ausgaben auf zusammengenommen

$$50 - 13 = 37 \, DM$$

belaufen. Wir sparen damit

$$40 - 37 = 3 \, DM,$$

also einen Betrag der exakt der Zeitprämie beim Warrant entspricht. Eine Ausübung lohnt sich nicht, weil wir in dem Falle nur den Inneren Wert in Höhe von

$$50 - 40 = 10 \, DM$$

realisieren, die andere Wertkomponente unseres Scheins – genauer: die Zeitprämie – allerdings untergeht. Das ist auch verständlich: Mit der Ausübung erlischt schließlich das Kaufrecht und eine Risikoprämie ist dann hinfällig. Um den vollen Warrant-Wert erzielen zu können, muß das Kaufrecht also erhalten bleiben. Deshalb steht uns nur der Weg über den Weiterverkauf des Optionsscheins offen.

Wenn eine vorzeitige Ausübung derart unattraktiv ist, dann stellt sich nahezu von selbst die Frage, warum Optionen überhaupt amerikanisch ausgestattet werden. Das hängt im wesentlichen mit dem „Schutz" der Warrant-Inhaber zusammen. Die Möglichkeit zur jederzeitigen Ausübung stellt weithin sicher, daß im Falle eines vorzeitigen Weiterverkaufs zumindest der Innere Wert realisiert wird. Vergegenwärtigen wir uns das anhand eines konkreten Fallbeispiels. Dazu betrachten wir die beiden folgenden Warrants, die – abgesehen von der Möglichkeit zur Ausübung – völlig identisch ausgestattet sind. Transaktionskosten und steuerlichen Aspekten schenken wir aus Gründen der Einfachheit zunächst keine Beachtung.

	Warrant A	**Warrant B**
Underlying	Siemens-Aktie	Siemens-Aktie
Strike Price	100 DM	100 DM
Bezugsverhältnis	1/1	1/1
Fälligkeit	1. 12. 1998	1. 12. 1998
Andienung	effektiv	effektiv
Typ	**amerikanisch**	**europäisch**

Unterstellen wir, der Kurs der Siemens-Aktie sei außerordentlich stark gestiegen und das Papier notiere sechs Monate vor Fälligkeit der beiden Warrants zu einem Kurs von 300 DM. Damit sind die Optionsscheine sehr tief im Geld und weisen jeweils einen Inneren Wert in Höhe von

300–100 = 200 DM

auf. Dies ist unbestritten die Preisuntergrenze für Warrant A, da eine geringere Optionsprämie – sagen wir 190 DM – die Gelegenheit eröffnet, umgehend sichere Gewinne zu erzielen. Dafür müßte der Schein gekauft, unverzüglich ausgeübt und die über den Warrant bezogene Siemens-Aktie sofort wieder zum aktuellen Kurs verkauft werden. Der Gewinn beläuft sich auf 10 DM, wie sich anhand der nachstehenden Rechnung leicht nachvollziehen läßt.

Kauf des Warrants	–190 DM
Ausübung der Option und Bezug einer Aktie	–100 DM
Verkauf der Siemens-Aktie zum aktuellen Kurs	+300 DM
Gewinn	10 DM

Bei einer Prämie von 190 DM würde der Warrant nachgefragt, was bekanntlich zu einem Preisanstieg führt. Gleichzeitig würde der Kurs für die Siemens-Aktie sinken, da das Wertpapier ja angeboten wird. Aufgrund derartiger Marktreaktionen könnte sich ein Warrant-Preis von beispielshalber 195 DM einstellen, während sich der Kurs der Aktie bei 295 DM einpendelt.

Besitzer des Warrants A können also sicher sein, daß sie im Falle einer Weiterveräußerung des Scheins zumindest den Inneren

Wert realisieren. Sollte sich dennoch niemand bereit erklären, den Schein zu eben diesem Preis zu übernehmen, so hat der Inhaber immerhin die Möglichkeit, durch Ausübung den Inneren Wert zu erzielen. Aber warum ist das so wichtig? Zur Beantwortung dieser Frage vergegenwärtigen wir uns noch einmal den oben beschriebenen Sachverhalt. Der Kurs der Siemens-Aktie ist verhältnismäßig hoch, und es ist möglicherweise eher unwahrscheinlich, daß der Wert des Papiers weiter steigt. Vermutlich wird der Kurs sogar sinken, eventuell wegen einer bevorstehenden Dividendenzahlung („Dividendenabschlag"). Wer wäre unter diesen Umständen schon bereit, für den **europäischen** Schein den Inneren Wert zu bezahlen. Obwohl der Warrant erst in sechs Monaten verfällt, ist für seinen aktuellen Preis – anders als beim amerikanischen Pendant – nicht der aktuelle Innere Wert entscheidend, sondern der **erwartete** Innere Wert am Verfalltag. Da die Marktakteure mit einem Kursrückgang der Siemens-Aktie rechnen, was gleichbedeutend ist mit einem Verlust an Innerem Wert, ist kaum jemand geneigt, für Warrant B gegenwärtig 200 DM zu zahlen. Der Preis wird vielmehr darunter liegen, etwa bei 180 DM, so daß der Schein gewissermaßen mit einer negativen Zeitprämie (minus 20 DM) notiert, wofür die Fachleute meist den Begriff **Abgeld** („**Disagio**") verwenden. Im Unterschied zur amerikanischen Option läßt sich dieser Umstand nicht gewinnbringend ausnutzen, da Warrant B nur am Verfalltag ausgeübt werden kann.[1]

Nun ist auch einsichtig, warum Scheine amerikanisch ausgestattet werden, obwohl man von einer Ausübung vor Fälligkeit eigentlich keinen Gebrauch machen sollte. Der Grund liegt eindeutig darin, daß Optionsinhaber an einer günstigen Entwicklung des Underlyings in vollem Maße teilhaben und den im Zeitablauf angesammelten Inneren Wert beim Weiterverkauf auch realisieren. Bei dieser Gelegenheit wollen wir auch darauf aufmerksam machen, daß eine amerikanische Option grundsätzlich teurer ist als ein vergleichbares europäisches „Gegenstück".

Obwohl eine vorzeitige Ausübung durchweg als abwegig er-

---

1 Gelegentlich weisen auch amerikanische deep-in-the-money-Optionen ein Disagio auf, und zwar dann, wenn das Abgeld so gering ausfällt, daß die mit einer Ausübung verbundenen Kosten höher wären.

scheint, existiert dennoch eine – zugegeben etwas außergewöhn-
liche – Situation, bei der sich eine vorzeitige Ausübung nahezu
aufdrängt. Nehmen wir an, wir besäßen einen amerikanischen
Put, der auf der ABC-Aktie basiert (Strike: 50 DM). Eine vorzeitige Ausübung des Puts ist im Prinzip ebenso unvorteilhaft wie bei
einem Call. Was aber wäre, wenn die ABC-Aktie plötzlich zu einem Kurs von null notiert – etwa aufgrund eines Unternehmens-
konkurses – oder, was wohl häufiger anzutreffen ist, zu einem so
niedrigen Kurs, daß kaum jemand einen weiteren Preisrutsch für
möglich hält. Nun wäre der Verzicht auf eine Ausübung unbesonnen, so merkwürdig das auch klingen mag. Da der Put bis zum
Verfalltag keinen größeren Inneren Wert entwickeln kann – das
Underlying notiert ja schon zum denkbar niedrigsten Kurs –, stellt
eine sofortige Ausübung sicher, daß der höchste nur vorstellbare
Innere Wert auf jeden Fall realisiert wird. Selbst wenn der Put später abermals einen gleichhohen Inneren Wert aufweisen sollte,
wäre ein Ausübungsverzicht zum gegenwärtigen Zeitpunkt un-
überlegt. Zum einen wissen wir nicht, was in Zukunft passiert,
zum anderen könnten wir den durch Ausübung zufließenden
Geldbetrag zinsbringend wiederanlegen. Auf derlei Erträge würden wir jedoch verzichten, verschöben wir die Ausübung in die
Zukunft.

Eine Zeitprämie können wir bei einer Ausübung im übrigen
nicht mehr verlieren, da der Put keinen derartigen Preisbestand-
teil mehr aufweist. Wer würde schon eine Zeitprämie („Chancenprämie") zahlen, wo die ABC-Aktie doch so niedrig notiert, daß
gar keine Chance mehr auf einen Zuwachs an Innerem Wert vorhanden ist.

Die Situation, daß der Inhaber eines amerikanischen Puts vorzeitig von seinem Recht Gebrauch machen sollte, stellt eher eine
„Ausnahmesituation" dar, die praktisch kaum von Bedeutung ist
und hier nur der Vollständigkeit halber Erwähnung findet.

Die aus wirtschaftlicher Sicht in aller Regel höchst unvernünf-
tige Entscheidung für eine frühzeitige Ausübung rückt allerdings
in ein gänzlich anderes Licht, wenn man steuerliche Aspekte mit-
einbezieht. Dazu ein Beispiel: Angenommen, wir hätten den in
der nachstehenden Übersicht aufgeführten Warrant vor drei Monaten für 15 DM erworben.

Call-Option	
Underlying	Lufthansa-Aktie
Strike Price	30 DM
Bezugsverhältnis	1/1
Fälligkeit	1.12.1998
Andienung	Cash Settlement
Typ	amerikanisch

Zum gegenwärtigen Zeitpunkt (15. 6. 1998) notiert die Lufthansa-Aktie zum Kurs von 55 DM, während der Optionsschein im Moment bei 29 DM „steht". Da wir uns gerne von dem Warrant trennen möchten, überlegen wir, wie dies am geschicktesten zu bewerkstelligen ist. Unter rein wirtschaftlichen Gesichtspunkten gibt es eigentlich nur eine Alternative – den Weiterverkauf für 29 DM. Aber dann hätten wir die Rechnung ohne den Fiskus gemacht. Kursgewinne – und dazu zählt auch der Wertzuwachs unseres Warrants – sind unter bestimmten Voraussetzungen nämlich steuerpflichtig. So gilt – zumindest bei Drucklegung dieses Buches – eine sogenannte Spekulationsfrist von sechs Monaten. Werden innerhalb dieser Zeit Kursgewinne realisiert, dann müssen dafür Steuern gezahlt werden. Es sei denn, die Freigrenze, die – zur Zeit der Drucklegung – bei 1000 DM liegt, ist noch nicht überschritten.

Wir gehen hier davon aus, daß diese Grenze bereits durchbrochen wurde und deshalb Kursgewinne zu versteuern sind, sagen wir mit einem einheitlichen Steuersatz von 35 %. Für das Finanzamt ist die Differenz zwischen aktuellem Warrantpreis (29 DM), zu dem wir den Schein eventuell veräußern würden, und dem Anschaffungspreis (15 DM) ein Kursgewinn (14 DM), der zu versteuern ist, da er bereits nach drei Monaten realisiert wird. Anstatt den Warrant weiterzuveräußern, könnten wir den Schein allerdings auch ausüben und den Inneren Wert – also die Differenz zwischen aktuellem Lufthansakurs (55 DM) und Strike (30 DM) vom Emittenten verlangen. Dann hätten wir alles in allem einen Gewinn von

25 DM (Innerer Wert) – 15 DM (Kaufpreis) = 10 DM

erzielt. Der ist allerdings steuerfrei, da es sich nach Auffassung des Gesetzgebers um ein sogenanntes Differenzgeschäft handelt, die dabei entstehenden Gewinne Differenzgewinne sind und derlei Profite eben von jeglicher Besteuerung ausgenommen sind. Wir müssen jedoch anmerken, daß die Voraussetzungen für ein Differenzgeschäft im Sinne des Gesetzgebers nur dann erfüllt sind, wenn bei der Warrantausübung ein Cash-Settlement erfolgt. Andernfalls gilt eine davon abweichende steuerliche Behandlung. Im Vergleich zum Barausgleich sind die steuerlichen Folgen bei einer effektiven Andienung also andersartig, was aber nicht hier weiter ausgeführt wird, sondern in Kapitel 6.

Vor diesem Hintergrund gewinnt die Frage, ob wir unseren Warrant weiterveräußern oder ausüben, eine ganz neue Dimension. Da der Gewinn **nach** Steuern ausschlaggebend ist, können wir die beiden Alternativen erst dann auf ihre Vorteilhaftigkeit überprüfen, wenn potentielle Steuereffekte bereits berücksichtig wurden.

Entscheiden wir uns für eine Weiterveräußerung des Warrants, so erzielen wir einen Kursgewinn von 14 DM, der innerhalb der Spekulationsfrist anfällt und aufgrund der bereits überschrittenen Freigrenze zu versteuern ist. Damit verbleibt ein „Gewinn nach Steuern" von

$$\underbrace{14\ \text{DM}}_{\substack{\text{Kurs-}\\\text{gewinn}}} - \underbrace{14\ \text{DM} \cdot 0{,}35}_{\text{Steuerzahlung}} = 14\ \text{DM} - 4{,}90\ \text{DM} = 9{,}10\ \text{DM}$$

Im Vergleich dazu erzielen wir bei einer Ausübung des Warrants einen Gewinn in Höhe von 10 DM, der allerdings steuerfrei ist. Obwohl wir die Zeitprämie gewissermaßen verschenken, ist die Ausübung gegenüber einer Weiterveräußerung vorteilhafter, was an der ungleichen steuerlichen Behandlung der dabei jeweils entstehenden Gewinne liegt. Die unter rein wirtschaftlichen Aspekten völlig unsinnige Idee einer vorzeitigen Inanspruchnahme des Kaufrechts ist aus steuerlichem Blickwinkel also „erste Wahl".

Hinweis: Entscheidungen im Zusammenhang mit Warrants, wie etwa der Entschluß für einen Weiterverkauf oder eine Ausübung, sollten nie losgelöst vom steuerlichen Umfeld getroffen werden.

Eine vollständige Abhandlung der im Zusammenhang mit Optionsgeschäften relevanten steuerlichen Gesichtspunkte ist aus verständlichen Gründen nicht möglich. Das Fallbeispiel soll vielmehr hervorheben, daß auch die bei Warrantgeschäften nötigen Entscheidungen niemals losgelöst von der Steuer getroffen werden sollten. So gesehen ist das Fallbeispiel eher zur Sensibilisierung der Leser gedacht. Im Kapitel 6 widmen wir uns der Materie „Optionsscheine und Steuern" noch einmal etwas ausführlicher.

Wir schließen den Themenkomplex der Optionsbewertung damit ab und widmen uns nun den zum Teil höchst unterschiedlichen Objekten, die als Basisgüter Verwendung finden.

3. Underlyings – oder: worauf sich Optionen beziehen

Bevor wir uns eingehend mit den verschiedenen Underlying-Arten auseinandersetzen, wollen wir kurz überlegen, wovon die Eignung eines Objektes als Basisgut abhängt. Daß Optionen aus Spekulationsgründen erworben werden oder zur Absicherung gegen Preisschwankungen, haben wir bereits gesehen. Infolgedessen ist die Schaffung einer Option nur dann zweckvoll, wenn sich die Preise des Underlyings in der Zukunft verändern können.

Mittlerweile existiert eine kaum mehr zu überblickende Fülle unterschiedlicher Optionsscheine, was dem interessierten Anleger sicherlich schon aufgefallen ist. Erfahrungsgemäß erschwert die Unübersichtlichkeit vor allem die Auswahl geeigneter Scheine. Damit sich der Leser im dichten „Optionsschein-Dschungel" besser zurechtfindet, wollen wir kurz auf bewährte Klassifizierungskriterien eingehen. Hierzu zählt an erster Stelle eine Einteilung nach den Merkmalen

– Underlying sowie
– Struktur.

Wir richten unser Augenmerk zunächst auf in der Praxis weit verbreitete **Underlyings**.

Scheine können sich auf alle nur denkbaren Güter beziehen. Im Grunde sind dem Einfallsreichtum der Emittenten kaum Grenzen gesetzt. Wer einmal einen Blick in die entsprechenden Produktinformationen der Banken geworfen hat oder von Zeit zu Zeit die einschlägigen Fachzeitungen und -zeitschriften studiert, wird sich gewiß über die Vielfalt an Underlyings wundern. Die Palette reicht von Edelmetallen und Rohöl über Aktienindizes bis hin zu Währungen. Derlei Objekte eignen sich gerade dann besonders gut als Underlying, wenn sie sehr rege gehandelt werden – am besten an einer Börse. Je aktiver der Handel, desto mehr (historische) Preise sind verfügbar und desto leichter fällt im allgemeinen eine Einschätzung der künftigen Preisentwicklung („implizite Vola"). Wie wir in den vorhergehenden Abschnitten bereits gesehen haben, ist dies für die Bewertung von Warrants außerordentlich wichtig. Doch nun zurück zu den Basisobjekten selbst. Um ein bißchen Ordnung in die Flut unterschiedlicher Underlyings zu bringen, unterscheiden wir zunächst grob zwei Klassen: Zum einen Finanzinstrumente, zum anderen Rohstoffe – englisch: *commodities*. Die mit Abstand größte Bedeutung erlangen Finanzinstrumente, die auch hier in den Mittelpunkt rücken – vorab wollen wir allerdings kurz auf die wichtigsten Commodities eingehen. Der Begriff umfaßt prinzipiell jedwede Rohstoffart. Zu den bekanntesten zählen sicherlich Commodities wie Schweinebäuche, Edelmetalle oder Rohöl. Ebenso gehören allerdings auch Tiefkühlorangenkonzentrate, Brathähnchen, Kanthölzer oder Rapssaaten dazu. Eine vollständige Aufstellung ist aufgrund der Fülle unterschiedlicher Commodities allerdings nahezu unmöglich. Da für uns ohnehin nur Warrants von Interesse sind, nicht jedoch andere Termingeschäfte, erwähnen wir nur kurz die in diesem Zusammenhang bedeutsamen Rohstoffe. Im Moment stehen Edelmetalle – insbesondere Gold – an der Spitze, gefolgt von Rohöl. Optionsscheine auf Nahrungs- oder Futtermittel („Schweinebäuche") existieren unseres Wissens noch nicht; eine Emission entsprechender Warrants ist in Zukunft allerdings durchaus möglich.

Da Commodities im Vergleich zu Finanzinstrumenten eine eher untergeordnete Rolle spielen, beschäftigen wir uns nicht länger mit dieser Art von Underlyings. Dafür richten wir den Fokus nun etwas intensiver auf Finanzinstrumente. Um eine Vorstellung von der Vielfalt dieser Basisgüter zu gewinnen, zeigen wir zunächst auf, in welche Rubriken Finanzobjekte üblicherweise eingeordnet werden. (vgl. Abb. 13).

Wertpapiere

Wertpapier-Warrants beziehen sich durchweg auf Aktien oder Anleihen. Auch andere Wertpapierarten, etwa Genußscheine, sind als Underlying prinzipiell nicht ausgeschlossen, sie haben bislang allerdings kaum Bedeutung erlangt. Deshalb klammern wir diese Finanzinstrumente aus allen weiteren Betrachtungen aus.

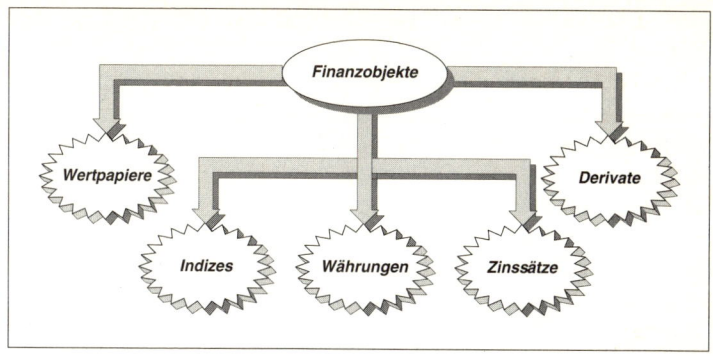

Abb. 13: Klassifizierung von Finanzobjekten

Den größten Stellenwert unter sämtlichen umlaufenden Optionsscheinen genießen zweifellos Aktien-Warrants. Davon basiert die Mehrzahl auf inländischen Papieren, wobei die im Deutschen Aktienindex (DAX) vertretenen Titel mit Abstand am häufigsten als Underlying fungieren, gefolgt von den MDAX-Werten. Allerdings existieren auch Scheine auf ausländische Aktien, wie ein Blick in den *Optionsschein Planer Juni 1997* der *Citibank* bestätigt. Neben anderen Warrants präsentiert die Bank hier auch einen Call-Optionsschein auf die Aktie der japanischen Unternehmung *Sony.* Der Schein weist die folgenden Austattungsmerkmale auf:

Strike	10000 JPY[1]
Bezugsverhältnis	1/1
Verfall	19. 1. 1999
Ausübung	amerikanisch
Prämie (am 30. 5. 1997)	17,81 DM

Käufer, die sich für diesen Warrant entscheiden, erlangen das Recht, bis zum 19.1. 1999 (einschließlich) eine Sony-Aktie pro Optionsschein zu beziehen, und zwar zum Preis von 10000 Yen.

---

1 JPY ist die in der Finanzpraxis geläufige Abkürzung für *Japanischer Yen.*

Für jeden Warrant sind – zumindest am 30. 5. 1997 – 17,81 DM zu zahlen.

Nach Aktien gelten Schuldverschreibungen als wichtigste Underlyings unter den Wertpapieren. In Frage kommen für gewöhnlich nur Staatspapiere, wozu in Deutschland vor allem Titel des Bundes und der Länder zählen. Anleihen anderer Schuldner, etwa privatwirtschaftlicher Institutionen (Geschäftsbanken, Industrieunternehmen usw.), finden im allgemeinen keine Berücksichtigung. Allerdings ist das Spektrum potentieller Schuldverschreibungen keineswegs auf inländische Titel begrenzt. Viele Häuser bieten gleichfalls Warrants auf ausländische Staatsanleihen an, beispielsweise US-amerikanische Treasury Bonds.

Mitunter basieren Scheine nicht auf einem einzigen Wertpapier, sondern auf einer Vielzahl verschiedener Titel, die in aller Regel allerdings derselben Wertpapierkategorie angehören. Derlei Warrants, die im übrigen häufig als *Korboptionsscheine* oder *Basket Warrants* bezeichnet werden, könnten zum Beispiel auf zehn unterschiedlichen Aktien europäischer Unternehmen aus der Konsumgüterbranche basieren oder auf mehreren Aktien schwedischer Banken. Betrachten wir zur Veranschaulichung einen Basket Warrant der Bank *SBC Warburg* (Frankfurt am Main).

SBC German Auto Basket (Call)	
Strike	2800 DM
Bezugsverhältnis	100 Scheine je 1 Basket
Fälligkeit	2. 9. 1997
Zusammensetzung des Baskets	1 BMW-Aktie
	2 VW-Aktien
	10 Daimler-Aktien

Der Inhaber von 100 Calls hat das Recht, den aus einer BMW-Aktie und zwei Volkswagen- sowie zehn Daimler-Aktien bestehenden Korb im Falle einer Ausübung zum Preis von 2800 DM zu beziehen.

Üblicherweise beziehen sich Basket Warrants auf Aktien und kaum auf andere Arten von Wertpapieren.

Wir wollen uns nun einer anderen Art von Underlyings zuwenden, den Indizes.

Indizes

Derlei Gebilde bringen in den meisten Fällen den Wert einer Vielzahl gleichartiger Finanzobjekte (zum Beispiel Aktien) in einer einzigen Zahl zum Ausdruck. Dadurch soll es möglich sein, trotz vielfältiger und zum Teil stark voneinander abweichender Preisverläufe einen Gesamteindruck des Marktgeschehens zu vermitteln.

Indizes sind in etwa vergleichbar mit Mittelwerten. Um beispielsweise den Wert von 100 unterschiedlichen Aktien durch eine einzige Kennziffer zu bekunden, könnte man die 100 Einzelkurse erfassen und daraus einen Durchschnittswert bilden. Einzelnen Papieren kommt in der Praxis aber meistens eine unterschiedlich große Bedeutung zu. So weisen einige der im Index zusammengefaßten Gesellschaften beispielsweise ein besonders hohes Grundkapital auf, während dies bei anderen Unternehmen weniger stark ausgeprägt ist. Üblicherweise gewichtet man deshalb die entsprechenden Aktienkurse stärker oder schwächer, je nach dem welcher Stellenwert einzelnen Titeln zuteil wird. Dabei muß sich die Gewichtung allerdings nicht unbedingt am Grundkapital orientieren – genausogut könnte man etwa die Marktkapitalisierung in Betracht ziehen, die nichts weiter darstellt als die Anzahl ausgegebener Aktien multipliziert mit dem aktuellen Aktienkurs. Um die Wertentwicklung – oder wie die Fachleute sagen *Performance* – der mit dem jeweiligen Index erfaßten Werte möglichst deutlich darzustellen, wird ein sogenannter Basiszeitpunkt bestimmt – sagen wir der 1. Januar 1990 – und der Durchschnittswert („Basiswert") an diesem Datum berechnet. Nun können die zu irgendeinem anderen Termin (zum Beispiel 15. April 1997) bestimmten Mittelwerte zum Basiswert ins Verhältnis gesetzt werden – mit anderen Worten: man dividiert den Mittelwert durch den Basiswert. Ein Quotient von beispielsweise 1,5 würde dann ausdrücken, daß der Durchschnittswert zum Betrachtungszeitpunkt (15. April 1997) eineinhalb mal so groß ist wie am Basistag (1. Januar 1990). Zumeist wird diese Verhältniszahl anschließend noch mit zehn, hundert, tausend oder gar zehntausend vervielfacht. Das Ergebnis ist dann der Indexstand. In unserem Fall ergibt eine Mul-

tiplikation beispielsweise mit 1000 am Betrachtungstag einen
Wert von 1500. Der Index stünde also bei 1500 Punkten.

Zu den bekanntesten Indizes zählt hierzulande sicherlich der
Deutsche Aktienindex – kurz DAX. Er spiegelt nicht nur die Kurse der 30 umsatzstärksten deutschen Aktien wieder, sondern auch
deren Erträge, etwa Dividendenzahlungen. Die Rolle des DAX ist
allerdings keineswegs beschränkt auf die eines „Barometers" für
den Aktienmarkt. Er dient beispielsweise gleichfalls als Underlying bestimmter Warrants („Indexscheine"). Als Beispiel haben wir
einmal einen von der *Deutsche Morgan Grenfell* (DMG) emittierten Indexschein herausgegriffen.

Indizes / Indices						Deutschland Germany
Basis / Strike / DM	Typ / Type	WKN	BV / CR	Notier. / Listing	Geld / Bid / DM	Brief / Ask / DM
DAX®*						4.049,75
Fälligkeit/Maturity: 19. 6. 1998	42					DBWA40–
4200,00	Call	560 390	0,01	f, d	3,14	3,16

Abb. 14: Indexscheinkonditionen

Inhaber dieser Indexscheine haben das Recht, den DAX künftig zum Preis von 4200 zu kaufen. Aufgrund des Bezugsverhältnisses („BV") in Höhe von 0,01 sind dafür 100 Warrants erforderlich. Der Strike eines Indexscheins ist naturgemäß ein bestimmter
Indexstand, beim DMG-Schein 4200 Indexpunkte. Strenggenommen müßte der Stillhalter im Falle einer Ausübung den DAX liefern. Da ein Index aber ein rechnerisches Konstrukt ist, bereitet eine effektive Andienung oftmals nicht unerhebliche Schwierigkeiten. Der Stillhalter könnte höchstens Aktien liefern, und zwar
entsprechend ihrer Gewichtung im DAX. Da dies in der Praxis allerdings viel zu kompliziert und kostspielig ist, entscheiden sich

die Emittenten grundsätzlich für ein Cash-Settlement, die Möglichkeit zur effektiven Lieferung ist so gut wie ausgeschlossen.

Bislang haben wir unser Augenmerk ausschließlich auf den DAX gerichtet, der freilich längst nicht der einzige Index ist, auf den sich Warrants beziehen. Etliche Häuser geben Scheine auf andere inländische Aktienindizes heraus, in jüngster Zeit vor allem auf den MDAX. Allerdings sind auch ausländische Marktbarometer von Belang, beispielsweise der französische Aktienindex CAC 40, der japanische Nikkei 225 oder der US-amerikanische S & P 500. Aktienindizes nehmen unumstritten die wichtigste Rolle ein. Daneben existieren indes auch Warrants, die sich auf andere Marktindikatoren beziehen. Gemeint sind hier vorwiegend Rentenindizes, in Deutschland insbesondere der REX. Da derlei Warrants mit Aktienscheinen durchaus vergleichbar sind, wollen wir die Konstruktionsmerkmale dieser Produkte nicht vertiefen und gleich auf eine weitere Underlying-Art, die Währungen, zu sprechen kommen.

Währungen

Währungsscheine versetzen ihre Inhaber in die Lage, eine bestimmte Währung, angenommen den US-Dollar, in der Zukunft zu einem bestimmten Kurs zu kaufen bzw. zu veräußern. Derartige Warrants heißen in der Praxis nicht nur Währungs-, sondern häufig auch Devisenscheine. Als Strike dient ein Währungskurs, oder, wie einige sagen: ein Devisen- oder Wechselkurs. Betrachten wir zur Verdeutlichung einen so gearteten Schein, der von der Düsseldorfer Bank *Trinkaus & Burkhardt* stammt.

Jeder einzelne Schein berechtigt dazu, in der Zeit bis zum 15. Juni 1998 US-Dollar zum Preis von 1,60 DM/USD zu verkaufen. Der Strike ist folglich ein Devisenkurs. Da in diesem Falle ein Bezugsverhältnis von 100/1 gilt, werden bei Ausübung des Verkaufsrechts pro Schein 100 US-$ vom Inhaber hingegeben, um im Gegenzug vom Stillhalter (*Trinkaus & Burkhardt*) 160 DM zu empfangen. Neben Puts existieren freilich auch Calls, die den Inhabern jedoch das Recht verleihen, künftig eine bestimmte Währung zum Strike zu kaufen.

Devisenscheine beziehen sich fast ausnahmslos auf gängige

US-Dollar Put	
Strike	1,60 DM/USD[1]
Bezugsverhältnis	100/1
Verfall	15. 6. 1998
Ausübung	amerikanisch
Prämie (am 17. 7. 1997)	1,75 DM

Währungen, etwa den US-Dollar, den Yen oder das Britische Pfund, hingegen kaum auf exotische, im internationalen Devisenhandel eher unbedeutende Währungen.

Mitunter emittieren einige Häuser auch auf Währungen basierende Basket-Warrants, die von ihrer Ausgestaltung mit Aktien-Baskets vergleichbar sind.

Zinssätze

Zinssatzscheine basieren, wie die Bezeichnung bereits vermuten läßt, auf einem bestimmten Zinssatz. Doch welcher Satz eignet sich besonders gut als Underlying? Bedenken wir dabei, daß eine ganze Reihe unterschiedlicher Zinssätze existiert. Sie reicht vom Diskont- und Lombardsatz der Bundesbank bis hin zu Zinssätzen, die einzelne Geschäftsbanken für Kredite verlangen oder für Spareinlagen vergeben. Wie eingangs schon bemerkt, eignet sich ein Finanzobjekt nur dann als Underlying, wenn sein Preis im Zeitablauf Veränderungen unterliegt. Zinssätze wie der Diskont- und Lombardsatz sind beispielsweise kaum brauchbar, da sie zumeist für einen verhältnismäßig langen Zeitraum fixiert werden und währenddessen unverändert bleiben. Ebensowenig eignen sich die von einzelnen Geschäftsbanken etwa für Kundenkredite herangezogenen Zinssätze. Als Underlying fungieren in der Praxis in nahezu allen Fällen sogenannte Referenzzinssätze, worunter üblicherweise durchschnittliche Geldmarktzinssätze verstanden

---

1 USD ist die in der Finanzpraxis geläufige Abkürzung für *US-Dollar*.

werden. Letztere sind wiederum genau die Sätze, zu denen bedeutende Geschäftsbanken untereinander kurzfristige Kredite vergeben. Referenzzinssätze werden – abgesehen von Wochenenden und Feiertagen – täglich neu bestimmt, indem ausgewählte Geschäftsbanken einmal am Tag gefragt werden, zu welchen Sätzen sie an andere Institute Kredite vergeben – und zwar mit einer Laufzeit von einem Monat, zwei Monaten usw. bis hin zu zwölf Monaten. Jede Bank teilt daraufhin 12 einzelne Zinssätze mit. Für jede Laufzeit liegen nun mehrere, von unterschiedlichen Instituten stammende Sätze vor, aus denen schließlich ein Durchschnittswert gebildet wird: der Referenzzinssatz. In Deutschland heißen derartige Sätze allgemein FIBOR, was als Abkürzung für *Frankfurt Interbank Offered Rate* steht und soviel bedeutet wie „Interbanken-Kreditzinssatz am Handelsplatz Frankfurt". Alles in allem existieren 12 einzelne FIBOR-Sätze, vom 1-Monats-FIBOR bis hin zum 12-Monats-FIBOR. Einen weitaus höheren Stellenwert als der FIBOR genießt hingegen auch hierzulande ein anderer Referenzzinssatz, nämlich die *London Interbank Offered Rate*, kurz: LIBOR. Die Berechnungsweise ist in etwa mit der beim FIBOR vergleichbar, allerdings beteiligen sich daran verschiedene international agierende, in London ansässige Banken. Im Unterschied zum FIBOR gibt jedes Institut dabei Zinssätze für Kredite in mehreren, weltweit wichtigen Währungen an, so daß Tag für Tag beispielsweise US-$, DM- und Yen-LIBOR-Sätze bestimmt werden.

Nun taucht natürlich die Frage auf, wofür derartige Referenzsätze in der Praxis benötigt werden. Ganz allgemein könnte man sagen, daß FIBOR oder LIBOR ein Spiegelbild der kurzfristigen Zinssätze sind. Konkret übernehmen Referenzsätze im wesentlichen zwei Funktionen: Zum einen dienen sie als Sätze für variabel verzinsliche Anleihen, sogenannte *Floating Rate Notes*, kurz FRN. Hierauf gehen wir später etwas ausführlicher ein. Referenzsätze fungieren zum anderen als Underlying für derivative Instrumente, wozu bekanntlich auch Warrants zählen. Um die Funktionsweise eines Zinssatzscheins besser zu verstehen, stellen wir zunächst die typischen Ausstattungsmerkmale vor. Der Anschaulichkeit halber beziehen wir uns dabei auf einen Schein mit folgenden Merkmalen:

Zinssatz-Warrant	
Underlying	12-M-DM-LIBOR
Strike	5 %
Bezugsverhältnis	100/1
Verfalltag	1. 7. 1998
Ausübung	europäisch
Andienung	Cash-Settlement

Unser Schein bezieht sich auf den 12-Monats-DM-LIBOR – kurz 12-M-DM-LIBOR– und hat einen Basispreis von 5 %. Gehen wir einmal davon aus, daß der Schein am Fälligkeitstag einen Wert aufweist, wenn der Referenzzinssatz den Strike übertrifft, ohne allerdings ausdrücklich von einer Kauf- bzw. Verkaufsoption zu sprechen. Wir werden später sehen, warum diese Begriffe umgangen werden. Liegt der 12-M-DM-LIBOR am 1. 7. 1998 beispielsweise bei 6,5 %, so hat der Inhaber Anspruch auf eine Ausgleichszahlung in Höhe von eineinhalb Prozentpunkten. Diese Angabe reicht zur Bestimmung des Geldbetrages allein allerdings noch nicht aus. Wir benötigen weiterhin einen Nennbetrag („Nominalbetrag"), auf den sich die Zinszahlung bezieht. Dieser kommt durch das Bezugsverhältnis zum Ausdruck, welches hier „100 zu 1" lautet. Ein Optionsschein erstreckt sich demnach auf einen Nominalbetrag von 100 DM. Pro Warrant muß der Emittent in unserem Fall also eine Differenzzahlung von

$$\frac{1,5 \times 100 \times 360}{100 \times 360} = 1,50 \text{ DM}$$

leisten. Damit haben wir die grundlegende Funktionsweise eines Zinssatzscheins bereits erfaßt, so daß wir uns nun näher mit der Ausgestaltung derartiger Warrants befassen. Im Prinzip können derlei Rechte entweder

– ausschließlich ein einziges Mal beansprucht werden, was verständlicherweise am Ende der Laufzeit der Fall ist, oder
– im Zeitablauf mehrmals in regelmäßigen Abständen – etwa alle halbe Jahre.

Da wir die zur ersten Gruppe zählenden Scheine soeben beschrieben haben, widmen wir uns nun Warrants, die von ihren Inhabern wiederholt ausgeübt werden können. Für derartige Scheine sind allgemein auch Begriffe wie *Zinssicherungs-* oder *Zinsbegrenzungszertifikat* geläufig. Üblicherweise unterscheidet man dabei zwei Arten: auf der einen Seite Zertifikate, die eine Zinsobergrenze – englisch: *Cap* – verbriefen; auf der anderen Seite die mit dem Ausdruck *Floor* benannten Scheine. Sie garantieren eine bestimmte Zinsuntergrenze. Während der Inhaber eines Caps von einem Anstieg des Referenzzinsatzes profitiert, ist es beim Floor genau umgekehrt. Der Stillhalter ist zu einer Ausgleichszahlung nur für den Fall verpflichtet, daß der Strike unterschritten wird.

Wir wollen nun die Ausstattungselemente eines Zinssicherungszertifikates etwas genauer unter die Lupe nehmen. Ebenso wie bei den weiter oben beschriebenen „einfachen" Zinssatzscheinen müssen bei einem Cap bzw. Floor

- Underlying,
- Strike,
- Bezugsverhältnis,
- Laufzeit und
- Andienungsmodalität

festgelegt werden. Zinssicherungszertifikate weisen allerdings – und das ist der Hauptunterschied – nicht nur einen einzigen Ausübungstermin auf, sondern eine ganze Reihe davon. In der Fachsprache heißen diese Zeitpunkte meist *Zinsanpassungs-* oder *Roll-Over*-Termine. Derlei Produkte sind im Grunde also nichts weiter als ein Bündel europäischer Zinssatzoptionen, die, abgesehen von der Restlaufzeit, völlig identisch ausgestattet sind.

Wir wollen die Funktionsweise eines Zinssicherungszertifikats anhand eines konkreten Produkts demonstrieren, das von der *DG Bank* (Frankfurt am Main) stammt.

Zinssicherungszertifikat (Cap)	
Underlying	6-M-DM-LIBOR
Strike	4 %
Bezugsverhältnis	100/1
Fälligkeit	21. 2. 2000
Roll-Over-Termine	halbjährlich am 21.2. und 21.8.
Andienung	Cash-Settlement

Angenommen, wir kaufen im Juli 1998 ein derartiges Zinssicherungszertifikat. Damit haben wir stets Anspruch auf eine Ausgleichszahlung, wenn der Referenzsatz an einem der Roll-Over-Termine den Strike in Höhe von 4 % überschreitet. Für gewöhnlich sind Zinssicherungszertifikate so gestaltet, daß die Differenzzahlung – was für Zinszahlungen generell gilt – nachschüssig geleistet wird. Verdeutlichen wir das anhand eines Beispiels. Liegt der 6-Monats-DM-LIBOR am 21. August 1998 oberhalb des Strike, etwa bei 5 % p. a., so steht uns eine Ausgleichszahlung in Höhe eines Prozentpunktes bezogen auf ein Jahr (5 % p. a. – 4 % p. a.) zu, die sich auf den Nennbetrag von 100 DM bezieht. Da sich der Zeitraum zwischen zwei Roll-Over-Terminen über ein halbes Jahr erstreckt, erhalten wir eine Zinsausgleichszahlung auch nur für diesen Zeitraum. Mit Hilfe der allgemein bekannten Formel zur Zinsberechnung kommen wir zu folgender Differenzzahlung:

$$\frac{1 \times 100 \text{ DM} \times 180 \text{ Tage}}{100 \times 360 \text{ Tage}} = 0,50 \text{ DM}$$

Sie erfolgt allerdings nicht am 21. August 1998, sondern nachschüssig – das heißt: nach Ablauf der Zinsperiode – also erst am 21. Februar 1999.

Da das Zinssicherungszertifikat am 21. 2. 2000 verfällt, können wir danach keinerlei Rechte mehr geltend machen. Der letzte Roll-Over-Termin fällt folglich auf den 21. 8. 1999. Eine an diesem Tag möglicherweise festgestellte Ausgleichszahlung wird sechs Monate später, also am Verfalltag, beglichen.

Eine Anschaffung des von der *DG Bank* emittierten Zinssicherungszertifikates könnte im besten Falle drei Ausgleichszahlungen zur Folge haben, was wir anhand von Abbildung 15 noch einmal graphisch skizzieren.

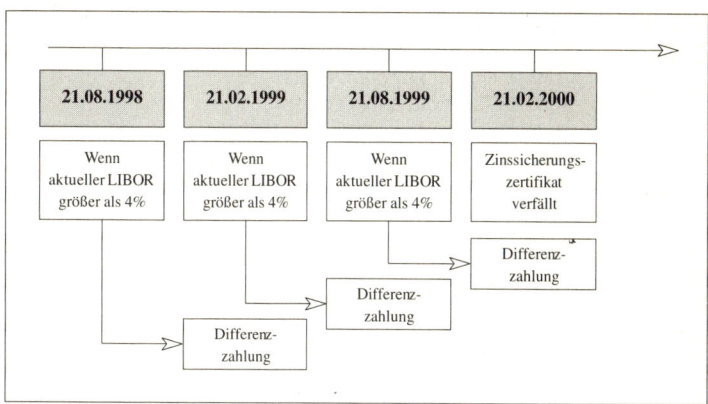

Abb. 15: Ausgleichszahlungen beim Zinssicherungszertifikat

Einige Leser stellen nun sicherlich die berechtigte Frage, warum eigentlich Scheine mit der Möglichkeit zur mehrmaligen Ausübung geschaffen werden, wo andere Warrants, etwa Aktien- oder Währungsscheine, derlei Modalitäten im Regelfalle nicht verbriefen. Führen wir uns zur Beantwortung kurz vor Augen, daß Optionen vielfach zu Sicherungszwecken eingesetzt werden, wie wir am Anfang dieses Buches bereits gesehen haben. In vielen Fällen muß ein Kauf- bzw. Verkaufsrecht nur ein einziges Mal ausgeübt werden. Denken wir etwa an die Absicherung eines bestimmten Aktienkursniveaus mittels Optionen. Wir können die entsprechenden Papiere nur einmal anschaffen oder veräußern. Deshalb müssen wir unser Kauf- bzw. Verkaufsrecht, wenn überhaupt, nur ein einziges Mal beanspruchen. Die Möglichkeit zu einer einmaligen Ausübung reicht zwar häufig aus, aber eben nicht in allen Fällen. Stellen wir uns einmal vor, wir hätten Kapital in eine variabel verzinsliche Anleihe investiert, die halbjährlich zum jeweils aktuellen 6-Monats-DM-LIBOR verzinst wird. Die künftigen Zinszahlungen sind folglich unsicher und hängen von der Entwicklung des Referenzsatzes ab. Da wir einen Rückgang des Zinsniveaus nicht ausschliessen können, möchten wir uns ganz

Emittentin:
Trinkaus & Burkhardt KGaA

Emissionsvolumen:
5 000 000 Inhaber-Zinsdifferenz-Zertifikate (Step-Up Floor).

Übernahme und Verkauf; Ausgabepreis:
Die Optionsscheine werden von der Emittentin übernommen und
freibleibend zum Verkauf gestellt. Die Ausgabepreise werden erstmals
zu Beginn des Angebots und sodann fortlaufend festgesetzt.

Optionsrecht:
Der Inhaber eines Zertifikates ist nach Maßgabe der Zertifikatsbedin-
gungen berechtigt, von der Emittentin an den Zahltagen die Zahlung
eines Differenzbetrages zu verlangen, der sich aus der Differenz errechnet, um die der am Berechnungstag für die nachfolgende Berechnungsperiode festgestellte Sechs-Monats-DM-LIBOR den jeweiligen
genannten Basissatz unterschreitet, berechnet auf einen Nennbetrag
von DM 100,– je Zertifikat. Ein Differenzbetrag wird nicht gezahlt,
wenn der LIBOR dem jeweiligen Basissatz entspricht oder ihn überschreitet.

Basissatz:	Berechnungsperiode	
% p. a.	vom ... (incl.)	bis zum ... (incl.)
5,00	16. 10. 1995	15. 4. 1996
5,25	16. 4. 1996	15. 10. 1996
5,50	16. 10. 1996	15. 4. 1997
5,75	16. 4. 1997	15. 10. 1997
6,00	16. 10. 1997	15. 4. 1998
6,25	16. 4. 1998	15. 10. 1998
6,50	16. 10. 1998	15. 4. 1999
6,75	16. 4. 1999	17. 10. 1999
7,00	18. 10. 1999	16. 4. 2000
7,25	17. 4. 2000	15. 10. 2000
7,50	16. 10. 2000	16. 4. 2001
7,75	17. 4. 2001	15. 10. 2001
8,00	16. 10. 2001	15. 4. 2002

Referenzkurs:
Am 12. Oktober 1995 und danach jeweils am zweiten Bankarbeitstag
vor einem Zahltag (dem Berechnungstag) bestimmt die Emittentin
durch Bezugnahme auf den von der British Bankers Association – derzeit auf Telerate, Seite 3750 – quotierten Satz den LIBOR um 11.00
Uhr (Londoner Zeit) für Sechs-Monats-DM-Einlagen für die dem jeweiligen Berechnungstag folgende Berechnungsperiode.

Zahltage:
Die Differenzbeträge werden halbjährlich nachträglich an den Zahltagen fällig. Zahltage sind der 16. April und 16. Oktober eines jeden Jahres, es sei denn, der betreffende Tag ist kein Bankarbeitstag. In diesem Fall ist der nächste auf diesen Tag folgende Bankarbeitstag Zahltag.

Zusammenfassung der Ausstattungsmerkmale:

Referenz:	Laufzeit:	anf. Verkaufspreis:	WKN:
Step-Up Floor	20. 7. 1995–16 4. 2002	DM 3,90	813 360

Beginn des Angebots:
18. Juli 1995

Notierung:
Freiverkehr an den Wertpapierbörsen zu Düsseldorf, Frankfurt am Main und Stuttgart.

Abb. 16: Step-Up-Floor

gerne durch eine entsprechende Option dagegen schützen. Dabei soll verständlicherweise eine bestimmte Zins**unter**grenze gesichert werden. Wenn der 6-Monats-DM-LIBOR an einem Zinstermin den Strike unterschreitet, wollen wir die Option ausüben, eine Ausgleichszahlung empfangen, um damit den Zinsniveaurückgang auszugleichen. Natürlich reicht eine einmalige Ausübungsmöglichkeit hier nicht aus, da die Anleihe nicht einen einzigen, sondern mehrere Zinstermine hat, und wir für jede künftige Zinszahlung ein bestimmtes Mindestniveau fixieren möchten. Deshalb sind wir auf ein Zinssicherungszertifikat angewiesen, genauer gesagt auf einen Floor. Manchmal ist die Möglichkeit zu einer mehrmaligen Ausübung also durchaus sinnvoll. Der Strike bei einem Zinssicherungszertifikat muß im übrigen keine feste Größe sein. Es kommt in der Realität durchaus vor, daß sich der Basisprcis im Zeitablauf verändert. So bieten beispielsweise *Trinkaus & Burkhardt* einen sogenannten Step-Up-Floor an, der in der abgebildeten Produktbeschreibung näher erläutert wird (vgl. Abb. 16). Typisch für diesen Warrant ist der stufenweise („Step-Up") Anstieg des Strike. Genauso könnte ein Zinssicherungszertifikat allerdings auch mit einem im Laufe der Zeit abnehmenden Basispreis ausgestattet sein, etwa bei einem Cap, was dann durch den Zusatz „Step-Down" zum Ausdruck käme.

In Verbindung mit Zinssatzoptionen haben wir bislang nie von

Calls bzw. Puts gesprochen. Das hat seinen Grund. Die Begriffe
werden nämlich nicht einheitlich gebraucht. Caps werden beispielsweise von einigen als Call-Optionen bezeichnet, derweil andere von Puts reden. Worauf ist diese Disharmonie zurückzuführen? Um die Frage beantworten zu können, müssen wir ein
wenig ausholen und zunächst den Zusammenhang zwischen
Zinsniveau und Anleihekursen näher betrachten. Grundsätzlich
gilt, daß eine Zinsniveauänderung eine genau entgegengesetzte
Bewegung bei Anleihekursen bewirkt. Steigen die Zinsen, so sinken die Kurse und umgekehrt. Wir wissen bereits, daß der Käufer
eines Anleihe-Calls von steigenden Kursen profitiert, was gleichbedeutend ist mit sinkenden Zinsen. Für Puts trifft das Gegenteil
zu: Derlei Instrumente sind für ihre Inhaber zweifelsohne einträglich, wenn die Kurse der Schuldverschreibungen sinken, was wiederum mit einem Zinsniveauanstieg verbunden ist. Call-Käufer erwarten also einen Zinsrückgang, während die Inhaber eines An-
leihe-Puts auf steigende Zinsen setzen. Das hat dazu geführt, daß
einige Emittenten ihre Zinssatz-Warrants als Calls (Puts) bezeichnen, wenn Inhaber von einem Zinsniveaurückgang (-anstieg) profitieren. Nehmen wir als Beispiel einen von der *Citibank* (Frankfurt am Main) stammenden Zinssatz-Warrant.

Underlying	6-M-DM-LIBOR
Strike	4,5 %
Ausübungstag	19. 9. 1996

Der Inhaber eines Optionsscheins hat am Ausübungstag das
Recht (european style) auf Zahlung eines Differenzbetrages.
Der Differenzbetrag ist bezogen auf einen Nominalwert von
DM 100,– pro Optionsschein. Er wird in Deutsche Mark (DM)
ausgedrückt und errechnet sich wie folgt:
Differenzbetrag Call = 100 x (4,50 % – 6-Monats-DM-LIBOR)
Differenzbetrag Put = 100 x (6-Monats-LIBOR – 4,50 %)

Der Inhaber eines Calls erhält eine Ausgleichszahlung, wenn
der Referenzzinssatz am Verfalltag (19. 9. 1996) unterhalb des
Strike (4,5 %) liegt, während es beim Put genau umgekehrt ist.
    Ebenso existieren Emittenten – ohne hier ein konkretes Beispiel
zu nennen –, die den von der *Citibank* stammenden Call als Put,
den *Citibank*-Put hingegen als Call bezeichnen würden. Auch

diese Terminologie läßt sich begründen. Schließlich führt ein **Un-ter**schreiten (**Über**schreiten) des Strike beim *Citibank*-Call (-Put) zu einer Ausgleichszahlung, was ja sonst nur bei Puts (Calls) der Fall ist.

Wir sehen, daß es gar nicht so einfach ist, die Funktionsweise einer Zinssatzoption allein anhand der Bezeichnung zu erkennen. Um Mißverständnisse von vornherein zu unterdrücken, sind deshalb etliche Emittenten dazu übergegangen, die Bezeichnungen Call und Put zu vermeiden und stattdessen von Zinsober- bzw. -untergrenze zu sprechen oder die gängigen englischsprachigen Bezeichnungen Cap bzw. Floor zu verwenden.[1]

Wir wollen die Besprechung von Zinssatz-Warrants damit beschließen und nun zur letzten, noch ausstehenden Gruppe von Underlyings übergehen.

Derivate

Bereits am Anfang haben wir festgestellt, daß man unter derivativen Instrumenten landläufig Termingeschäfte versteht. Es würde jedoch zu weit führen, wenn wir hier ausführlich auf sämtliche Arten von Termingeschäften eingingen. Wir wollen uns deshalb auf ausgewählte Derivate konzentrieren und unser Hauptaugenmerk vor allem auf diejenigen Termingeschäfte richten, die üblicherweise als Underlying für in Deutschland emittierte Warrants Verwendung finden. Primär fallen darunter Zinsfutures, insbesondere solche, denen sogenannte *fiktive Anleihen* zugrundeliegen. Bevor wir aber darauf zu sprechen kommen, wollen wir kurz allgemein auf Futures eingehen.

Futures sind unbedingte Termingeschäfte und deshalb zweiseitig bindend – beim Abschluß verpflichten sich also Verkäufer und Käufer gleichermaßen zur Erfüllung. Nun können die Vertragspartner ein unbedingtes Termingeschäft direkt miteinander abschließen und dessen Ausstattung damit ganz individuell gestal-

---

1 Die Begriffe Cap und Floor tauchen im Zusammenhang mit Exotischen Warrants wieder auf und bezeichnen dann üblicherweise Ober- und Untergrenzen.

ten. Solche Geschäfte werden allgemein als Forwards bezeichnet. Sie fungieren gemeinhin allerdings nicht als Underlying für Warrants und sind deshalb für uns eher bedeutungslos. Von größerem Interesse sind dagegen börsengehandelte unbedingte Termingeschäfte, die sogenannten Futures. Sie heben sich von Forwards insbesondere durch ihre genormten („standardisierten") Ausstattungsmerkmale ab, die letztlich für den Handel an einer Terminbörse unabdingbar sind. Trotz einiger Nachteile weist eine Standardisierung und die damit einhergehende „Börsenfähigkeit" eine Reihe nicht zu übersehender Vorzüge auf. Zum einen ist der Handel ausgesprochen transparent, zum anderen sind die Börsenumsätze vergleichsweise hoch, so daß die dort angebotenen Produkte äußerst fungibel sind. Im Vergleich zu Forwards können Futures also mit hoher Gewißheit stets abgeschlossen und bereits bestehende Positionen jederzeit ohne größere Schwierigkeiten wieder aufgelöst – oder, wie der Fachmann sagt: glattgestellt – werden.

Futures lassen sich nach ihren Underlyings einteilen, wobei man zunächst grob Commodity- von Financial-Futures trennen kann. Für uns sind letztere von besonderer Bedeutung, allerdings nicht sämtliche Financial-Futures gleichermaßen, sondern, wie eingangs bereits gesagt, vor allem Futures auf fiktive Anleihen. Hierzulande sind das gegenwärtig die an der Deutschen Terminbörse, kurz DTB, angebotenen BUND- sowie BOBL-Futures. Während der BUND-Future auf einer fiktiven Bundesanleihe basiert, liegt dem BOBL-Future eine fiktive Bundesobligation zugrunde. Bundesanleihen und -obligationen sind Schuldverschreibungen des Bundes, die sich vornehmlich durch ihre Gesamtlaufzeiten voneinander unterscheiden. Während Bundesanleihen zum Emissionszeitpunkt in aller Regel eine Laufzeit von 10 Jahren aufweisen, werden Obligationen bereits nach fünf Jahren vom Bund zurückgezahlt.

Nun basieren die an der DTB gehandelten Futures nicht auf „echten" Bundesschuldverschreibungen, sondern auf fiktiven Papieren. Entscheidend ist, daß fiktive Anleihen rein gedankliche Gebilde sind, die – im Unterschied zu echten Schuldverschreibungen – nicht existieren und damit auch die Nachteile einer tatsächlich existierenden Anleihe nicht beinhalten. Dies gilt vor-

wiegend für die bis zur Fälligkeit ständig abnehmende Restlaufzeit, was in der Fachsprache trefflich mit Laufzeitabschmelzung
umschrieben wird. Eine Bundesanleihe etwa, die heute mit einer
Gesamtlaufzeit von 10 Jahren emittiert würde, hätte in genau einem Jahr nur noch eine Restlaufzeit von neun Jahren, in exakt
zwei Jahren eine Restlaufzeit von acht Jahren usw. Nun soll ein
Future stets einen bestimmten Laufzeitbereich abdecken, der
BUND-Future etwa den zehnjährigen Bereich. Mit einer echten
Anleihe als Underlying läßt sich das allerdings nicht bewerkstelligen, weil sich die Laufzeit des Papiers von Tag zu Tag verkürzt. Um
das Underlying nicht ständig durch ein anderes ersetzen zu müssen, wird auf fiktive Schuldverschreibungen zurückgegriffen. Eine
Transaktion, beispielsweise mit dem BUND-Future, kann man
sich in etwa so vorstellen: Der Käufer verpflichtet sich, am Fälligkeitstag eine zehnjährige Bundesanleihe vom Verkäufer abzunehmen und zwar zu einem Preis, der gegenwärtig vereinbart wird.
Bei Vertragsabschluß kann stets nur zwischen drei Fälligkeitster-
minen aus dem Zyklus März, Juni, September und Dezember gewählt werden. Entscheidet sich ein Marktakteur etwa im April für
einen BUND-Future, so ist der Verfallmonat entweder der Juni,
September oder Dezember. Der Future, welcher als nächster verfällt – in unserem Beispiel der Juni-Kontrakt –, heißt auch *Front*-
oder *Nearby-Future* und ist im Regelfall der umsatzträchtigste.
Wir wollen das hier allerdings nicht weiter vertiefen, da wir uns
ansonsten doch zu sehr verzetteln. Viel wichtiger ist die Frage,
warum Warrant-Emittenten beispielsweise den BUND-Future, also ein derivatives Finanzinstrument, als Underlying wählen, anstatt auf ein originäres Papier Bezug zu nehmen, in diesem Falle
etwa eine konkrete Bundesanleihe. Hierfür sind eine Reihe von
Gründen verantwortlich, die allerdings denselben Ursprung haben. Im Vergleich zum Markt für Bundesanleihen gilt der Futures-
Markt als überaus transparent und liquide. Stets können nur drei
unterschiedliche BUND-Futures ge- oder verkauft werden, wobei
derjenige Kontrakt mit der kürzesten Restlaufzeit für gewöhnlich
der von den meisten Marktteilnehmern präferierte Future ist. Im
Grunde existiert somit nur ein einziger aktiv gehandelter BUND-
Future und demnach auch nur eine einzige bedeutungsvolle Fu-
ture-Notierung, während vergleichsweise viele Anleihenotierun-

gen vorliegen, was naturgemäß nicht gerade die Transparenz erhöht. Der Kursverlauf des BUND-Futures läßt sich hingegen tagtäglich ohne größere Schwierigkeiten verfolgen, sei es über TV-
Sendungen wie die *n-tv-Telebörse*, den Videotext oder das Radio.
Dagegen ist eine stetige Beobachtung der Preisentwicklung einzelner Schuldverschreibungen oftmals nicht ohne weiteres möglich. Der Inhaber eines BUND-Future-Warrants kann die Kurse
seines Underlyings also besser verfolgen als etwa Käufer von An-
leihe-Scheinen. Für Futures spricht weiterhin: Eine Future-Op-
tion läßt sich grundsätzlich einfacher bewerten als herkömmliche
Optionen auf Anleihen. Dies liegt daran, daß beispielsweise für
den BUND-Future in relativ kurzen zeitlichen Abständen – oft alle
paar Sekunden – Preise vorliegen, also häufiger als etwa für konkrete Bundesanleihen. Erleichtert wird die Kalkulation einer Fu-
ture-Option darüber hinaus auch dadurch, daß das Underlying
stets eine gleichbleibende Restlaufzeit aufweist, derweil die Laufzeit einer konkreten Schuldverschreibung im Zeitablauf ab-
schmilzt.

   Zur Veranschaulichung haben wir einen Warrant auf den
BUND-Future ausgewählt. Der Schein stammt von der *DG Bank*
(Frankfurt am Main).

BUND-Future-Optionsschein (Call)	
Underlying	BUND-Future
Strike	95.77
Bezugsverhältnis	1/1
Fälligkeit	1. 9. 1997
Typ	amerikanisch
Andienung	Cash-Settlement

Der Inhaber hat das Recht, von der *DG Bank* eine Ausgleichszahlung zu verlangen, falls der Kurs des BUND-Futures bei Ausübung des Warrants über dem Strike liegt. Weiter oben haben wir
schon angedeutet, daß stets BUND-Futures mit drei voneinander
abweichenden Verfallterminen gehandelt werden können. Welcher Future liegt dann dem Warrant der *DG Bank* zugrunde? Abgesehen von einigen wenigen Ausnahmen beziehen sich Future-

Warrants stets auf den Nearby-Kontrakt, was auch für den Warrant der *DG Bank* gilt. Das hat – insbesondere bei längerfristigen Optionsscheinen – allerdings zur Folge, daß das Underlying im Zeitablauf ausgetauscht werden muß. Und zwar immer dann, wenn der Nearby-Kontrakt verfällt. Dies zieht wiederum eine Angleichung des Strikes nach sich. Verdeutlichen wir das an einem konkreten Beispiel. Angenommen, wir kaufen im Januar 1997 einen BUND-Future-Warrant der *DG Bank*. Underlying des Scheins ist der nächstfällige BUND-Future, also der März-Kontrakt. Am 10. März verfällt dieser BUND-Future, sagen wir zu einem Kurs von 96,50. Der Warrant läuft indes noch bis zum 1. September. Daher bezieht sich der Optionsschein von nun an auf den Juni-Kontrakt. Unterstellen wir einmal, der Juni-Future notiere am 10. März zu einem Kurs in Höhe von 96,10. Im Vergleich zum März-Kontrakt wäre der Preis also um 0,40 geringer. Der Preisunterschied zweier gleichgearteter Futures mit voneinander abweichenden Fälligkeiten heißt im Fachjargon auch *calendar spread* oder *time spread*.[1]

Während der Warrant vor dem Austausch des BUND-Futures einen Inneren Wert in Höhe von

96,50 – 95,77 = 0,73 DM

aufweist, liegt er unmittelbar danach bei

96,10 – 95,77 = 0,33 DM.

Das würde natürlich den Warrant-Inhaber benachteiligen. Um derartige Übervorteilungen, die im übrigen auch den Emittenten treffen können, zu vermeiden, findet just im Moment des Under-

---

1 Der Begriff „spread" stammt aus dem Englischen und bedeutet soviel wie „spreizen".

Der Vollständigkeit halber wollen wir anmerken, daß mit dem Ausdruck „calendar spread" („time spread") nicht nur Preisunterschiede bei Futures bezeichnet werden, sondern auch bei Optionen, die bis auf die Restlaufzeit identisch ausgestattet sind. Überdies beschreibt der Begriff eine bestimmte Form von Geschäften, bei der Kontrakte sowohl ge- als auch verkauft werden. So handelt es sich beispielsweise um einen calendar spread, wenn ein Kontrakt des Bund-Futures (Fälligkeit: September) gekauft, während ein Bund-Future (Fälligkeit: Dezember) verkauft wird.

lying-Tausches eine Angleichung des Basispreises statt. Fachleute sprechen dabei auch vom *Strike Reset*. Der Strike wird um den *calendar spread* bereinigt – oder, wie die Fachleute sagen, „gerollt". In unserem Falle würde der Basispreis um 0,40 auf 95,37 reduziert, so daß sich der Innere Wert pro Optionsschein wieder auf

$$96,10 - 95,37 = 0,73 \text{ DM}$$

beläuft.

Wir hatten weiter oben schon angedeutet, daß sich Future-Warrants meistens auf Anleihe-Kontrakte beziehen. Allerdings beschränkt sich das Spektrum der in Deutschland emittierten Scheine nicht auf DTB-Futures. Von großer Bedeutung sind ebenso die Produkte an anderen Terminbörsen, etwa der an der *London International Financial Futures and Options Exchange* (LIFFE) gehandelte BUND-Future, der sozusagen das Konkurrenzstück zu dem an der Deutschen Terminbörse angebotenen Produkt darstellt.

Was es mit dem Begriff „Zinsoption" auf sich hat

Der Terminus gilt mittlerweile als Sammelbezeichnung für eine Reihe unterschiedlicher Warrants, wie Abbildung 17 unterstreicht. So gehören nicht nur Zinssatz-Scheine, sondern auch Anleihe- und Zinsfuture-Warrants zu dieser Rubrik. Der Begriff „Zinsoption" soll zum Ausdruck bringen, daß die Werte der Underlyings und damit natürlich auch die Warrantkurse von Veränderungen des Zinsniveaus abhängen.

Bei den Unterscheidungsmerkmalen haben wir uns bislang weitgehend auf die einzelnen Underlyings konzentriert, obwohl Optionsscheine auch nach anderweitigen Kriterien klassifiziert werden können. Neben dem Underlying ist die **Warrant-Konstruktion** ein weiteres bedeutendes Kennzeichen. Danach können wir grundsätzlich zwischen gewöhnlich strukturierten Scheinen („Standardoptionen") und sogenannten Exoten unterscheiden. Im Prinzip erstrecken sich herkömmlich strukturierte Scheine – Fachleute sprechen im übrigen von *Plain-Vanilla*-Warrants – auf die bislang beschriebenen Calls und Puts, während man alle da-

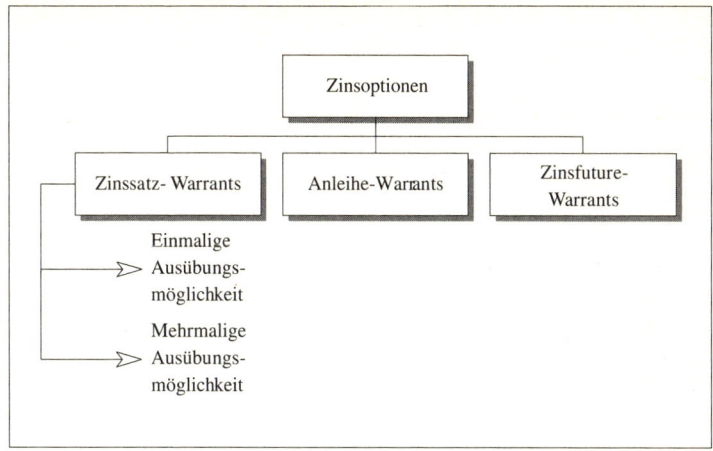

Abb. 17: Klassifizierung von Zinsoptionen

von abweichenden Konstruktionen im Grunde mit der Bezeichnung *Exotisch* versehen könnte. Da aber selbst Experten Schwierigkeiten haben, Plain-Vanilla- und Exotische Produkte begrifflich einwandfrei voneinander zu trennen, wollen wir auf ein derartiges Unterfangen verzichten. Statt dessen stellen wir die wichtigsten, derzeit umlaufenden Exotischen Scheine vor, erläutern ihre Funktionsweise und gehen auf Bewertungsaspekte ein. Ohne Schwierigkeiten wird der Leser bei der Lektüre erkennen, warum diese Art von Warrants das Attribut *Exotisch* tragen.

Warrantanleger als Stillhalter

In den vorhergehenden Kapiteln haben wir bereits gesehen, daß „Normalanleger" Optionsscheine zwar kaufen können, zur Emission allerdings nicht in der Lage sind. Dabei übt das „Stillhalten" nicht nur für institutionelle Marktakteure – in erster Linie Geschäftsbanken – Reize aus, sondern ebenso für Privatleute. Aus diesem Grund haben sich einige Institute dazu entschlossen, auch Kleinanlegern die Möglichkeit zu geben, in die Rolle des Stillhalters zu schlüpfen.

Da Anleger, die eine reine Stillhalterposition einnehmen, ein immens hohes Risiko übernehmen, wird die Option stets mit dem entsprechenden Underlying kombiniert und dem Anleger quasi als „Finanzpaket" angeboten. Wie das in der Realität funktioniert, verdeutlichen wir an einem konkreten Fallbeispiel. Dazu betrachten wir zunächst einen US-Dollar-Call mit folgender Ausstattung:

Call-Option	
Underlying	US-Dollar
Strike Price	1,75 DM/USD
Bezugsverhältnis	1/1
Verfalldatum	14.12.1998
Ausübung	europäisch
Andienung	Cash Settlement
Prämie	0,09 DM

Der US-Dollar notiert gegenwärtig (26.5.1998) zum Kurs von 1,77 DM/USD.

Angenommen, ein Anleger wird zum Stillhalter, indem er am 26.5.1998 den genannten US-Dollar-Call veräußert und dafür 0,09 DM kassiert. Er würde damit die Verpflichtung eingehen, am Verfalltag (14.12.1998) – vorausgesetzt, der US-Dollar notiert oberhalb des Strike – an den Optionsinhaber den Inneren Wert auszuzahlen.

Bei Devisenkursen in Höhe des Strike oder unterhalb davon, ist die Option wertlos und der Stillhalter ist zu keiner Gegenleistung verpflichtet, so daß er die volle Prämie als Gewinn verbuchen kann. Seine Gewinnchance beläuft sich somit auf maximal 0,09 DM.

Anders dagegen die Verlustmöglichkeiten. Bei Kursen oberhalb des Strike ist der Stillhalter zur Zahlung des Inneren Wertes gezwungen. Zu Verlusten kommt es allerdings erst, wenn der Innere Wert größer ist als die vereinnahmte Optionsprämie – konkret: bei Devisenkursen oberhalb von 1,84 DM/USD. Die Verlustmöglichkeiten sind jedoch nahezu unbegrenzt, da der Dollar und damit auch der Innere Wert – zumindest theoretisch – beliebig weit ansteigen könnte, was schließlich entsprechend hohe Verluste für den Stillhalter nach sich zieht. Und genau darin liegt auch eine besonders große Gefahr für Options**käufer**, die aufgrund der gezahlten Optionsprämie Anspruch auf den Inneren Wert geltend machen können. Sie wollen die Gewißheit haben, daß ein Innerer Wert – ganz gleich wie hoch – vom Stillhalter auch bezahlt werden kann. Daher kommen als Stillhalter nur hinsichtlich ihrer Zahlungsfähigkeit und Zahlungsmoral einwandfreie Teilnehmer in Frage. Das wiederum setzt eine genaue Überprüfung der Bonität voraus, was gerade bei Privatpersonen viel zu umständlich und kostspielig wäre. Denkbar ist darüber hinaus allerdings auch eine Hinterlegung von Sicherheiten, um für den Fall einer unvorteilhaften Preisentwicklung gerüstet zu sein. Die Sicherheiten können vom Stillhalter bereitgestellt werden, indem er das Underlying selbst kauft. Konkret bedeutet das, daß der Anleger Stillhalter beim Dollar-Call ist und zum selben Zeitpunkt (26. 5. 1998) einen US-Dollar zum aktuellen Kurs (1,77 DM/USD) kauft. Bei einem Dollarkursanstieg steigt auf der einen Seite zwar der Verlust aufgrund der Stillhalterposition, andererseits gewinnt der gekaufte Dollar an Wert. Ein hoher Innerer Wert kann vom Stillhalter also dadurch finanziert werden, daß der US-Dollar zu einem hohen Kurs wieder veräußert wird. Das gibt dem Options**inhaber** die Gewißheit, daß der Stillhalter dazu in der Lage ist, seinen Verpflichtungen nachzukommen.

Welche Gewinn- und Verlustsituation sich für den Anleger bei unterschiedlichen Kursszenarien am Verfalltag (14. 12. 1998) ergibt, ist in folgendem Tableau aufgeführt, wobei Einzahlungen bzw. Gewinne mit einem Plus- und Auszahlungen bzw. Verluste aus der Sicht des Anlegers mit einem Minuszeichen gekennzeichnet sind.

Kurs am 14.12.1998	1,50	1,60	1,75	1,80	1,84	1,90	2,00
Vereinnahmte Prämie	+0,09 DM	+0,09 DM	+0,09 DM	+0,09 DM	+0,09 DM	+0,09 DM	+0,09 DM
Innerer Wert (=Auszahlung für Stillhalter)	0 DM	0 DM	0 DM	–0,05 DM	–0,09 DM	–0,15 DM	–0,25 DM
Auszahlung für Dollarkauf	–1,77 DM	–1,77 DM	–1,77 DM	–1,77 DM	–1,77 DM	–1,77 DM	–1,77 DM
Einzahlung für Dollarverkauf	+1,50 DM	+1,60 DM	+1,75 DM	+1,80 DM	+1,84 DM	+1,90 DM	+2,00 DM
Gewinn/ Verlust	**–0,18 DM**	**–0,08 DM**	**+0,07 DM**	**+0,07 DM**	**+0,07 DM**	**+0,07 DM**	**+0,07 DM**

Bei einem Dollarkursanstieg auf zum Beispiel 2 DM ist der Stillhalter zu einer Ausgleichszahlung in Höhe von 0,25 DM verpflichtet. Da der für 1,77 DM gekaufte Dollar jedoch für 2 DM
wieder verkauft werden kann, entsteht allein aufgrund dieses Geschäfts ein Gewinn von 0,23 DM, der zur Deckung der Stillhal-
terverpflichtungen herangezogen wird.

Einige Banken bieten Anlegern die Möglichkeit, die beschriebene Strategie quasi auf einen Schlag umzusetzen. So vertreibt
beispielshalber der *Schweizerische Bankverein* sogenannte
BLOC-Zertifikate, wobei BLOC als Abkürzung für „buy low or
cash" steht, was man mit „billig kaufen oder Bargeld" übersetzen
könnte. Ein konkretes, auf den US-Dollar lautendes BLOC-Zertifikat hat folgende Ausstattung:

Underlying	US-Dollar
Höchstbetrag	1,75 DM
Bezugsverhältnis	1/1
Verfalltag	14. 12. 1998
Verkaufspreis (26. 5. 1998)	1,68 DM
Ausübung	europäisch

Ein Anleger, der „heute" (26. 5. 1998) ein BLOC-Zertifikat erwirbt, zahlt beim Kauf 1,68 DM und bekommt dafür 1,75 DM am
Fälligkeitstag (14. 12. 1998) zurück, vorausgesetzt, der US-Dollar
liegt bei 1,75 DM oder er notiert darüber. Andernfalls erhält der
Anleger genau einen US-Dollar pro Zertifikat, wobei er dann
natürlich selbst entscheiden kann, ob die Währung sofort in DM
getauscht oder erst noch behalten werden soll.

Nun wollen wir die mit diesem BLOC-Zertifikat erzielbaren Gewinne und Verluste bei unterschiedlichen Devisenkursen am Verfalltag näher betrachten. Dabei soll davon ausgegangen werden,
daß ein bei Ausübung des Zertifikats möglicherweise erhaltener
US-Dollar sofort in DM umgetauscht wird. Einzahlungen bzw.
Gewinne sind erneut mit einem Plus- und Auszahlungen bzw. Verluste aus der Sicht des Anlegers mit einem Minuszeichen versehen.

Kurs am 14.12. 1998	1,50	1,60	1,75	1,80	1,84	1,90	2,00
Auszahlung für BLOC-Kauf	−1,68 DM	−1,68 DM	−1,68 DM	−1,68 DM	−1,68 DM	−1,68 DM	−1,68 DM
Anleger erhält	+1 USD	+1 USD	+1,75 DM	+1,75 DM	+1,75 DM	+1,75 DM	+1,75 DM
Tausch des US-Dollars	+1,50 DM	+1,60 DM	—	—	—	—	—
Gewinn/ Verlust	−0,18 DM	−0,08 DM	+0,07 DM	+0,07 DM	+0,07 DM	+0,07 DM	+0,07 DM

Es wird deutlich, daß mit einem BLOC-Zertifikat je nach Kurs-szenario dieselben Ergebnisse erzielt werden wie mit der eingangs dargestellten Strategie. Beim BLOC-Zertifikat handelt es sich alles in allem um den Verkauf eines Calls (Strike 1,75 DM/USD, fällig am 14. 12. 1998) und gleichzeitig den Kauf der Währung. Diese beiden Geschäfte sind sozusagen in einem einzigen Wert-papier zusammengefaßt worden. Wo der Preis für ein BLOC-Zer-tifikat in etwa liegen müßte, kann relativ einfach herausgefunden werden. Dafür muß vom aktuellen Devisenkurs (1,77 DM/USD) der Preis für einen entsprechend ausgestatteten Call – der sich natürlich bei Dollarkursschwankungen ebenfalls verändert – ab-gezogen werden. Dabei ist der in den Ausstattungsbedingungen des BLOC-Zertifikats als Höchstbetrag bezeichnete Wert gleich-zusetzen mit dem Strike beim Call. Damit läßt sich folgende Rech-nung aufstellen:

Kauf 1 Dollar	−1,77 DM
Verkauf 1 Call	+0,09 DM
Σ	1,68 DM

Mit einem einzelnen der oben beschriebenen BLOC-Zertifika-te gewinnt ein Anleger bestenfalls sieben Pfennig. Von einem Kurs-anstieg kann nur begrenzt profitiert werden; Vorteile bringen demgegenüber mehr oder weniger stagnierende Kurse – Fachleute sprechen von Seitwärtsbewegung. Denn in einer solchen Situati-on verfallen die Calls wertlos und die Optionsprämie kann im Ide-alfall vollständig als Gewinn verbucht werden. Bei einem Kurs-rückgang des US-Dollars besitzt ein Zertifikatsinhaber Vorteile gegenüber einem Anleger, der die Währung am Kauftag (26. 5. 1998) direkt erworben hätte, da die Anschaffungskosten (1,68

DM) deutlich unter dem Devisenkurs (1,77 DM) liegen. Zu bedenken ist allerdings, daß sinkende Devisenkurse für einen Zerti-
fikatkäufer ebenso eine Gefahr darstellen wie für einen Währungs-
direktkäufer. Wenn also ein Anleger den US-Dollar am 26. 5. 1998
für 1,77 DM direkt kauft, hat er bei einem Kurs von zum Beispiel
1,60 DM/USD am 14. 12. 1998 insgesamt 0,17 DM verloren,
während ein BLOC-Inhaber aufgrund des geringeren Einstands-
preises 0,09 DM weniger verliert.

Produkte wie BLOC-Zertifikate existieren im übrigen nicht nur
für Devisen, sondern ebenso für andere Finanzinstrumente, in erster Linie einzelne Aktien und Aktienindizes.

4. Exotische Warrants

Ein erster Überblick

Der Begriff „Exotisch" gilt nicht als Bezeichnung für Optionsscheine aus fernen Ländern, wie der Leser vielleicht vermuten könnte. Vielmehr beschreibt er Warrants, deren Konstruktionsprinzipien sich bisweilen deutlich von Plain-Vanilla-Strukturen abheben, was allerdings nicht unbedingt bedeuten muß, daß Exoten komplizierter geschneidert sind. So sind Produkte anzutreffen, die weitaus komplexer strukturiert sind als Standardscheine, derweil andere Exoten deutlich einfacher aufgebaut sind.

Gerade in den 90er Jahren erschienen zahlreiche Warrants mit einem von Standardscheinen abweichenden Aufbau. Die Emissionshäuser begründen diesen Schritt unter anderem mit dem Wunsch ihrer Kunden, beispielsweise auch von stagnierenden Kursen eines Underlyings profitieren zu wollen, was etwa durch Range-Warrants ermöglicht wird. Zudem sollen viele Exotische Optionsscheine besonders günstige Chance-Risiko-Relationen bieten.

Der Hauptgrund für die Inflation Exotischer Finanzprodukte indes liegt wohl eher in der großen Konkurrenz bei den Standardscheinen. Da der Anleger dort im Regelfall zwischen mehreren Emittenten wählen kann, etwa bei der Absicht einen Währungscall zu kaufen, haben sich die Gewinnspannen der Emissionshäuser in diesem Segment streckenweise drastisch verringert. Viele Anbieter suchten ihr Glück daher bei den Exoten, wo sich in den letzten Jahren dank immer undurchschaubarer Konstruktionen noch auskömmliche Margen verdienen ließen. Denn Anleger können derlei Produkte aufgrund ihrer Einzigartigkeit nicht direkt mit Konkurrenzangeboten vergleichen. So fällt es dem Emittenten verhältnismäßig leicht, Scheine relativ teuer an den Mann zu bringen.

Hinweis: Anleger sollten schwierig zu durchschauende Warrantkonstruktionen vorsichtshalber meiden. Hier ist die Gefahr, an überteuerte Produkte zu geraten, besonders hoch.

Obendrein wurde die Entwicklung innovativer Warrants durch die Fachpresse aufmerksam verfolgt. So nutzten vor allem kleinere Emissionshäuser die damit verbundene Publizitätswirkung, um den Bekanntheitsgrad sowohl ihrer exotischen als auch der „gewöhnlichen" Produkte zu steigern.

Inzwischen hat der Wettbewerb allerdings auch auf diesem Sektor gewaltig zugenommen. Daher bilden stark überteuerte Exoten mittlerweile eher eine Ausnahme als die Regel. Als Folge können diese Warrants zum Teil interessante Spekulationsmöglichkeiten eröffnen. Wir raten dem Leser dennoch, die Augen offenzuhalten, um den Emittenten nicht auf den „Leim" zu gehen. Deshalb ist ein tiefgreifendes Verständnis, was den Aufbau und die Funktionsweise exotischer Finanzprodukte anbelangt, unerläßlich.

Häufig stößt der Anleger indes auf eine Vielzahl von Problemen. Da die Phantasie der Emittenten fast keine Grenzen kennt, entstehen ständig neue Kreationen, über die der Anleger bisweilen nur schwerlich objektive Informationen findet. Selbst der Vergleich einheitlicher Warrantkonstruktionen wird zusätzlich erschwert, da die Produktbezeichnungen keinerlei Standardisierung unterworfen sind. Es ist vielmehr jedem Emittenten freigestellt, seine Warrants so zu benennen, wie es ihm beliebt. Verständlicherweise erhöht das nicht gerade die Transparenz. Für den Laien gleicht der Markt für Exotische Scheine deshalb nicht selten einem unüberschaubaren Durcheinander.

Um ein wenig Ordnung in das „Wirrwarr" zu bringen, teilen wir die Gruppe der Exotischen Warrants grob in zwei Hälften auf, und zwar in einfache und kombinierte Scheine.

Die von uns so benannten **einfachen Warrants** gliedern wir wiederum in vier einzelne Rubriken auf. Jede davon umfaßt mehrere Scheine, die zwar unterschiedliche Konstruktionsmerkmale beinhalten, aber in gewisser Weise dem gleichen Prinzip folgen. Um die Ausführungen möglichst praxisnah zu halten, präsentieren wir für nahezu jeden besprochenen Optionsschein eine Produkt-

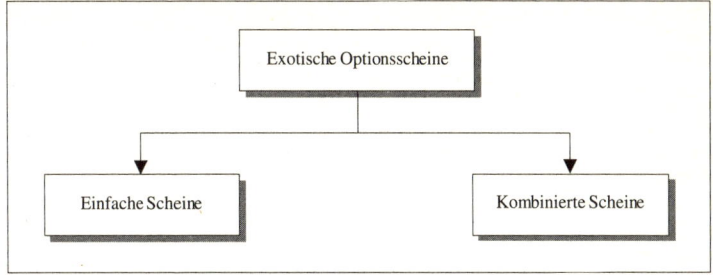

Abb. 18: Einteilung Exotischer Optionsscheine

beschreibung, so wie sie etwa in Finanzanzeigen Verwendung findet.

Im Gegensatz zu den einfachen handelt es sich bei **kombinierten Warrants** um die Verbindung mehrerer Optionsscheintypen. Meist besitzen sie ausgesprochen phantasiereiche Namen, wie „COOL" oder „Hot Dog". Die Innovationsfreude der Emissionshäuser brachte eine Fülle derartiger Konstruktionen hervor. Die bedeutendsten davon behandeln wir im Rahmen dieses Buches. Darüber hinaus demonstrieren wir, wie sich derlei Scheine auf die Konstruktionsprinzipien anderer Warrants zurückführen lassen. Dies soll den Leser in die Lage versetzen, auch die Funktionsweise derjenigen Warrants zu durchschauen, die erst künftig auf den Markt gelangen.

Einfache Exotische Warrants

Wenden wir uns jedoch zunächst den einfachen Exotischen Warrants zu und teilen diese Finanzprodukte in vier Sparten auf (vgl. Abb. 19). Scheine ein und derselben Rubrik, soviel vorweg, folgen zwar jeweils demselben Konstruktionsprinzip, unterscheiden sich jedoch hinsichtlich ihrer Ausstattungsmerkmale.

Korridor-Optionsscheine

Korridor-Optionsscheine, die im übrigen auch unter der Bezeichnung Range-Warrants kursieren, stellen den größten Anteil

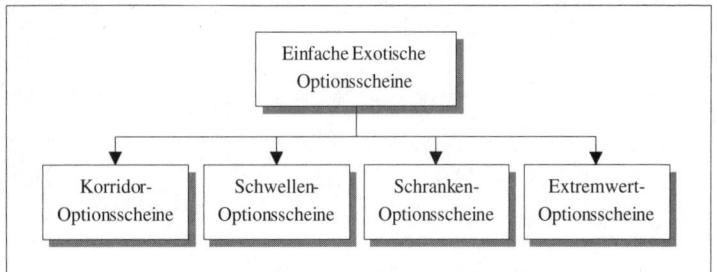

Abb. 19: Einfache Exotische Optionsscheine

aller Exotischen Scheine dar. Sie eröffnen dem Anleger die Möglichkeit, von stagnierenden Preisen, etwa Wechselkursen, zu profitieren.

Um dies zu gewährleisten, verfügen Range-Warrants nicht über einen Strike wie etwa Plain-Vanilla-Scheine. Sie besitzen vielmehr sowohl eine Kursunter- als auch -obergrenze, kurz einen Korridor. Die Entwicklung des Warrantwertes hängt nun davon ab, inwieweit der Kurs des jeweiligen Underlyings innerhalb dieser Range verharrt.[1]

Wie der Wert des Optionsscheins von einem Verbleiben innerhalb des Korridors beeinflußt wird, hängt letztlich von der Ausgestaltung des jeweiligen Warrants im Einzelfall ab. Im Augenblick bieten die Emittenten drei voneinander abweichende Arten von Range-Warrants an. Hierzu zählt genaugenommen noch ein vierter Typ, der sogenannte Digital-Range-Warrant, den zur Zeit allerdings kein Institut offeriert, da die Ausgabe derartiger Scheine unter Umständen mit unvorteilhaften rechtlichen Konsequenzen für den Emittenten verbunden ist. Auf diesen Aspekt gehen wir später noch etwas ausführlicher ein (vgl. S. 108). Sämtliche Korridor-Warrants lassen sich generell in zwei Sparten aufteilen (vgl. Abb. 20). Während die sogenannten ansammelnden Range-Scheine ihren Wert über die Laufzeit hinweg erst noch aufbauen müssen, also quasi ansammeln, steht bei den zur zweiten Gruppe

---

1 Die Begriffe *Range* und *Korridor* sind gleichbedeutend.

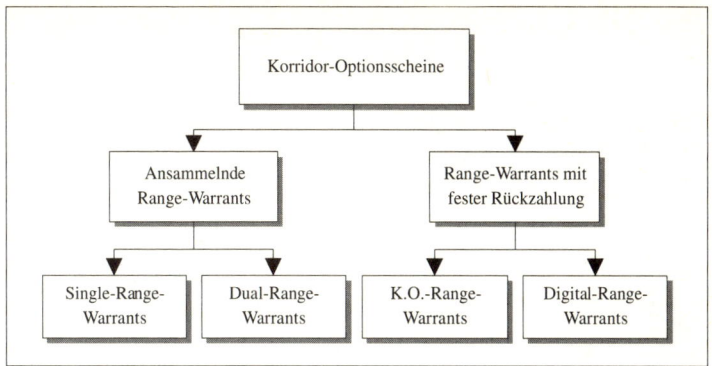

Abb. 20: Korridor-Warrants

gehörenden Warrants die Höhe des potentiellen Rückzahlungbe-
trages bereits von vornherein fest.

Für jeden dieser Warrants haben wir im folgenden eine bei-
spielhafte Produktbeschreibung angeführt, wie sie auch in Finanzanzeigen Verwendung finden könnte. Zudem wird jeder Optionsschein jeweils ausführlich erläutert. Darüber hinaus gehen
wir kurz darauf ein, bei welcher Markterwartung sich ein Kauf des
entsprechenden Scheins anbietet.

Single-Range-Warrants

Die als Beispiel gewählten **DAX-Korridor-Optionsscheine** der
Commerzbank gehören zur Gruppe der Single-Range-Warrants.
Derartige Produkte werden zur Zeit vor allem unter Namen wie
„**Korridor**", „**E. A. R. N.**" (**E**xpected to **A**ccrue **R**eturn on **N**ominal)
oder „**HAMSTER**" (**H**offen **a**uf **M**arktstabilität in einer **e**ngen
Range) angeboten. Allerdings finden die Bezeichnungen E. A. R. N.
und Korridor nicht nur Verwendung für Single-, sondern auch für
Dual-Range-Warrants, auf die wir später noch zu sprechen kom-
men.

Bei Single-Range-Warrants handelt es sich zumeist um europäische Optionen. Dem Inhaber wird am Ende der Laufzeit der
angesammelte Innere Wert ausgeschüttet. Dieser Abrechnungsbetrag entspricht bei den DAX-Korridor-Optionsscheinen der *Commerzbank* genau 0,0271DM für jeden Tag, an dem der DAX-

Emittentin:
Commerzbank Aktiengesellschaft, Frankfurt

Emissionsvolumen:
10 000 000 Korridor-Optionsscheine Bandbreite 2300–2700
10 000 000 Korridor-Optionsscheine Bandbreite 2400–2800
10 000 000 Korridor-Optionsscheine Bandbreite 2500–2900

Übernahme und Verkauf; Ausgabepreis:
Die Optionsscheine werden von der Emittentin übernommen und freibleibend zum Verkauf gestellt. Die Ausgabepreise werden erstmals zu Beginn des Angebots und sodann fortlaufend festgesetzt.

Optionsrecht:
Jeder Optionsscheininhaber hat am Fälligkeitstag das Recht auf Zahlung eines etwaigen Abrechnungsbetrages gemäß diesen Optionsbedingungen. Der Abrechnungsbetrag entspricht einem Betrag von DM 0,0271 für jeden Bewertungstag, an dem der Referenzkurs während der Laufzeit der Optionsscheine innerhalb der Index-Bandbreite liegt.

Bewertungstag:
Bewertungstag ist jeder Kalendertag innerhalb der Laufzeit der Optionsscheine. Falls ein Bewertungstag kein Bankarbeitstag ist, oder falls an einem Bewertungstag ein Referenzkurs nicht festgestellt wird, so gilt für diesen Bewertungstag der Referenzkurs des unmittelbar vorhergehenden Bankarbeitstages, an dem ein Referenzkurs festgestellt und veröffentlicht wurde.

Referenzkurs:
Der Referenzkurs entspricht dem von der Deutschen Börse AG festgestellten und veröffentlichten Schlußkurs des DAX 30-Index.

Index-Bandbreite:
Die Index-Bandbreite ist durch eine Ober- und eine Untergrenze (jeweils einschließlich) definiert.

Die einzelnen Emissionen haben außerdem folgende Merkmale:

Index-Bandbreite	Ausübungstag	Wertpapier-Kenn-Nummer	ISIN-Nummer
2300–2700	11. 7. 1997	816 104	DE000816104/3
2400–2800	11. 7. 1997	816 105	DE000816105/0
2500–2900	11. 7. 1997	819 627	DE000816106/8

Beginn des Angebots:
8. Juli 1996

Zahltag/Valutierungstag:
15. Juli 1996

Mindestzeichnung:
100 gleiche Optionsscheine

Kleinste handelbare Einheit:
1 Optionsschein

Notierung:
Freiverkehr Düsseldorf und Frankfurt am Main; darüber hinaus besteht während der üblichen Handelszeiten jederzeit die Veräußerungs-/ Glattstellungsmöglichkeit über die Emittentin.

Abb. 21: DAX-Korridor-Optionsscheine 1997

Schlußstand während der Laufzeit des Warrants innerhalb der jeweiligen Range lag. Bei einer Optionsfrist von 369 Tagen beläuft sich der größtmögliche Auszahlungsbetrag somit auf

0,0271 x 369 = 10 DM.

Notiert der Warrant jedoch zeitweise außerhalb der Range, so führt dies naturgemäß zu einer geringeren Ausschüttung.

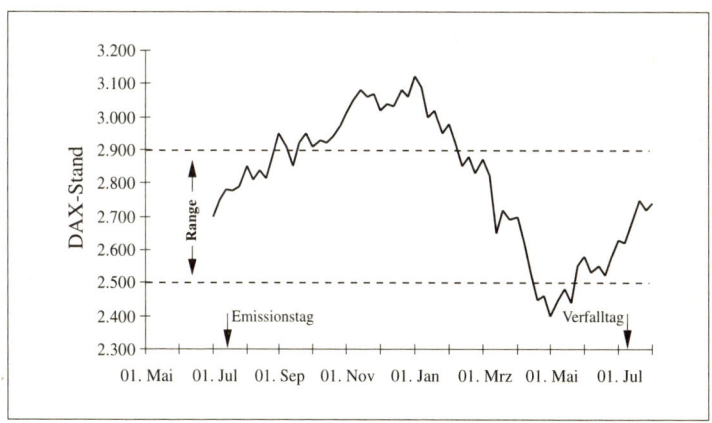

Abb. 22: Kurse inner- und außerhalb der Range
(schematische Darstellung)

Anhand des nachstehenden Tableaus wollen wir einmal demonstrieren, wie der Wert des Warrants am Verfalltag vom Indexverlauf während der Optionsfrist abhängt.

Tage innerhalb der Range	Tage außerhalb der Range	Abrechnungsbetrag
369	0	10 DM
319	50	8,64 DM
269	100	7,29 DM
185	184	5,01 DM
100	269	2,71 DM
0	369	0 DM

Üblicherweise leistet der Emittent die Ausgleichszahlung am Laufzeitende – vorausgesetzt der Schein verfügt dann über einen Inneren Wert. Allerdings existieren Ausnahmen, so etwa die von *Trinkaus & Burkhardt* stammenden sogenannten ART-Warrants, wobei ART für „**A**ccruing in a **R**ange relative to **T**ime" steht. Diese Scheine beziehen sich auf den 3-Monats-DM-LIBOR. An jedem Tag, an dem der Referenzzinssatz innerhalb einer bestimmten Range liegt, verbucht der Inhaber eine Gutschrift. Im Gegensatz zu anderen Range-Warrants erfolgt die Auszahlung der aufgelaufenen Beträge nicht am Ende der Laufzeit, sondern zwischenzeitlich, z. B. jedes Vierteljahr.

Der Kauf von Single-Range-Warrants bietet sich insbesondere für diejenigen Investoren an, die zukünftig ausschließlich mit relativ geringen Kursschwankungen rechnen. Trifft deren Erwartung ein, und der Schein notiert während der gesamten Laufzeit innerhalb der erhofften Range, so können sie erkleckliche Gewinne einstreichen. Darüber hinaus gelten Single-Range-Warrants aufgrund der inzwischen erreichten Angebotsvielfalt im Vergleich zu anderen Exotischen Optionsscheinen als fair bewertet. Nichtsdestotrotz bergen gerade neu emittierte Scheine, die noch keinen großen Inneren Wert ansammeln konnten, erhebliche Risiken. Eine ungünstige Kursentwicklung kann auch bei einer relativ breiten Range schnell dazu führen, daß der Kurs des Underlyings plötzlich deutlich außerhalb des Korridors liegt. So hat zum Beispiel der DAX während des Aufschwungs im ersten Halbjahr 1997 die Korridore der meisten neu erschienenen Range-Warrants deutlich verlassen. Die Anleger, die nach der Aktienkursrallye im zweiten Halbjahr 1996 auf nun eher stagnierende Notierungen gesetzt hatten, mußten dadurch empfindliche Einbußen hinnehmen.

Dual-Range-Warrants

Dual-Range-Warrants laufen zur Zeit unter den Bezeichnungen „**Korridor**" und „**E. A. R. N.**" um. Da diese Begriffe auch für die soeben vorgestellten Single-Range-Scheine benutzt werden, empfehlen wir dem Leser, zur Unterscheidung einen Blick in die jeweilige Produktbeschreibung zu werfen oder sich an den Klassifizierungen in den Optionsscheinlisten der Fachpresse zu orientieren.

Dual-Range-Warrants sind ähnlich wie Single-Range-Scheine aufgebaut. Es handelt sich fast ausnahmslos um europäische Optionen. Ihr Innerer Wert erhöht sich ebenfalls an jedem Tag, an dem der Underlyingkurs im Korridor verweilt, um einen fixen Betrag. Im Gegensatz zu Single-Range-Warrants wird bei einer Notierung außerhalb der Spanne der Innere Wert um den gleichen Betrag gekürzt. Die Konsequenzen bei einem Verlassen der Bandbreite sind also völlig anders.

Bei den als Beispiel gewählten US–Dollar/DM–Korridor–Optionsscheinen[1] von *Lehman Brothers* beträgt die tägliche Gutschrift bzw. der Abzug 0,030211 DM („Tagesbetrag"). Notiert der Warrant während der gesamten Laufzeit (331 Tage) innerhalb der Range, so lautet der Abrechnungsbetrag:

0,030211 x 331 = 10 DM

Er liegt allerdings darunter, wenn der Korridor zwischenzeitlich verlassen wird. Im Extremfall hat der Warrant am Verfalltag überhaupt keinen Wert mehr. Dies trifft genau dann zu, wenn der Kurs an wenigstens 166 Tagen außerhalb der Range notiert. Da der Abzugsbetrag in diesem Falle überwiegt, müßte eigentlich der Inhaber Zahlungen an den Emittenten leisten, was in den Emissionsbedingungen allerdings explizit ausgeschlossen wird. In der folgenden Tabelle haben wir den Warrantwert am Verfalltag bei unterschiedlichen Szenarien dargestellt.

---

1 Die Emittenten wählen häufig die Bezeichnung USD/DM, obwohl die Reihenfolge eigentlich umgekehrt sein müßte, da sich der Strike auf einen US-Dollar bezieht und in DM ausgedrückt wird.

Emittentin:
Lehman Brothers

Emissionsvolumen:
3 000 000 Korridor-Optionsscheine Bandbreite 1,55–1,70
3 000 000 Korridor-Optionsscheine Bandbreite 1,50–1,65

Übernahme und Verkauf; Ausgabepreis:
Die Optionsscheine werden von der Emittentin übernommen und
freibleibend zum Verkauf gestellt. Die Ausgabepreise werden erstmals
zu Beginn des Angebots und sodann fortlaufend festgesetzt.

Optionsrecht:
Jeder Optionsscheininhaber hat am Fälligkeitstag das Recht auf Zahlung eines etwaigen Abrechnungsbetrages gemäß diesen Optionsbedingungen. Der Abrechnungsbetrag entspricht einem Betrag von DM
0,030 211 für jeden Bewertungstag, an dem der Referenzkurs während
der Laufzeit der Optionsscheine innerhalb der Index-Bandbreite liegt
abzgl. DM 0,030 211 für jeden Bewertungstag, an dem der Referenzkurs außerhalb der Index-Bandbreite notiert. Ergibt sich am Ende der
Laufzeit ein negativer Abrechnungsbetrag, so verfällt der Optionsschein wertlos.

Bewertungstag:
Bewertungstag ist jeder Kalendertag innerhalb der Laufzeit der Optionsscheine. Falls ein Bewertungstag kein Bankarbeitstag ist, oder falls
an einem Bewertungstag ein Referenzkurs nicht festgestellt wird, so
gilt für diesen Bewertungstag der Referenzkurs des unmittelbar vorhergehenden Bankarbeitstages, an dem ein Referenzkurs festgestellt
und veröffentlicht wurde.

Referenzkurs:
Amtlicher Mittelkurs US-$/DM Frankfurt (ausgedrückt als DM-Be-
trag für US-$ 1,00).

Index-Bandbreite:
Die Index-Bandbreite ist durch eine Ober- und eine Untergrenze (jeweils einschließlich) definiert.

Die einzelnen Emissionen haben außerdem folgende Merkmale:

Index-Bandbreite	Zahlung/Tag	Ausübungstag	Wertpapier-Kenn-Nummer
1,55–1,70	0,03021	19. 12. 1997	904 865
1,50–1,65	0,03021	19. 12. 1997	904 866

Beginn des Angebots:
23. Januar 1997

Zahltag/Valutierungstag:
29. Januar 1997

Mindestzeichnung:
100 gleiche Optionsscheine.

Kleinste handelbare Einheit:
100 Optionsscheine (Freiverkehr), darüber hinaus jede Stückelung.

Notierung:
Freiverkehr Frankfurt, Stuttgart und Düsseldorf.

Abb. 23: US-Dollar/DM Korridor-Optionsscheine 97

Tage innerhalb der Range	Gutschrift	Tag außerhalb der Range	Abzug	Abrechnungs-betrag
331	10,00 DM	0	0,00 DM	10 DM
281	8,49 DM	50	–1,51 DM	6,98 DM
231	6,98 DM	100	–3,02 DM	3,96 DM
166	5,02 DM	165	–4,99 DM	0,03 DM
100	3,02 DM	231	–6,98 DM	0 DM
0	0,00 DM	331	–10,00 DM	0 DM

Dual-Range-Warrants können – genau wie Single-Scheine – bei der Erwartung einer stagnierenden Marktentwicklung eingesetzt werden. Aufgrund des vergleichsweise großen Angebots kann man davon ausgehen, daß die Emittenten relativ faire Preise stellen. Der Vorteil gegenüber Single-Range-Warrants liegt einzig und allein in den niedrigeren Warrantkursen am Beginn der Laufzeit, welche grundsätzlich ein höheres Gewinnpotential versprechen, was jedoch mit einem deutlich höheren Risiko bezahlt werden muß. So kann eine ungünstige Marktentwicklung, verglichen mit einem Single-Range-Schein, schneller zu deutlichen Ertragseinbußen oder gar zum Totalverlust führen.

K. O.-Range-Warrants

K. O.-Range-Warrants werden zur Zeit unter der Bezeichnung EKO-Warrants feilgeboten. Als Beispiel haben wir den **US-Dollar/DM 97 EKO 21** gewählt. Er ist der 21. Schein aus einer Serie von K. O.-Range-Warrants, die von *Bankers Trust* stammen.

Das typische Merkmal für einen K. O.-Range-Warrant ist der festgelegte Betrag, der genau dann zur Auszahlung gelangt, wenn

Emittentin:
Bankers Trust International PLC
Zweigniederlassung Frankfurt

Emissionsvolumen:
300 000 Korridor-Optionsscheine, EKO 21, Bandbreite 1,61–1,89
300 000 Korridor-Optionsscheine, EKO 22, Bandbreite 1,62–1,87
300 000 Korridor-Optionsscheine, EKO 23, Bandbreite 1,62–1,83
300 000 Korridor-Optionsscheine, EKO 24, Bandbreite 1,65–1,83

Übernahme und Verkauf; Ausgabepreis:
Die Optionsscheine werden von der Emittentin übernommen und
freibleibend zum Verkauf gestellt. Die Ausgabepreise werden erstmals
zu Beginn des Angebots und sodann fortlaufend festgesetzt.

Optionsrecht:
Der Inhaber erhält 10,00 DM je Optionsschein, wenn der Bewertungskurs während des gesamten Bewertungszeitraums innerhalb der
Bandbreite verbleibt. Wird die untere oder obere Bandbreite erreicht
oder durchbrochen, verfällt der Optionsschein wertlos.

Bewertungskurs:
US-$/DM-Wechselkurs, wie er auf der Reuters-Bildschirmseite FXFX
veröffentlicht wird, wobei für die obere Barriere die High-Quotierung
(Offer) und für die untere Barriere die Low-Quotierung (Bid) maßgeblich ist.

Bewertungszeitraum:
28. April 1997 bis zum jeweiligen Fälligkeitstag (jeweils inklusive).

Bandbreite:
Die Bandbreite wird durch eine obere und untere Barriere (jeweils ex-
klusive) definiert.

Die einzelnen Emissionen haben außerdem folgende Merkmale:

Bandbreite	Ausübungstag	Wertpapier-Kenn-Nummer	ISIN-Nummer
1,61–1,89	21. 11. 1997	819 108	DE0008191081
1,62–1,87	21. 11. 1997	819 109	DE0008191099
1,63–1,83	21. 11. 1997	819 110	DE0008191107
1,65–1,83	21. 11. 1997	819 111	DE0008191115

Beginn des Angebots:
28. April 1997

Zahltag/Valutierungstag:
12. Mai 1997

Notierung:
Freiverkehr Frankfurt am Main, Berlin, Düsseldorf, Hamburg und Stuttgart.

Market Making:
Die Liquidität der Emission wird durch unseren Handel in Frankfurt am Main und London gewährleistet.

Preisinformationen:
Preise können telefonisch oder auf Seite BTWAN (Reuters) abgerufen werden.

Abb. 24: US-Dollar/DM EKO-Optionsscheine 97

das Underlying während der gesamten Laufzeit innerhalb der Range notiert. Wird der Korridor allerdings auch nur an einem einzigen Tag verlassen, so verfällt der Optionsschein wertlos. Der Fachmann spricht auch vom „Ausknocken". Bei dem oben genannten EKO 21 entspricht die Range einer Kursspanne, die von 1,61 DM/USD bis hin zu 1,89 DM/USD reicht. Notiert der Dollar bis zum Laufzeitende (21. 11. 1997) innerhalb dieses Bereiches, so erhält der Inhaber eine Zahlung von 10 DM (vgl. Abb. 25).

K. O.-Range-Scheine besitzen ein deutlich höheres Risikopotential als Single- oder Dual-Warrants. Als Ausgleich verfügen die meisten Scheine dieser Kategorie allerdings über eine relativ brei-

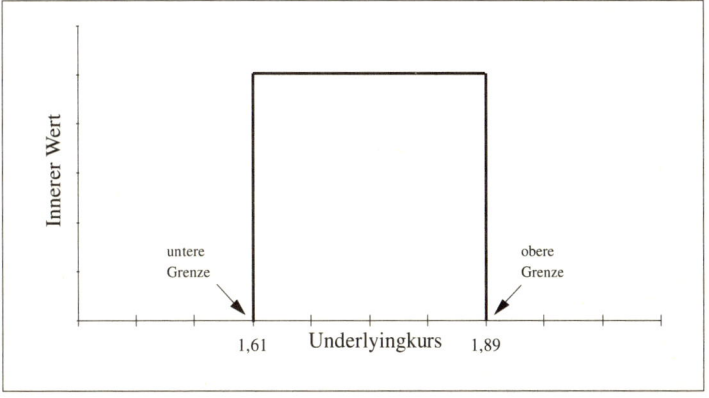

Abb. 25: Innerer Wert beim K. O.-Range-Warrant

te Range. Der Anleger ist mit derlei Warrants daher ebenfalls gut beraten, wenn er von einem unbeweglichen Markt profitieren möchte. Dabei sollte jedoch bedacht werden, daß schon eine einzige starke Kursbewegung des Underlyings über die Rangegrenzen hinaus ausreicht, um den Optionsschein wertlos verfallen zu lassen. Potentiellen Anlegern sollte zudem bewußt sein, daß der Emittent (*Bankers Trust*) nicht etwa auf nur einmal täglich festgestelle Mittelkurse zurückgreift. Stattdessen wird jeder Kurs, der im Laufe eines Tages zustandekommt, von der Bank berücksichtigt. Damit steigt für den Inhaber grundsätzlich die Gefahr, daß sein Warrant durch einen „Ausreißerkurs" wertlos verfällt.

Digital-Range-Warrants

Von der *DG Bank* wurden im Jahre 1995 und in der ersten Jahreshälfte 1996 mehrere Serien sogenannter Digital-Range-Warrants unter der Bezeichnung **Simplex** plaziert. Der Erfolg dieses Produkts wurde jedoch unterbrochen, als ein Frankfurter Rechtsanwalt im Mai 1996 Anzeige gegen die Bank erhob. Den Anstoß dazu gab ein Inserat des Emittenten, mit dem unter anderem für Digital-Range-Warrants geworben wurde. Der Anwalt nahm dies zum Anlaß, der Bank die Veranstaltung unerlaubter Glücksspiele vorzuwerfen. Geschäfte mit Simplex-Warrants, so der Kläger, entpuppten sich bei näherem Hinsehen als Wetten. Die Frankfurter Staatsanwaltschaft überprüft seitdem, ob ein Ermittlungsverfahren „wegen unerlaubten Glücksspiels" gegen die *DG Bank* eingeleitet werden kann.

Das Institut reagierte auf die Anschuldigung, indem es zunächst keine weiteren Simplex-Optionsscheine mehr emittierte. Bereits umlaufende Warrants wurden jedoch bis zum Verfalltag weiter gehandelt. Inzwischen haben sich die Vorwürfe als weitgehend haltlos erwiesen, so daß die *DG-Bank* seit September 1997 wieder neue Simplex-Scheine ausgibt.

Die Simplex-Warrants der *DG Bank* sind – wie schon der Name vermuten läßt – sehr einfach konstruiert. Der Optionsscheininhaber erhält eine DM je Optionsschein ausbezahlt, wenn der am Ausübungstag an der Frankfurter Devisenbörse festgestellte Mittelkurs des US-Dollars innerhalb des Korridors liegt (vgl. Abb. 27).

Die Kursentwicklung zwischen Emissionszeitpunkt und Lauf-

Emittentin:
DG BANK Deutsche Genossenschaftsbank, Frankfurt am Main

Emissionsvolumen:
5 000 000 US-$ Simplex-Korridor-Optionsscheine 1996/1997 (Serie 6)
5 000 000 US-$ Simplex-Korridor-Optionsscheine 1996/1997 (Serie 7)

Übernahme und Verkauf; Ausgabepreis:
Die Optionsscheine werden von der Emittentin übernommen und freibleibend zum Verkauf gestellt. Die Ausgabepreise werden erstmals zu Beginn des Angebots und sodann fortlaufend festgesetzt.

Optionsrecht: Falls der Referenzkurs am Ausübungstag innerhalb des durch die Basiskurse von
DM 1,40 bis DM 1,60, jeweils einschließlich (Serie 6)
DM 1,35 bis DM 1,65, jeweils einschließlich (Serie 7)
begrenzten Korridors liegt, gewährt die Emittentin jedem Inhaber von 100 Optionsscheinen je Serie nach Maßgabe dieser Optionsbedingungen das Recht, die Zahlung von DM 1,– pro Optionsschein zu verlangen.

Referenzkurs:
Der Referenzkurs entspricht dem am Ausübungstag an der Frankfurter Devisenbörse beim amtlichen Fixing ermittelten US-$-Mittelkurs.

Ausübungstag: 17. April 1997

Automatische Ausübung:
Sind am Ausübungstag die Voraussetzungen gemäß den Optionsbedingungen erfüllt, so gilt das Optionsrecht ohne weitere Voraussetzung als ausgeübt, andernfalls erlischt es mit Ablauf dieses Tages. Bei der automatischen Ausübung zahlt die Emittentin dem Inhaber von jeweils 100 Optionsscheinen einer Serie bzw. einem ganzzahligen Mehrfachen davon, den Betrag von DM 1,– pro Optionsschein.

Die einzelnen Emissionen haben außerdem folgende Merkmale:

Serie	Korridor	Ausübungs-tag	Auszahlungs-betrag	Wertpapier-Kenn-Nummer
6	DM 1,40 – DM 1,60	17. 4. 1997	1,– DM	810462
7	DM 1,35 – DM 1,65	17. 4. 1997	1,– DM	810463

Beginn des Angebots:
10. April 1996

Zahltag/Valutierungstag:
17. April 1996

Mindestzeichnung:
100 gleiche Optionsscheine.

Kleinste handelbare Einheit:
100 Optionsscheine.

Notierung:
Freiverkehr Frankfurt am Main und Berlin.

Abb. 26: DG-Bank US-Dollar Simplex-Optionsscheine

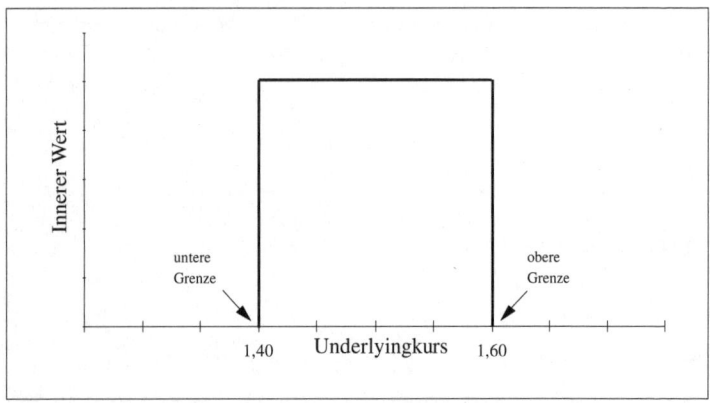

Abb. 27: Innerer Wert beim Digital-Range-Warrant

zeitende hat hingegen keinerlei Einfluß auf den Wert des Warrants am Verfalltag. Der Inhaber der Serie 6 hätte also eine DM je Schein erhalten, wenn die US-Devise am 17. 4. 1997 zwischen 1,40 DM und 1,60 DM notiert hätte. Dies war tatsächlich allerdings nicht der Fall, so daß der Optionsschein wertlos verfiel.

Digital-Range-Warrants eignen sich für eine Spekulationsstrategie, die auf stabile Kurse abzielt. Für derartige Optionsscheine spricht ihr einfaches („simples") Konstruktionsprinzip, das auch von verhältnismäßig unerfahrenen Anlegern leicht nachvollzogen werden kann. Wir raten potentiellen Investoren allerdings, vor dem Erwerb die Simplexprämie mit dem Preis für andere Range-Warrants zu vergleichen. Eine direkte Gegenüberstellung ist eigentlich unzulässig, dennoch gewinnt der Anleger ein Gefühl für die Vorteilhaftigkeit einzelner Scheine. So ist etwa ein Digital-Range-Warrant deutlich weniger riskant als ein K. O.-Range-Warrant mit gleichem Korridor und ähnlicher Laufzeit. Da beim Digital-Schein nur der Kurs am Ausübungstage zählt, ein Verlassen der Range während der Laufzeit für einen Totalverlust also noch nicht ausreicht, ist für den Warrant auch eine höhere Prämie gerechtfertigt. Ein Single-Range-Warrant ist hingegen deutlich weniger spekulativ, da er während der Laufzeit schrittweise an Innerem Wert gewinnt und diesen auch nicht wieder verlieren kann. Für die zusätzliche Sicherheit muß der Anleger normalerweise ein geringeres Gewinnpotential in Kauf nehmen als bei einem vergleichbaren Digital-Range-Warrant. Demnach sollte das Gewinnpotential eines Digital-Range-Warrants zwischen den Gewinnmöglichkeiten von K. O.-Range- und Single-Range-Warrants angesiedelt sein. Befindet es sich hingegen lediglich auf dem Niveau eines Single-Range-Warrants oder sogar darunter, so gilt der Digital-Schein als überteuert und gehört auf keinen Fall ins Depot.

Schwellen-Optionsscheine

Im Gegensatz zu Korridor-Optionsscheinen beziehen sich Schwellen-Optionsscheine – englisch Border-Warrants – lediglich auf eine einzige Kursgrenze. Bei dieser Schwelle handelt es sich je nach Ausgestaltung um eine Kursunter- oder -obergrenze. Man könnte Schwellen-Optionsscheine somit auch als Range-Warrants mit einem zu einer Seite hin offenen Korridor auffassen. Die Entwicklung des Inneren Wertes eines Border-Warrants – bei einigen Scheinen dieser Gruppe kommt noch die Laufzeit hinzu – hängt davon ab, ob der Kurs des Underlyings diese Schwelle während der Laufzeit durchbricht. Ein Durchdringen der Kursgrenze wird zudem, je nach dem, wie der Warrant im Einzelfall aufgebaut ist, unterschiedlich honoriert.

Im folgenden wollen wir vier typische Schwellen-Optionsscheine vorstellen, die in den letzten Jahren von verschiedenen Emissionshäusern entwickelt und auf den Markt gebracht wurden (vgl. Abb. 28).

Rein theoretisch sind zwar weitaus mehr verschiedene Border-Warrant-Konstruktionen denkbar. Wir meinen jedoch, daß die hier aufgeführten Optionsscheine in der Praxis auf längere Sicht die wichtigsten Vertreter dieser Gruppe sein werden.

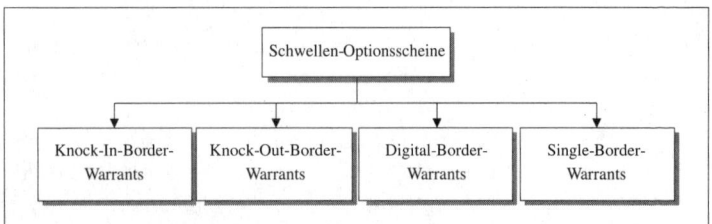

Abb. 28: Schwellen-Optionsscheine

Knock-In-Border-Warrants

Knock-In-Scheine werden etwa unter der Bezeichnung **Hit-Warrant** angeboten. Der Begriff „Hit" kommt aus dem Englischen und bedeutet soviel wie „treffen".

Knock-In-Border-Warrants können sowohl Call- als auch Put-Scheine sein. Ein als Knock-In-Border-Warrant konzipierter Call verfügt über eine Schwelle, bei deren Treffen dem Anleger umgehend ein fixer Betrag zufließt. Der Schein verfällt unmittelbar nach der Auszahlung, spätestens jedoch am Ende seiner Laufzeit. So erhält zum Beispiel der Inhaber eines **Hit-Call-DM/USD 1,90** Optionsscheins 10 DM vom Emittenten (*Sal. Oppenheim*), sobald der US-Dollar bei 1,90 DM oder höher notiert. Erreicht der Dollar diese Marke nicht bis zum Laufzeitende, so verfällt der Warrant wertlos.

Im Unterschied zu Hit-Calls profitieren die Investoren bei -Puts dementsprechend von einem Erreichen bzw. Unterschreiten einer bestimmten Schwelle.

Anleger können Knock-In-Warrants genauso wie Plain-Vanilla-Scheine zur Spekulation auf steigende oder fallende Kurse erwerben. Ein Vorteil von Hit-Warrants liegt darin, daß sie bei Erreichen des Zielkurses automatisch ausgeübt werden. So genügt es bereits, daß der US-Dollar das gewünschte Kursniveau kurzfristig erreicht, um den Warrantinhabern einen wahren „Geldsegen" zu bescheren.

Als potentieller Anleger muß man sich jedoch vor Augen führen, daß die Anschaffung einem Spiel um „Alles oder Nichts" gleicht. Wird der Basispreis während der Laufzeit nicht erreicht, so wird auch nichts aus dem erhofften Gewinn. Dies ist besonders

Emittentin:
Sal. Oppenheim jr. & Cie. Kommanditgesellschaft auf Aktien, Köln

Emissionsvolumen:
1 000 000 USD/DM-Call Optionsscheine von 97/98 Basis 1,90
WKN 822 605
1 000 000 USD/DM-Call Optionsscheine von 97/98 Basis 2,00
WKN 822 606
1 000 000 USD/DM-Put Optionsscheine von 97/98 Basis 1,60
WKN 822 609
1 000 000 USD/DM-Put Optionsscheine von 97/98 Basis 1,50
WKN 822 610

Übernahme und Verkauf; Ausgabepreis:
Die Optionsscheine werden von der Emittentin übernommen und
freibleibend zum Verkauf gestellt. Die Ausgabepreise werden erstmals
zu Beginn des Angebots und sodann fortlaufend festgesetzt.

Optionsrecht:
Jeder Optionsscheininhaber hat das Recht auf Zahlung eines Betrages
von DM 10,– je Optionsschein, sobald während der Laufzeit der
Optionsscheine der Bewertungskurs den Basispreis im Falle des Typs
„Call" erreicht bzw. überschreitet oder im Falle des Typs „Put" erreicht
bzw. unterschreitet. Mit Erreichen des Basispreises gilt die Option als
ausgeübt.

Bewertungskurs:
Bewertungskurs ist der „High"- bzw. „Low"-Kurs der Währung, wie er
auf Reuters Seite DEMX1= bis zum Verfallszeitpunkt festgestellt wird.
Sofern der dort festgestellte Bewertungskurs den Basispreis nur um
DM 0,003 über- bzw. unterschreitet, wird die Emittentin spätestens am
folgenden Bankarbeitstag durch Anfrage bei drei namhaften Groß-
banken deren wahrgenommenen Höchst- bzw. Tiefstkurs ermitteln.
Hierbei wird zur Ermittlung des Höchstkurses der niedrigste Geldkurs
bzw. der Ermittlung des Tiefstkurses der höchste Briefkurs herangezogen. Der hieraus ermittelte Kurs ist maßgeblich.

Laufzeit:
Vgl. nachstehende Tabelle; sie endet am entsprechenden Tag um 10:00
Uhr Frankfurter Zeit (Verfallszeitpunkt).

Die einzelnen Emissionen haben außerdem folgende Merkmale:

Typ	Basispreis	Laufzeit	Wertpapier-Kenn-Nummer	ISIN-Nummer
Call	1,90	5. 5. 1997–27. 7. 1998	822 605	DE0008226051
Call	2,00	5. 5. 1997–27. 7. 1998	822 606	DE0008226069
Put	1,60	5. 5. 1997–27. 7. 1998	822 609	DE0008226093
Put	1,50	5. 5. 1997–27. 7. 1998	822 610	DE0008226101

Beginn des Angebots:
30. April 1997

Zahltag/Valutierungstag:
5. Mai 1997

Mindestzeichnung:
100 gleiche Optionsscheine oder ein ganzzahliges Vielfaches davon.

Kleinste handelbare Einheit:
100 gleiche Optionsscheine.

Notierung:
Freiverkehr Düsseldorf und Frankfurt am Main; darüber hinaus besteht während der üblichen Handelszeiten jederzeit die Veräußerungs-/ Glattstellungsmöglickeit über die Emittentin.

Abb. 29: US-Dollar/DM Hit-Optionsscheine

ärgerlich, wenn man die Kursbewegung grundsätzlich richtig vorhersagt, das Ausmaß jedoch leicht überschätzt. Es lohnt sich nur dann, dieses vergleichsweise hohe Risiko in Kauf zu nehmen, wenn Hit-Scheine deutlich preiswerter sind als vergleichbare Plain-Vanilla-Optionen. Mit der Bewertung von Hit-Warrants befassen wir uns noch ausführlich im Kapitel 5.

Knock-Out-Border-Warrants

Knock-Out-Border-Scheine stellten in den letzten Jahren ebenfalls eine beliebte „Spielart" Exotischer Warrants dar. In letzter Zeit erlahmte jedoch das Interesse der Emissionshäuser. So wurden in der Entstehungszeit dieses Buches keine Optionsscheine dieser Gattung angeboten. Wir wollen sie hier trotzdem vorstellen, da durchaus damit zu rechnen ist, daß die Abstinenz der Emissionshäuser nicht ewig anhält. Zudem ist auch bei vielen kombinierten Exotischen Warrants eine Knock-Out-Barriere vorzufinden.

Typisches Merkmal der Knock-Out-Border-Warrants ist ein festgelegter Rückzahlungsbetrag, der dem Inhaber genau dann zufließt, wenn der Schein während der gesamten Laufzeit unter- bzw. oberhalb der K.O.-Schwelle notiert. Wird diese Grenze allerdings auch nur an einem einzigen Tag verletzt, so verfällt der Optionsschein wertlos (vgl. Abb. 30). Die Konstruktion ähnelt somit den bereits vorgestellten K. O.-Range-Warrants. Man könnte Knock-Out-Border-Warrants deshalb auch als Range-Scheine auffassen, deren Korridore zu einer Seite hin offen sind.

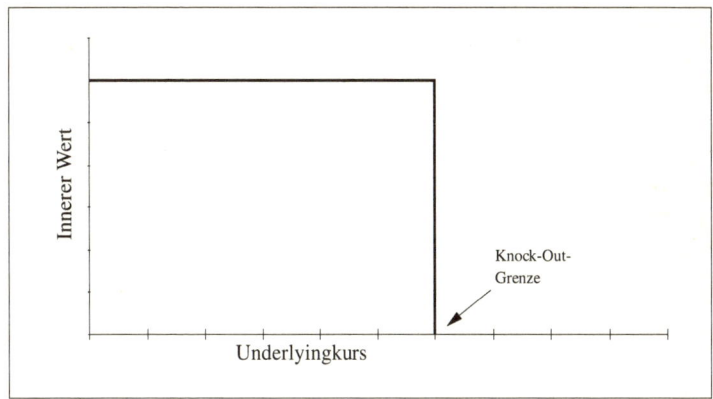

Abb. 30: Innerer Wert beim Knock-Out-Border-Warrant

Diese Warrants eignen sich insbesondere dann, wenn künftig mit unveränderten, leicht steigenden oder leicht fallenden Kursen gerechnet wird. So kann zum Beispiel der Erwerb eines Knock-Out-Border-Warrants auf den DAX mit einer K. O.-Schwelle oberhalb des aktuellen Niveaus bei der Erwartung stagnierender bis leicht fallender Kurse sinnvoller sein als der Erwerb eines Plain-Vanilla-Puts. Notiert der DAX während der gesamten Laufzeit unterhalb der Schwelle, so wird die Spekulation durch einen lukrativen Gewinn belohnt. Wichtig ist jedoch, daß der Anleger das Risiko eines weiteren Kursanstieges bis zur K. O.-Schwelle als eher gering einstuft. Andererseits sollte er besagten Knock-Out-Border-Warrant auch dann meiden, wenn er einen starken Rückgang des Indexes erwartet. Da der Gewinn aufgrund des festen Rückzahlbetrages begrenzt ist, kann der Anleger in diesem Fall mit einem geeigneten Verkaufsoptionsschein deutlich mehr verdienen.

Digital-Border-Warrants

Digital-Border-Warrants wurden 1995 und in den ersten Monaten des Jahres 1996 von der *DG Bank* in mehreren Serien mit den

Emittentin:
DG BANK Deutsche Genossenschaftsbank, Frankfurt am Main

Emissionsvolumen:
5 000 000 US-$ Simplex-Call-Optionsscheine 1996/1997 (Serie 1)
5 000 000 US-$ Simplex-Call-Optionsscheine 1996/1997 (Serie 2)
5 000 000 US-$ Simplex-Call-Optionsscheine 1996/1997 (Serie 3)
5 000 000 US-$ Simplex-Put-Optionsscheine 1996/1997 (Serie 4)
5 000 000 US-$ Simplex-Put-Optionsscheine 1996/1997 (Serie 5)

Übernahme und Verkauf; Ausgabepreis:
Die Optionsscheine werden von der Emittentin übernommen und freibleibend zum Verkauf gestellt. Die Ausgabepreise werden erstmals zu Beginn des Angebots und sodann fortlaufend festgesetzt.

Optionsrecht:
Falls der Referenzkurs am Ausübungstag dem jeweiligen Basiskurs entspricht oder diesen überschreitet (Call), bzw. dem jeweiligen Basiskurs entspricht oder diesen unterschreitet (Put), gewährt die Emittentin jedem Inhaber von 100 Optionen je Serie gemäß den Optionsbedingungen das Recht, die Zahlung von DM 1,– pro Optionsschein zu verlangen.

Referenzkurs:
Der Referenzkurs entspricht dem am Ausübungstag an der Frankfurter Devisenbörse beim amtlichen Fixing ermittelten US-$-Mittelkurs.

Ausübungstag:
17. April 1997

Automatische Ausübung:
Sind am Ausübungstag die Voraussetzungen gemäß den Optionsbedingungen erfüllt, so gilt das Optionsrecht ohne weitere Voraussetzung als ausgeübt, andernfalls erlischt es mit Ablauf dieses Tages. Bei der automatischen Ausübung zahlt die Emittentin dem Inhaber von jeweils 100 Optionsscheinen einer Serie bzw. einem ganzzahligen Mehrfachen davon, den Betrag von DM 1,– pro Optionsschein.

Die einzelnen Emissionen haben außerdem folgende Merkmale:

Serie	Option	Ausübungstag	Basispreis	Auszahlungsbetrag	Wertpapier-Kenn-Nummer
1	Call	17.4.1997	1,35 DM	1,– DM	810462
2	Call	17.4.1997	1,40 DM	1,– DM	810463
3	Call	17.4.1997	1,50 DM	1,– DM	810464
4	Put	17.4.1997	1,45 DM	1,– DM	810465
5	Put	17.4.1997	1,55 DM	1,– DM	810466

Beginn des Angebots:
10. April 1996

Zahltag/Valutierungstag:
17. April 1996

Mindestzeichnung:
100 gleiche Optionsscheine.

Kleinste handelbare Einheit:
100 Optionsscheine.

Notierung:
Freiverkehr Frankfurt am Main und Berlin.

Abb. 31: DG-Bank US-Dollar Simplex-Optionsscheine

Namen **Simplex-Call** und **-Put** angeboten. In der Zeit von April 1996 bis September 1997 wurden die Scheine dann aufgrund rechtlicher Probleme vorübergehend aus dem Programm genommen (siehe auch Digital-Range-Warrants). Inzwischen sind Digital-Boarder-Warrants jedoch wieder erhältlich.

Auch diese Simplex-Varianten der *DG Bank* sind – wie schon der Name vermuten läßt – sehr einfach konstruiert. Der Inhaber erhält für jeden Optionsschein einen Betrag von genau einer DM, wenn der am Ausübungstag an der Frankfurter Devisenbörse festgestellte Mittelkurs des US-Dollars den Strike

– erreicht oder überschreitet (Simplex-Call) bzw.
– erreicht oder unterschreitet (Simplex-Put).

Der Inhaber des in der Produktbeschreibung aufgeführten Simplex-Calls (Basispreis 1,50 DM/USD) erhält also dann eine DM je Optionsschein, wenn die US-Devise am Ende der Laufzeit bei mindestens 1,50 DM notiert (vgl. Abbildung 32).

Digital-Border-Warrants bieten sich zur Spekulation auf steigende (Call) sowie fallende Kurse (Put) an. Der Anleger muß sich jedoch darüber im klaren sein, daß derartige Scheine aufgrund ihres Aufbaus deutlich spekulativer sind als Plain-Vanillas. Denn bei Digital-Warrants kann schon eine winzige Kursdifferenz darüber entscheiden, ob es zur Auszahlung des gesamten überhaupt erzielbaren Abrechnungsbetrages kommt oder nicht. Zudem bieten sie nur ein begrenztes Gewinnpotential. Ein Anleger, der zum Beispiel mit einem starken Anstieg des US-Dollars rechnet, wird da-

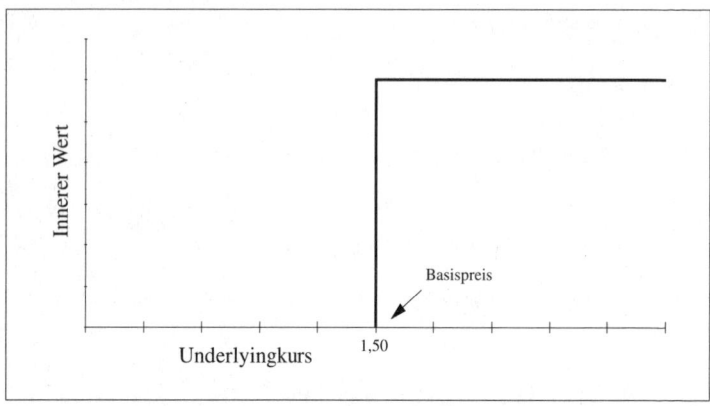

Abb. 32: Innerer Wert beim Digital-Border-Warrant (Call)

her mit einem Plain-Vanilla-Call in der Regel weitaus besser bedient sein, da er von der gesamten Kursentwicklung des Underlyings profitieren kann.

Single-Border-Warrants

Die **Bottom-Up-Optionsscheine** gehören zur Gruppe der Single-Border-Warrants. Dabei handelt es sich zumeist um europäische Optionen, so daß der Inhaber erst am Fälligkeitstag den angesammelten Inneren Wert erhält. Letzterer wächst an jedem Tag um einen bestimmten Betrag, an dem das Underlying über der Kursgrenze notiert, wobei völlig unerheblich ist, wie weit diese Marke überschritten wird. Dieser Zuwachs macht beim Bottom-Up-Schein der *Commerzbank* 0,0271 DM für jeden Tag aus, an dem der Schlußkurs der SAP Vorzugsaktien über der Kursuntergrenze liegt. Bei einer Laufzeit von 369 Tagen ergibt sich somit der folgende maximal mögliche Wert:

0,0271 x 369 = 10 DM

Welche Abrechnungsbeträge sich bei unterschiedlichen Szenarien ergeben, enthält die folgende Tabelle.

Tage oberhalb der Grenze	Tage unterhalb der Grenze	Abrechnungsbetrag
369	0	10 DM
319	50	8,64 DM
269	100	7,29 DM
185	184	5,01 DM
100	269	2,71 DM
0	369	0 DM

Es sind natürlich auch Single-Border-Warrants mit einer Kurs-obergrenze vorstellbar. Der Inhaber könnte demzufolge an jedem Tag eine Gutschrift verbuchen, an dem das Underlying unterhalb dieser Barriere notiert. Bislang hat sich unseres Wissens nach allerdings noch kein Emittent zur Ausgabe solcher Produkte entschlossen.

Als Spekulationsobjekte eignen sich Single-Border-Warrants nur bei einer ganz speziellen Markterwartung. Der Käufer sollte damit rechnen, daß der Kurs des betreffenden Underlyings einerseits während der Laufzeit des Optionsscheins stabil über einer gewissen Kursuntergrenze bzw. unter einer Kursobergrenze verweilt, ohne sich andererseits stark von dieser Schwelle zu lösen. Trifft diese Erwartung ein, so kann der Optionsscheininhaber auch bei einer eintönigen Kursentwicklung recht ansehnliche Gewinne erwirtschaften. So beträgt der maximal mögliche Gewinn des SAP-Scheins mit der Kursuntergrenze von 200 DM immerhin 58,2 %, bezogen auf den anfänglichen Verkaufspreis. Wie bereits erwähnt, lohnt sich der Erwerb eines solchen Warrants jedoch nur dann, wenn der Anleger künftig mit einer eher stagnierenden Kursentwicklung rechnet. So konnte zum Beispiel die SAP-Aktie während der Laufzeit der von der *Commerzbank* herausgegebenen Bottom-Up-Warrants deutlich an Wert zulegen. Ein Anleger hätte in diesem Fall von einem Plain-Vanilla-Call deutlich mehr profitiert als von einem Bottom-Up-Schein.

Emittentin:
Commerzbank Aktiengesellschaft, Frankfurt am Main

Emissionsvolumen:
10 000 000 Bottom-Up Optionsscheine, Kursuntergrenze DM 180
10 000 000 Bottom-Up Optionsscheine, Kursuntergrenze DM 200

Übernahme und Verkauf; Ausgabepreis:
Die Optionsscheine werden von der Emittentin übernommen und
freibleibend zum Verkauf gestellt. Die Ausgabepreise werden erstmals
zu Beginn des Angebots und sodann fortlaufend festgesetzt.

Optionsrecht:
Jeder Optionsscheininhaber hat am Fälligkeitstag das Recht auf Zahlung eines etwaigen Abrechnungsbetrages gemäß diesen Optionsbedingungen. Der Abrechnungsbetrag entspricht einem Betrag von DM
0,0271 für jeden Bewertungstag, an dem der Referenzkurs während der
Laufzeit der Optionsscheine oberhalb der Kursuntergrenze liegt.

Bewertungstag:
Bewertungstag ist jeder Kalendertag innerhalb der Laufzeit der Optionsscheine. Falls ein Bewertungstag kein Bankarbeitstag ist, oder falls
an einem Bewertungstag ein Referenzkurs nicht festgestellt wird, so
gilt für diesen Bewertungstag der Referenzkurs des unmittelbar vorhergehenden Bankarbeitstages, an dem ein Referenzkurs festgestellt
und veröffentlicht wurde.

Referenzkurs:
Der Referenzkurs entspricht dem von der Frankfurter Wertpapierbörse festgestellten und veröffentlichten Schlußkurs der Vorzugsaktien
der SAP Aktiengesellschaft im Nennbetrag von DM 5,– (WKN
716 463).

Laufzeit der Optionsscheine:
Die Laufzeit der Optionsscheine beginnt am 14. November 1996 und
endet am 17. November 1997 (der Fälligkeitstag) (jeweils einschließlich).

Die einzelnen Emissionen haben außerdem folgende Merkmale:

Kurs-Untergrenze	Zahlung/Tag	Fälligkeitstag	Wertpapier-Kenn-Nummer
DM 180	0,0271	17. 11. 1997	16 216
DM 200	0,0271	17. 11. 1997	16 217

Beginn des Angebots:
14. November 1996

Zahltag/Valutierungstag:
21. November 1996

Mindestzeichnung:
100 gleiche Optionsscheine.

Kleinste handelbare Einheit:
1 Optionsschein.

Notierung:
Freiverkehr Frankfurt am Main und Düsseldorf.

Abb. 33: Bottom-Up Optionsscheine bezogen auf Vorzugsaktien der SAP Aktiengesellschaft

Schranken-Optionsscheine

Zu den Exotischen Warrants zählt weiterhin die Gruppe der Schranken-Optionsscheine. Die auch als **Capped-Warrants** bezeichneten Finanzprodukte dienen überwiegend zur Spekulation auf eine verhaltene Kursbewegung.[1]

Wir legen im weiteren den Schwerpunkt auf die drei geläufigsten Warrants dieser Kategorie, die wir übersichtlich in Abbildung 34 aufgelistet haben.

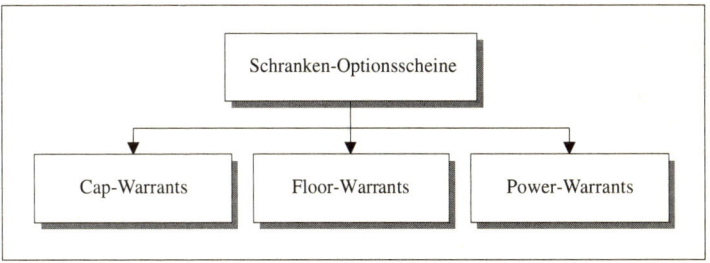

Abb. 34: Schranken-Optionsscheine

Cap-Warrants

Beim **Cap-US-Dollar-Call** von *Trinkaus & Burkhardt* handelt es sich um einen Cap-Warrant. Der Begriff „Cap" kommt aus dem Englischen und bedeutet übersetzt „Mütze" oder „Deckel". Bildlich gesprochen sind die Gewinnmöglichkeiten derartiger Opti-

---

1 „Capped" stammt aus dem Englischen, bedeutet soviel wie „abgeschnitten" und ist ein Sammelbegriff für Schranken-Optionsscheine.

Emittentin:
Trinkaus & Burkhardt KGaA

Emissionsvolumen:
5 000 000 gekappte US-Dollar Call Optionsscheine Basiskurs DM 1,60

Übernahme und Verkauf; Ausgabepreis:
Die Optionsscheine werden von der Emittentin übernommen und
freibleibend zum Verkauf gestellt. Die Ausgabepreise werden erstmals
zu Beginn des Angebots und sodann fortlaufend festgesetzt.

Optionsrecht:
Jeder Optionsscheininhaber ist nach Maßgabe der Optionsbedingun-
gen berechtigt, von der Trinkaus & Burkhardt KGaA die Zahlung des
Hundertfachen der in Deutsche Mark ausgedrückten Differenz zu ver-
langen, um die der am Ausübungstag festgestellte und veröffentlichte
amtliche Mittelkurs des US-Dollars den Basiskurs von DM 1,60 je US-
Dollar überschreitet, maximal jedoch bis zu einem Höchstbetrag von
DM 0,30 je US-Dollar.

Ausübung der Optionsrechte:
Das Optionsrecht wird in der Weise ausgeübt, daß der Inhaber von
mindestens 100 Optionsscheinen auf einem bei der Optionsschuldnerin erhältlichen Vordruck am Ausübungstag oder innerhalb eines Zeitraumes von 10 Bankarbeitstagen vor dem Ausübungstag eine schriftli-
che Erklärung für mindestens 100 Optionsscheine (nachstehend Optionserklärung genannt) gegenüber Trinkaus & Burkhardt abgibt und
einen entsprechenden Miteigentumsanteil am Inhaber-Sammeloptionsschein auf das Konto der Optionsschuldnerin bei der Wertpapier-
sammelbank Nordrhein-Westfalen Niederlassung der Deutscher Kassenverein AG, Düsseldorf, überträgt. Erfolgt die Gutschrift des Mitei-
gentumsanteils nicht bis einschließlich des fünften Bankarbeitstages
nach dem Ausübungstag, hat die Emittentin das Recht, die Optionserklärung als nicht abgegeben zu betrachten. „Bankarbeitstag" im Sinne
dieser Optionsbedingungen ist jeder Tag, an dem die Banken in Düsseldorf und Frankfurt/Main geöffnet sind.

Ermittlung des Differenzbetrages:
Der Differenzbetrag wird von Trinkaus & Burkhardt zum Ausübungstag ermittelt. Falls am Ausübungstag, aus welchen Gründen auch immer, der amtliche Mittelkurs des US-Dollar nicht festgestellt und veröffentlicht wird, gilt als Ausübungstag im Sinne der Optionsbedingungen der nächstfolgende Bankarbeitstag, für den der amtliche
Mittelkurs des US-Dollar wieder festgestellt und veröffentlicht wird.
Wenn bis zum fünften Bankarbeitstag nach dem 31. Mai 2001 kein
amtlicher Mittelkurs des US-Dollar festgestellt und veröffentlicht wird,

gilt der letzte dem 31. Mai 2001 vorangegangene Tag als Ausübungstag, an dem ein amtlicher Mittelkurs des US-Dollar festgestellt wurde.

Zusammenfassung der Ausstattungsmerkmale:

Bezugskurs	Cap	Ausübungs-tag	Wertpapier-Kenn-Nummer	ISIN-Code
DM 1,60	DM 0,30	30. 5. 2001	811 607	DE0008116070

Beginn des Angebots:
Mai, 1991

Notierung:
Freiverkehr an den Wertpapierbörsen zu Düsseldorf, Frankfurt am
Main und Stuttgart.

Abb. 35: Capped US-Dollar-Call

onsscheine mit einer Art „Deckel" versehen, so daß der Inhaber
ab einem gewissen Underlyingkurs nicht mehr an weiteren Kurssteigerungen teilhat.

Cap-Warrants sind ähnlich aufgebaut wie europäische Plain-Vanilla-Calls. Der Inhaber profitiert zunächst einmal davon, daß der
Basispreis vom Underlyingkurs überschritten wird. Bei dem von
uns als Beispiel herausgegriffenen Cap-US-Dollar-Call beträgt der
Strike 1,60 DM/USD. Notiert der US-Dollar am Ausübungstag
über dieser Grenze, so bekommt der Inhaber des Scheins die ein-
hundertfache Differenz von *Trinkaus & Burkhardt* ausbezahlt.
Der Betrag ist allerdings auf 30 DM je Optionsschein begrenzt.
Damit hat der Emittent den „Deckel" sozusagen auf 1,90 DM/
USD gelegt, womit der Anleger von Kurssteigerungen der US-
Devise, die darüber hinaus gehen, nicht mehr profitiert. Den In-
neren Wert des gerade beschriebenen Scheins zeigt Abbildung 36.

Cap-Warrants können zur Spekulation auf steigende Kurse genutzt werden. Sie sind in erster Linie dann zu empfehlen, wenn
der Anleger nur mit einem begrenzten Kurspotential rechnet. Da
die Gewinnmöglichkeiten der Optionsscheine durch den Cap begrenzt sind, muß der Anleger beim Erwerb nicht für ein Gewinnpotential zahlen, das er für unwahrscheinlich hält. Daher fällt der
Einsatz beim Kauf eines Cap-Warrants üblicherweise deutlich geringer aus als bei einem einfachen Kaufoptionsschein.

Der Anleger muß jedoch beachten, daß es sich bei Cap-War-

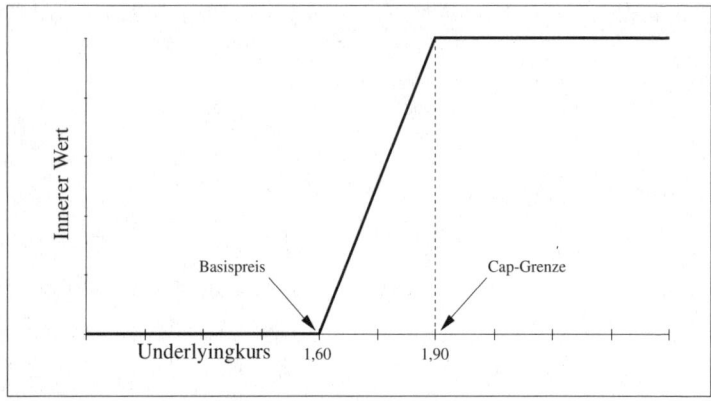

Abb. 36: Innerer Wert beim Cap-Warrant

rants gewöhnlich um europäische Optionen handelt. Da bei derlei Scheinen der Innere Wert nicht durch vorzeitige Ausübung realisiert werden kann, verbleibt vor dem Verfalltag zur Gewinnrealisation nur der Verkauf über die Börse oder direkt an die Emittentin. Deshalb muß der Anleger bei Optionsscheinen, die im Geld notieren, nicht selten mit einem hohen Bewertungsabschlag (Disagio) rechnen. So betrug zum Beispiel der Innere Wert des Cap-DM/USD-Calls von *Trinkaus & Burkhardt* mit einem Strike in Höhe von 1,60 DM/USD am 18. 8. 1997 genau 21,30 DM. Der Warrant wurde an der Börse jedoch nur zu einem Preis von 11,30 DM gehandelt.

Floor-Warrants

Beim **Floor-US-Dollar-Put** von *Sal. Oppenheim* handelt es sich um einen sogenannten Floor-Warrant. Der Begriff „Floor" entstammt abermals dem Englischen und bedeutet „Boden". Anschaulich gesprochen ist das Gewinnpotential bei fallenden Kursen des Underlyings durch eine Art „Boden" begrenzt.

Floor-Warrants stellen praktisch das Gegenstück zu den bereits vorgestellten Cap-Warrants dar. Der Inhaber des Optionsscheins profitiert davon, daß der Basispreis am Verfalltag unterschritten wird. Bei dem von uns als Beispiel gewählten Floor-US-Dollar-Put beträgt der Strike 1,77 DM/USD. Notiert der US-Dollar am Aus-

Emittentin:
Sal. Oppenheim jr. & Cie. Kommanditgesellschaft auf Aktien, Köln

Emissionsvolumen:
2 500 000 USD-Put-Optionsscheine 1997/1998, Basis DM 1,77
2 500 000 USD-Put-Optionsscheine 1997/1998, Basis DM 1,82

Übernahme und Verkauf; Ausgabepreis:
Die Optionsscheine werden von der Emittentin übernommen und freibleibend zum Verkauf gestellt. Die Ausgabepreise werden erstmals zu Beginn des Angebots und sodann fortlaufend festgesetzt.

Optionsrecht:
Jeder Optionsscheininhaber hat das Recht auf Zahlung des 100-fachen der in Deutsche Mark („DM") ausgedrückten Differenz, um die der Ausübungskurs den Basispreis unterschreitet. Die Differenz ist jedoch auf DM 5,00 beschränkt.

Ausübungskurs:
Der erste nach dem Ausübungszeitpunkt an der Frankfurter Devisen-börse amtlich festgestellte USD-Kassakurs. „Ausübungszeitpunkt" ist 10.00 Uhr vormittags (Ortszeit Frankfurt am Main) nach wirksamer Ausübung.

Ausübungstag:
23. März 1998

Zusammenfassung der Ausstattungsmerkmale:

Typ	Basispreis	Ausübungstag	Wertpapier-Kenn-Nummer	ISIN-Code
Floor-Put	DM 1,77	23. 3. 1998	819675	DE0008196759
Floor-Put	DM 1,82	23. 3. 1998	819677	DE0008196775

Beginn des Angebots:
21. März 1997

Zahltag/Valutierungstag:
25. März 1997

Mindestzeichnung:
100 gleiche Optionsscheine oder ein ganzzahliges Vielfaches davon.

Kleinste handelbare Einheit:
100 gleiche Optionsscheine.

Notierung: Freiverkehr Düsseldorf und Frankfurt am Main; darüber hinaus besteht während der üblichen Handelszeiten jederzeit die Ver-äußerungs-/Glattstellungsmöglichkeit über die Emittentin.

Abb. 37: USD-Put-Floor-Optionsscheine

übungstag unterhalb dieser Marke, so wird seinem Inhaber die einhundertfache Differenz ausbezahlt, die allerdings auf 5 DM je Optionsschein begrenzt ist. Dies bedeutet für den Anleger nichts anderes, als daß er ab einer Schranke von 1,72 DM/USD nicht mehr von einem weiteren Rückgang der US-Devise profitiert. Der „Boden" ist dann gewissermaßen erreicht (vgl. Abbildung 38).[1]

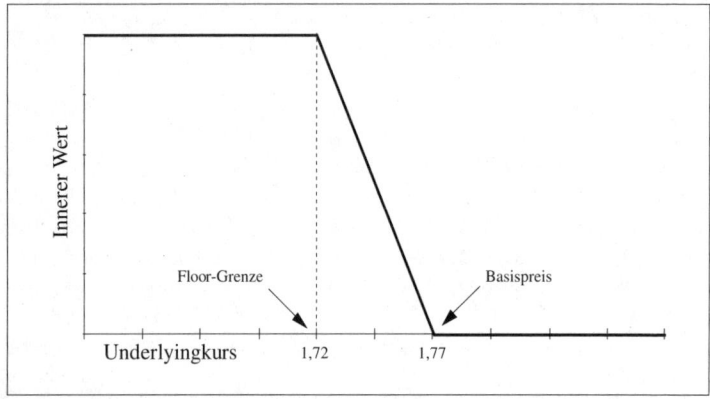

Abb. 38: Innerer Wert beim Floor-Warrant

Floor-Warrants sind ein geeignetes Instrument zur Spekulation auf fallende Kurse. Sie sind gerade dann zu empfehlen, wenn der Anleger mit einem begrenzten Kursrückgang rechnet. Da die Gewinnmöglichkeiten der Scheine durch den Floor eingeschränkt sind, muß der Anleger beim Erwerb nicht für ein Gewinnpotential bezahlen, das durch weitere, für unwahrscheinlich gehaltene Kursrückgänge entsteht. Daher fällt der Kapitaleinsatz deutlich geringer aus als beim Kauf eines vergleichbaren Plain-Vanilla-Puts.

Der Anleger muß jedoch beachten, daß es sich bei Floor-, ebenso wie bei Cap-Warrants, gewöhnlich um europäische Optionen handelt. Da ein Innerer Wert nicht durch die vorzeitige Ausübung vereinnahmt werden kann, verbleibt zur Gewinnrealisation vor

---

1 Die von den Emittenten gewählte Terminologie ist nicht einheitlich. So sprechen einige Institute anstelle von Floor-Puts auch von Cap-Puts.

dem Laufzeitende nur der Verkauf über die Börse oder direkt an die Emittentin. Hier muß der Anleger – insbesondere bei Optionsscheinen, die im Geld notieren – gelegentlich einen hohen Bewertungsabschlag hinnehmen, was wir im vorherigen Abschnitt schon angesprochen haben. So wurde der Floor-DM/USD-Put am 21. 4. 1997 an der Börse nur zu einem Preis von 3,63 DM gehandelt, obwohl der Innere Wert die größtmögliche Ausprägung (5 DM) angenommen hatte.

Exkurs

Die im Grunde genommen spekulativen Schranken-Optionsscheine können, so kurios das auf den ersten Blick erscheinen mag, auch zur risikolosen Geldanlage genutzt werden. Findet ein Anleger einen Cap- und einen Floor-Warrant, die so ausgestattet sind, daß der Basispreis des einen Scheins dem Cap bzw. Floor des jeweils anderen entspricht, so ergibt eine Anschaffung der beiden Warrants eine risikolose Geldanlage, genauer gesagt einen Zerobond.[1]

Trinkaus & Burkhardt bieten zwei Warrants an, die sich zur Konstruktion eines „künstlichen", oder wie die Fachleute sagen „synthetischen" Zerobonds eignen. So kann ein Investor den bereits vorgestellten Cap-Optionsschein auf den US-Dollar mit einem Basispreis von 1,60 DM/USD und einer Cap-Grenze bei 1,90 DM/USD erwerben. Kauft er gleichzeitig den entsprechenden Floor-Optionsschein mit Basispreis 1,90 DM/USD und einer Floor-Grenze bei 1,60 DM/USD, so hat er sich eine Auszahlung von 30 DM am 31. 5. 2001 – dem Verfalltag beider Warrants – gesichert. Abbildung 39 zeigt, daß der Anleger diesen Betrag völlig unabhängig von der Dollarkursentwicklung erzielt.

Für die sichere Auszahlung von 30 DM am Laufzeitende muß der Anleger heute Prämien für den Erwerb beider Optionsscheine investieren. Die Preise der Warrants betrugen am 23. 6. 1997

---

1 Im Vergleich zu herkömmlichen Kuponanleihen weisen Null-Kupon-Papiere (Zerobonds) keine laufenden Zinszahlungen auf. Die Anleger kaufen das Papier vielmehr zu einem Kurs unterhalb des Nominalwertes (zum Beispiel 65 Prozent) und erhalten bei Fälligkeit den Nennwert (100 Prozent) zurück. Der Rückzahlungsbetrag von 100 Prozent beinhaltet sowohl Zins- als auch Tilgungszahlungen.

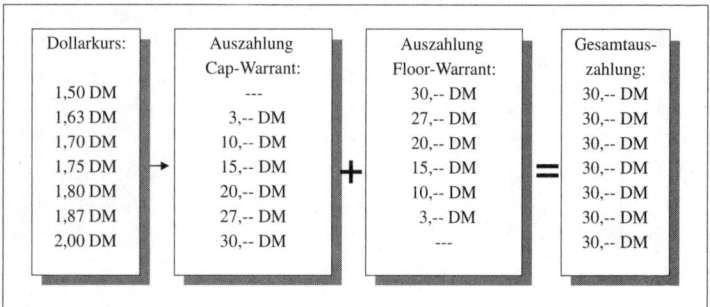

Dollarkurs:	Auszahlung Cap-Warrant:	Auszahlung Floor-Warrant:	Gesamtaus- zahlung:
1,50 DM	---	30,-- DM	30,-- DM
1,63 DM	3,-- DM	27,-- DM	30,-- DM
1,70 DM	10,-- DM	20,-- DM	30,-- DM
1,75 DM	15,-- DM	15,-- DM	30,-- DM
1,80 DM	20,-- DM	10,-- DM	30,-- DM
1,87 DM	27,-- DM	3,-- DM	30,-- DM
2,00 DM	30,-- DM	---	30,-- DM

Abb. 39: Auszahlung bei Cap-Floor-Kombination

7,30 DM für den Cap und 17,10 DM für den Floor. Berücksichtigt man nun beim Kauf der beiden Warrants anfallende Gebühren von zusammen 0,30 DM, so beläuft sich der Anlagebetrag auf 24,70 DM. Der Investor erzielt über einen Zeitraum von ca. drei Jahren und elf Monaten folglich einen sicheren Gewinn von 5,30 DM. Bezogen auf den Kapitaleinsatz von 24,70 DM entspricht dies einer jährlichen Verzinsung von etwa 5,1 Prozent. Diese Rendite liegt ungefähr auf dem Niveau einer vergleichbaren festverzinslichen Anleihe.

Es taucht somit die Frage auf, warum sich ein Anleger für die Optionsscheine anstelle einer gewöhnlichen Anleihe entscheiden könnte. Bei der Emission der Warrants im Jahre 1992 war diese Antwort schnell gefunden. Damals war der Gewinn aus beiden Optionsscheinen nach Ablauf einer Spekulationsfrist von sechs Monaten auf jeden Fall steuerfrei. Daher bot der Erwerb der Optionsscheine gerade für Investoren mit ausgeschöpften Freibeträgen eine attraktive Anlagealternative.

Inzwischen hat der Gesetzgeber dieses „Schlupfloch" allerdings erkannt und durch neue gesetzliche Regelungen gestopft. Die Finanzämter haben nun die Möglichkeit, solche Konstruktionen als risikolose Anlagen einzustufen und den Gewinn der Besteuerung zu unterwerfen.

Power-Warrants

Neben einfachen Cap- und Floor-Warrants bieten Emittenten auch sogenannte Power-Warrants an. Diese Optionsscheine zeichnen sich in bestimmten Situationen dadurch aus, daß eine im Vergleich zu anderen Schranken-Warrants deutlich höhere Warrantpreisänderung bei Schwankungen des Underlyingkurses zu beobachten ist. Die Volatilität eines Power-Warrants selbst ist also vergleichsweise hoch.

Im Unterschied zu Plain-Vanilla-Scheinen empfängt der Inhaber eines Power-Warrants – vorausgesetzt der Schein liegt am Ausübungstag im Geld – nicht den einfachen, sondern den quadrierten Unterschiedsbetrag zwischen Underlyingkurs und Basispreis. Verdeutlichen wir das anhand eines **DM/USD-Call-Power-Warrants** mit einem Basispreis von 1,70 DM/USD und einem Bezugsverhältnis von 100/1. Liegt der USD-Kurs am Verfalltag über dem Strike – sagen wir bei 1,73 DM/USD –, so beläuft sich der Innere Wert im Unterschied zu einem Plain Vanilla nicht auf

$$(1{,}73 - 1{,}70) \times 100/1 = 3 \text{ DM}$$

sondern auf

$$[(1{,}73 - 1{,}70) \times 100/1]^2 = 9 \text{ DM}.$$

Um den Auszahlungsbetrag bei einer starken Kursveränderung des Underlyings nicht in „astronomische" Höhen ansteigen zu lassen, sind alle Power-Warrants mit einem Cap bzw. Floor versehen. So ist der maximale Innere Wert in unserem Fall beispielsweise auf 25 DM begrenzt. Welche Beträge bei unterschiedlichen Kursszenarien am Verfalltag ausgezahlt werden, haben wir einmal in der folgenden Tabelle auf Seite 131 wiedergegeben.

Sehr anschaulich läßt sich der Wert eines Power-Calls am Verfalltag auch graphisch veranschaulichen (vgl. Abb. 41).

Power-Warrants können, je nach dem, ob es sich um Calls oder Puts handelt, zur Spekulation auf steigende bzw. fallende Kurse eingesetzt werden. Aufgrund des Quadrierens der Kursdifferenzen verfügen sie im Vergleich zu Plain-Vanilla-Scheinen über eine höhere Hebelwirkung und ein niedrigeres Aufgeld. So können die Kurse eines Power-Warrants bereits bei geringen Bewegungen des

Emittentin:
Trinkaus & Burkhardt KGaA

Emissionsvolumen:
10 000 000 US-Dollar/DM-Power Warrants (Call) 1,70 DM

Übernahme und Verkauf; Ausgabepreis:
Die Optionsscheine werden von der Emittentin übernommen und freibleibend zum Verkauf gestellt. Die Ausgabepreise werden erstmals zu Beginn des Angebots und sodann fortlaufend festgesetzt.

Optionsrecht:
Der Inhaber eines Optionsscheines ist berechtigt, am Ausübungstag die Auszahlung eines Differenzbetrags gemäß den Emissionsbedingungen zu verlangen.

Differenzbetrag:
Der Differenzbetrag entspricht dem Quadrat des Einhundertfachen der Differenz zwischen dem Berechnungskurs und dem Basiskurs. Er wird nach der Formel

$$Differenzbetrag = [(Berechnungskurs - Basispreis) * 100]^2$$

berechnet, wenn der Berechnungskurs den Basiskurs übersteigt. Liegt der Berechnungskurs unter dem Basiskurs, so verfällt der Optionsschein am Ausübungstag wertlos.

Cap:
Der Differenzbetrag wird auf höchsten 25,– DM je Optionsschein festgelegt.

Berechnungskurs:
Der an der Frankfurter Devisenbörse am Ausübungstag amtlich festgestellte DM-Mittelkurs je US-$.

Ausübungstag:
Ausübungstag ist der 15. Dezember 1997, es sei denn, der betreffende Tag ist kein Bankarbeitstag. In diesem Fall ist Ausübungstag der nächste auf den 15. Dezember folgende Bankarbeitstag.

Die Emission hat außerdem folgende Merkmale:

Basispreis	max. Differenz-betrag	Fälligkeitstag	Wertpapier-Kenn-Nummer
1,70 DM/US-$	25,– DM	15. 12. 1997	817 205

Beginn des Angebots:
4. April 1997

anfänglicher Verkaufspreis:
DM 5,85 je Optionsschein.

Notierung:
Freiverkehr an den Wertpapierbörsen zu Düsseldorf, Frankfurt am Main und Stuttgart.

Abb. 40: US-Dollar/DM-Power Warrants (Call)

Dollarkurs	positive Differenz zum Basispreis	quadrierte Differenz	Abrechnungsbetrag (Innerer Wert)
1,65 DM	0 DM	0 DM	0 DM
1,70 DM	0 DM	0 DM	0 DM
1,71 DM	1 DM	1 DM	1 DM
1,72 DM	2 DM	4 DM	4 DM
1,73 DM	3 DM	9 DM	9 DM
1,74 DM	4 DM	16 DM	16 DM
1,75 DM	5 DM	25 DM	25 DM
1,76 DM	6 DM	36 DM	25 DM
1,80 DM	10 DM	100 DM	25 DM

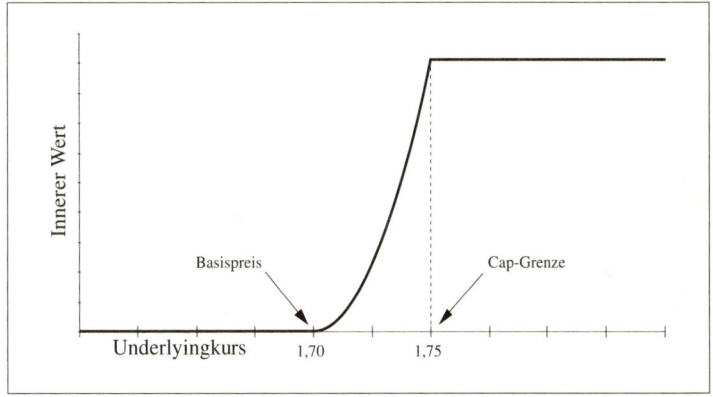

Abb. 41: Innerer Wert beim Power-Warrant (Call)

Underlyings stark schwanken. Dies ist insbesondere der Fall, wenn der Kurs des zugrundeliegenden Wertes zwischen dem Basispreis und dem Cap bzw. Floor liegt.

Der Anleger muß sich darüber im klaren sein, daß Power-Warrants hochspekulative Optionsscheine sind. Insbesondere am Laufzeitende liegen die beiden Möglichkeiten, einen Totalverlust zu erleiden oder den Maximalgewinn einzustreichen, verhältnismäßig dicht beieinander. So muß der Inhaber des als Beispiel gewählten DM/USD-Call-Power-Warrants bei einem Dollarkurs am Ausübungstag von 1,70 DM noch einen Totalverlust hinnehmen, während er bei einem Kurs, der gerade mal fünf Pfennige darüber liegt, schon den größtmöglichen Inneren Wert von 25 DM erwirtschaftet.

Extremwert-Optionsscheine

Wir wollen die Beschreibung einfacher Exotischer Warrants mit einer Präsentation sogenannter Extremwert-Optionsscheine abschießen. All diesen Warrants ist ein bestimmtes Merkmal gemeinsam: Einfluß auf den Inneren Wert übt nicht nur der Underlyingpreis am Laufzeitende aus, sondern der Kursverlauf während der gesamten Existenzdauer.

Wie die Einflußnahme im einzelnen in Erscheinung tritt, hängt ganz entscheidend von der Konstruktion des jeweiligen Warrants ab. Wir wollen hier vier verschiedene Typen vorstellen (vgl. Abb. 42).

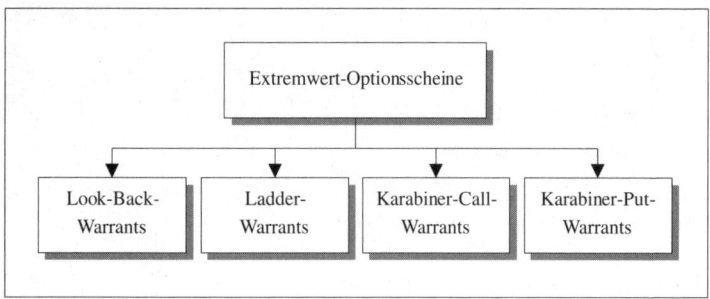

Abb. 42: Extremwert-Warrants

Look-Back-Warrants

Als dieses Buch entstand, hatte das Interesse der Emissionshäuser an dieser Variante von Extremwert-Optionsscheinen ein wenig nachgelassen. Mit Ausnahme von *Bankers Trust* führte – zumindest in der Entstehungsphase dieses Buches – kein weiterer Emittent diese Produkte in seinem Sortiment.

Look-Back-Warrants können als Puts sowie als Calls ausgegeben werden. Im Gegensatz zu Plain-Vanilla-Optionsscheinen steht der Strike nicht von vornherein fest. Dieser wird statt dessen durch die Kursbewegung während der Laufzeit des Warrants bestimmt. Folglich herrscht weder am Emissionstag, noch zu irgend einem anderen Zeitpunkt vor dem Verfalldatum Sicherheit über den Basispreis. Letzterer ergibt sich etwa bei einem Look-Back-Put aus dem höchsten Kurs des Underlyings während der Laufzeit. Nehmen wir als Beispiel einmal den von *Bankers Trust* stammenden Look-Back, dessen Merkmale der Leser in der Produktbeschreibung findet. Der Schein basiert auf dem S & P 500, einem bekannten US-amerikanischen Aktienindex. Zum Emissionszeitpunkt liegt der Strike („anfänglicher Strike") bei 920 Indexpunkten. Sollte der Standard & Poor's 500 nun während der Optionsfrist ansteigen, so paßt sich der Basispreis automatisch nach oben hin an. Inhaber sollten allerdings bedenken, daß eine Anhebung nur dann erfolgt, wenn der Index den bisherigen Strike um wenigstens 10 Punkte überschritten hat. Ein Anstieg etwa von 920 auf 925 Punkte reicht für eine Basispreisanpassung demnach noch nicht aus. Erst eine Zunahme auf mindestens 930 Punkte führt zu einer Strikeangleichung.

Schwankt der S & P 500 zwischen Emissions- und Verfalltag beispielsweise zwischen 897 und 1023 Punkten, um schließlich am Laufzeitende bei 947 Punkten zu notieren, so entspricht der Innere Wert am Optionsfristende der Differenz zwischen dem höchsten, während der Laufzeit erreichten Strike (1020 Punkte) und dem Schlußkurs (947 Punkte). Deshalb beläuft er sich bei einem Bezugsverhältnis von 1/20 auf

$$\frac{1020 - 947}{20} = 3,65 \text{ DM pro Schein (vgl. Abb. 44).}$$

Im Vergleich dazu hätte ein Look-Back-Call-Warrant am Verfalltag einen Wert von 2,35 DM, da der Schlußstand (947 Punkte) um 47 Punkte über dem niedrigsten Strike (900 Punkte) liegt, der während der Laufzeit erreicht wurde.

Eine typische Marktphase, die zum Kauf derartiger Optionsscheine animieren könnte, ist zum Beispiel ein Stadium stark steigender Aktienkurse, wie es etwa Mitte 1997 zu beobachten war. Rechnet ein Investor in einer solchen Situation mit einem stärkeren Rückschlag, obwohl er den exakten Beginn der Korrektur nicht genau einzuschätzen vermag, so bietet sich zum Beispiel der

Emittentin:
Bankers Trust International PLC, Frankfurt am Main

Emissionsvolumen:
500 000 Look-Back-Put-Optionsscheine auf den S & P 500

Übernahme und Verkauf; Ausgabepreis:
Die Optionsscheine werden von der Emittentin übernommen und freibleibend zum Verkauf gestellt. Die Ausgabepreise werden erstmals zu Beginn des Angebots und sodann fortlaufend festgesetzt.

Basiswert:
Standard & Poor's 500 Composite Stock Price Index (S & P 500 Index).

Basispreis: Am Ende der Look-Back-Periode wird der anfängliche Basispreis von US-$ 920,– (nur aufwärts) in Zehnerschritten (z. B. 930, 940 etc. s. g. „angehobener Basispreis") angepaßt, falls zu irgendeinem Zeitpunkt während der Look-Back-Periode der Index über dem jeweiligen Basispreis geschlossen hat.

Bezugsverhältnis:
Je 20 Optionsscheine berechtigen zum Bezug eines etwaigen Geldbetrages, der an die Entwicklung des S & P Indexes geknüpft ist. Ausübungsbewertung:
Reutersquotierung Schlußstand S & P 500 Index.

Ausübungsfrist:
16. Oktober 1997 bis 21. August 1998 oder automatische Ausübung am Fälligkeitstag.

Endfälligkeit:
21. August 1998

Die Emission hat außerdem folgende Merkmale:

Typ	Basispreis	anfgl. Verkaufspreis	WKN	ISIN
Look-Back-Put	US-$ 920,–	8,72 DEM	819 178	DE0008191784

Begebungstag:
21. August 1997

Zahltag/Valutierungstag:
4. September 1997

Mindestausübung:
100 gleiche Optionsscheine.

Kleinste handelbare Einheit:
1 Optionsschein.

Notierung:
Freiverkehr Frankfurt am Main, Berlin, Düsseldorf, Hamburg und Stuttgart.

Market Making:
Die Liquidität der Emission wird durch unseren Handel in Frankfurt am Main und London gewährleistet.

Preisinformationen:
Preise können telefonisch oder auf Seite BTWDF (Reuters) abgerufen werden.

Abb. 43: Look-Back-Put S & P 500

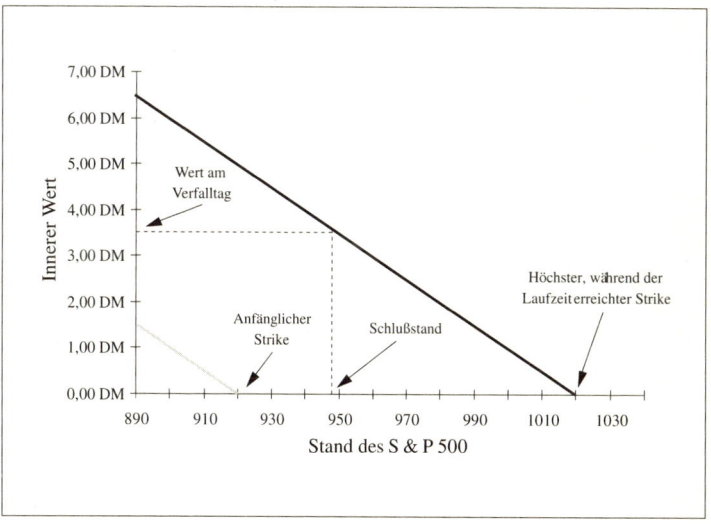

Abb. 44: Innerer Wert beim Look-Back-Put-Warrant

Kauf eines Look-Back-Puts an. Der Anleger kann mit diesem Warrant das Risiko ausschließen, daß sein Optionsschein bei der erwarteten Trendwende bereits weit aus dem Geld liegt. Angenommen, ein Anleger erwartete während der Hausse-Phase im Frühjahr 1997 bei einem DAX-Stand von 3500 Punkten, daß künftig mit einem Kurseinbruch zu rechnen sei, ohne allerdings eine präzise Vorstellung davon zu haben, wann dies in etwa der Fall sein könnte. Entscheidet er sich für einen Plain-Vanilla-Put (Strike 3500), so läuft er Gefahr, daß sein Verkaufsrecht zu Beginn der erwarteten Korrektur weit aus dem Geld notiert, falls der Index zwischenzeitlich einen weiteren Anstieg verzeichnet. Im Gegensatz dazu wäre ein Look-Back-Put, dessen Basispreis sich – wie wir bereits wissen – automatisch anpaßt, die bessere Alternative gewesen, da der Deutsche Aktienindex noch auf nahezu 4500 Indexpunkte emporkletterte. Von jedem Punkt der unmittelbar darauffolgenden Abwärtsbewegung – der DAX sank immerhin auf unter 3600 Punkte – hätte der Investor profitieren können.

Daß derlei Vorteile ihren Preis haben, ist nachvollziehbar. Die Prämie, die für den Look-Back-Schein aufgebracht werden muß, liegt gewöhnlich deutlich höher als etwa die eines vergleichbaren Plain-Vanilla-Warrants. Daher ist im Regelfall schon eine sehr starke Kursbewegung erforderlich, um mit Look-Back-Scheinen einen dem Risiko angemessenen Gewinn zu erzielen. Aus diesem Grunde raten wir dem Leser, vor dem Erwerb einen Vergleich mit Plain-Vanilla-Scheinen ähnlicher Laufzeit anzustellen. Hier wird sich in vielen Fällen zeigen, daß für den Preis eines Look-Back-Warrants auch ein bereits deutlich im Geld liegender Plain-Vanilla-Warrant erhältlich ist. Dann hängt es „nur" noch von der Markteinschätzung des Anlegers ab, welchem der beiden Warrants er den Vorzug gewährt.

Ladder-Warrants

Die im folgenden beschriebenen Ladder-Warrants werden zur Zeit von keinem Emissionshaus angeboten. Da sie unserer Meinung nach das Bild über Exotische Optionsscheine jedoch vervollständigen, wollen wir sie trotzdem vorstellen. Nach unserer Ansicht ist durchaus damit zu rechnen, daß in Zukunft erneut derartige Warrants emittiert werden.

Ladder-Warrants weisen ein besonders markantes Kennzeichen auf: Ein einmal erreichter Innerer Wert kann bis zum Laufzeitende nicht mehr verlorengehen.

Bei einem Call führt ein Kursanstieg bekanntlich zu einer Erhöhung des Inneren Wertes, während ein Rückgang gleichfalls zu einer Reduktion führt. Dies ist beim Ladder-Call-Warrant anders. Ein Kursverlust bewirkt keinerlei Verringerung des Inneren Wertes. Anders als bei einem herkömmlichen Call nimmt der Innere Wert üblicherweise allerdings auch nicht kontinuierlich, sondern nur stufenweise zu, eben wie auf einer Leiter (englisch: Ladder). Nehmen wir an, wir besäßen einen Call-Ladder-Warrant mit einem Basispreis von 4000 DAX-Punkten und Stufen im Abstand von 100 Indexpunkten. Unser Optionsschein gewinnt nun bei einem Bezugsverhältnis von 1/100 erst mit dem „Erklimmen" der ersten Stufe bei 4100 DAX-Punkten einen Inneren Wert von einer DM. Ein geringerer Anstieg, beispielshalber auf 4080 Punkte, hätte folglich keinerlei Auswirkungen auf den Inneren Wert, der weiterhin bei null läge. Mit dem Überschreiten jeder Stufe nimmt der Innere Wert um eine DM zu (vgl. Abb. 45). Schwankt der DAX während der Optionsfrist beispielsweise im Intervall von 3700 bis 4650 Punkten, so erhalten wir letztendlich, unabhängig von der DAX-Notierung am Verfalltag, 6 DM je Optionsschein ausbezahlt, da insgesamt sechs Stufen erklommen wurden.

Die Konstruktionselemente von Ladder-Warrants bieten einen klaren Vorteil im Vergleich zu Plain-Vanilla-Scheinen. Sie sind deutlich risikoärmer, da ihr Innerer Wert stufenweise „festgezurrt"

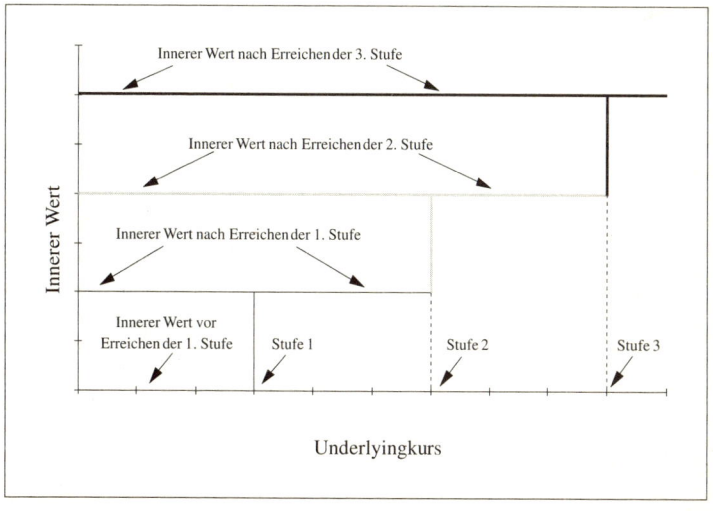

Abb. 45: Innerer Wert beim Ladder-Warrant

Emittentin:
Sal. Oppenheim jr. & Cie. Kommanditgesellschaft auf Aktien, Köln

Emissionsvolumen:
10 000 000 Call-Optionsscheine 1997/2000, anfängliche Basis 3500
10 000 000 Call-Optionsscheine 1997/2000, anfängliche Basis 4000

Übernahme und Verkauf; Ausgabepreis:
Die Optionsscheine werden von der Emittentin übernommen und freibleibend zum Verkauf gestellt. Die Ausgabepreise werden erstmals zu Beginn des Angebots und sodann fortlaufend festgesetzt.

Optionsrecht:
Jeder Optionsscheininhaber hat das Recht auf Zahlung der in Deutsche Mark („DM") ausgedrückten Differenz, um die der Ausübungswert den am Ausübungstag geltenden Basispreis überschreitet zuzüglich 100 % der (positiven) Differenz zwischen dem am Ausübungstag geltenden Basispreis und dem anfänglichen Basispreis, wobei die Differenz von je einem Indexpunkt DM 0,01 entspricht. Dabei wird der Basispreis nach Maßgabe der Optionsbedingungen aufgrund von Wertentwicklungen des Indexes während der Laufzeit des Optionsscheines angepaßt.

Anpassung Basispreis: (aufgrund Wertentwicklung des Indexes)
Sobald der Schlußstand des DAX an der Frankfurter Wertpapierbörse erstmals die Werte 3750, 4000, 4250 und 4500 ausgehend von der anfänglichen Basis 3500 (WKN 819626) bzw. 4250, 4500, 4750 und 5000 ausgehend von der anfänglichen Basis 4000 (WKN 819627) während der Laufzeit des Optionsscheines erreicht, wird der (anfängliche) Basispreis um jeweils 250 Indexpunkte nach oben angepaßt. Der so am Ausübungstag geltende Basispreis gilt dann als Grundlage zur Berechnung der oben genannten Differenzzahlung, auch wenn sich der DAX während der Laufzeit der Optionsscheine wieder zurückbildet.

Index:
Deutscher Aktienindex (DAX)

Ausübungswert
Der am Ausübungstag von der Frankfurter Wertpapierbörse („Festlegungsstelle") festgestellte und bekanntgegebene Schlußstand des DAX. „Ausübungszeitpunkt" ist 10.00 Uhr vormittags (Ortszeit Frankfurt am Main).

Die einzelnen Emissionen haben außerdem folgende Merkmale:

anfänglicher Basispreis	Ausübungstag	Wertpapier-Kenn-Nummer	ISIN-Nummer
3500	15. 12. 2000	819626	DE0008196262
4000	15. 12. 2000	819627	DE0008196270

Beginn des Angebots:
28. Februar 1997

Zahltag/Valutierungstag:
4. März 1997

Mindestzeichnung:
100 gleiche Optionsscheine oder ein ganzzahliges Vielfaches davon.

Kleinste handelbare Einheit:
100 gleiche Optionsscheine.

Notierung:
Freiverkehr Düsseldorf und Frankfurt am Main; darüber hinaus besteht während der üblichen Handelszeiten jederzeit die Veräußerungs-/Glattstellungsmöglichkeit über die Emittentin.

Abb. 46: DAX-Karabiner-Call 97

wird und nicht wieder verloren geht. Dafür muß der Anleger üblicherweise jedoch eine deutlich höhere Prämie bezahlen.

Karabiner-Call-Warrants

Die von *Sal. Oppenheim* angebotenen Karabiner-Call-Warrants ähneln in gewisser Weise den gerade besprochenen Ladder-Warrants. Hier werden ebenfalls bestimmte, während der Laufzeit einmal erreichte Innere Werte festgeschrieben, allerdings dadurch, daß der Strike angehoben wird. Damit ist die Situation in etwa vergleichbar mit der eines Bergsteigers, der zur Absicherung einer einmal erreichten Höhe Karabiner in den Fels schlägt – daher auch die Bezeichnung. Im Gegensatz zu Ladder-Warrants, deren Innerer Wert nur schrittweise ansteigt, ist beim Karabiner-Call allerdings auch eine Anpassung zwischen den einzelnen Stufen zu beobachten.

Bei den in Abbildung 46 aufgelisteten Scheinen handelt es sich um DAX-Karabiner-Call-Warrants. Sie haben einiges mit langlaufenden europäischen Call-Optionsscheinen gemeinsam. Allerdings existiert ein wesentlicher Unterschied: Sobald der Index bestimmte Grenzen überschreitet, paßt sich der Strike automatisch an. Der bis dahin aufgelaufene Innere Wert ist dem Inhaber jedoch sicher. Verdeutlichen wir dies einmal anhand des Karabiner-Calls mit anfänglichem Basispreis von 3500 Punkten. Sobald der DAX um 250 Punkte gestiegen ist, verschiebt sich der Strike entsprechend auf 3750 Punkte, und der Inhaber hat den bisher erreichten Inneren Wert in Höhe von 2,50 DM sicher. Werden weitere Kursschwellen, die jeweils im Abstand von 250 Indexpunkten angeordnet sind, erreicht oder überschritten, so wird der Basispreis erneut hochgesetzt und ein Innerer Wert von 2,50 DM pro Stufe gesichert. Zu beachten ist allerdings, daß der größtmögliche Strike bei 4500 Punkten liegt. Indexbewegungen zwischen einzelnen Stufen, etwa zwischen 4000 und 4250 Punkten, sowie oberhalb von 4500 Punkten, führen zu einem Zuwachs oder Rückgang des Inneren Wertes, genau wie bei einem Plain-Vanilla-Call. Notiert der DAX am Verfalltag (15. 12. 2000) bei 4850 Punkten, so erhält der Inhaber eine sichere Auszahlung in Höhe von 10 DM, weil während der Optionsfrist sämtliche Stufen überschritten wurden. Zusätzlich fließen dem Inhaber 3,50 DM zu, da der höchstmögliche Strike (4500 Punkte) um 350 Punkte überschritten wurde.

Die im Zeitablauf denkbare Anpassung der Basispreise haben wir noch einmal graphisch veranschaulicht (vgl. Abb. 47).

Karabiner-Call-Warrants können zur Spekulation auf steigende

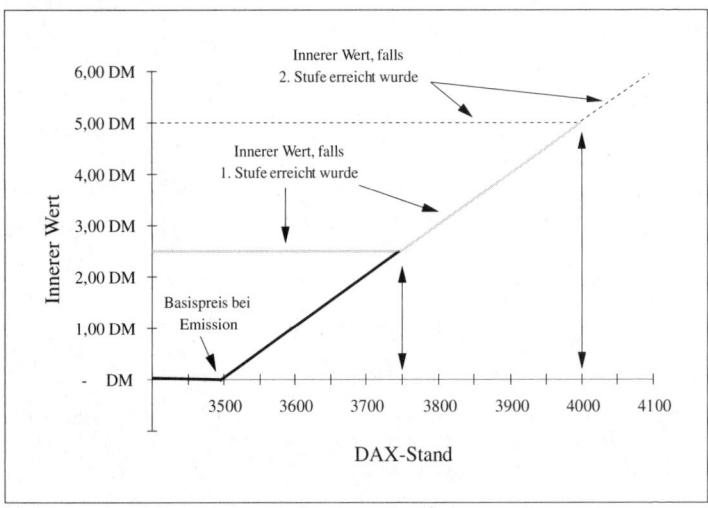

Abb. 47: Innerer Wert beim Karabiner-Call

Kurse des Underlyings eingesetzt werden, genau wie Plain-Vanilla-Calls. Da ein im Zeitablauf erreichter Wertzuwachs nicht wieder verloren gehen kann, verfügen sie über ein geringeres Risikopotential als Plain-Vanilla-Calls. Diese „Sicherheit" muß bei der Anschaffung verständlicherweise vergütet werden.

Karabiner-Put-Warrants

Sal. Oppenheim bietet neben den bereits vorgestellten Karabiner-Call-Warrants auch eine Put-Variante an. Diese unterscheidet sich jedoch in wesentlichen Punkten von den entsprechenden Calls.

Bei Karabiner-Put-Warrants handelt es sich ebenfalls um europäische Optionen. Sie zeichnen sich dadurch aus, daß bei steigenden Kursen des Underlyings der Basispreis mehrmals nach oben angepaßt wird. Im Gegensatz zu Karabiner-Calls wird durch diese Angleichung jedoch kein aufgelaufener Innerer Wert gesichert. Vielmehr wird ein aus dem Geld liegender Optionsschein gewissermaßen in einen at-the-money-Warrant umgewandelt. So wurde zum Beispiel der Basispreis des **1997/1998 Karabiner Puts** im Laufe des Jahres 1997 aufgrund der DAX-Entwicklung dreimal um 250 Punkte angehoben. Der ursprüngliche Basispreis von 3250 erhöhte sich so nach und nach auf 3500, 3750 und 4000 Punkte, wobei allerdings weitere Anpassungen aufgrund der Emissionsbedingungen ausgeschlossen sind. Nachdem der DAX die Marke von 4000 Punkten erreichte, verwandelte sich der Warrant praktisch in einen Plain-Vanilla-Put mit einem Basispreis von 4000.

In Abbildung 49 haben wir graphisch veranschaulicht, welchen Einfluß die Anpassung des Basispreises auf den Inneren Wert ausübt.

Karabiner-Put-Warrants sind ein probates Mittel zur Partizipation an fallenden Kursen. Sie eignen sich insbesondere zur Spekulation in stark „bullischen" Märkten, wenn der Anleger mit einer größeren Korrektur rechnet, deren Eintritt aber nicht genau vorhersagen kann. Da der Strike bei zunächst weiter steigenden Kursen mehrmals stufenweise nach oben angepaßt wird, verfügt der Inhaber bei Einsetzen der erwarteten Korrektur über einen Optionsschein, der relativ schnell an Innerem Wert gewinnt. Der-

Emittentin:
Sal. Oppenheim jr. & Cie. Kommanditgesellschaft auf Aktien, Köln

Emissionsvolumen:
10 000 000 Put-Optionsscheine 1997, anfängliche Basis 3250
10 000 000 Put-Optionsscheine 1997/1998, anfängliche Basis 3250

Übernahme und Verkauf; Ausgabepreis:
Die Optionsscheine werden von der Emittentin übernommen und freibleibend zum Verkauf gestellt. Die Ausgabepreise werden erstmals zu Beginn des Angebots und sodann fortlaufend festgesetzt.

Optionsrecht:
Jeder Optionsscheininhaber hat das Recht auf Zahlung der in Deutsche Mark („DM") ausgedrückten Differenz, um die der Ausübungswert den am Ausübungstag geltenden Basispreis unterschreitet, wobei die Differenz von je einem Indexpunkt DM 0,01 entspricht. Dabei wird der Basispreis nach Maßgabe der Optionsbedingungen aufgrund von Wertentwicklungen des Indexes während der Laufzeit des Optionsscheines angepaßt.

Anpassung Basispreis: (aufgrund Wertentwicklung des Indexes)
Put-Optionsscheine 1997, anfängliche Basis 3250:
Sobald der Schlußstand des DAX an der Frankfurter Wertpapierbörse erstmals die Werte 3400, 3550 und 3700 ausgehend von der anfänglichen Basis 3250 während der Laufzeit des Optionsscheines erreicht, wird der (anfängliche) Basispreis um jeweils 150 Indexpunkte nach oben angepaßt.
Put-Optionsscheine 1997/1998, anfängliche Basis 3250:
Sobald der Schlußstand des DAX an der Frankfurter Wertpapierbörse erstmals die Werte 3500, 3750 und 4000 ausgehend von der anfänglichen Basis 3250 während der Laufzeit des Optionsscheines erreicht, wird der (anfängliche) Basispreis um jeweils 250 Indexpunkte nach oben angepaßt.
Der so am Ausübungstag geltende Basispreis gilt dann als Grundlage zur Berechnung der oben genannten Differenzzahlung, auch wenn sich der DAX während der Laufzeit der Optionsscheine wieder zurückbildet.

Index:
Deutscher Aktienindex (DAX)

Ausübungswert:
Der am Ausübungstag von der Frankfurter Wertpapierbörse („Festlegungsstelle") festgestellte und bekanntgegebene Schlußstand des DAX. „Ausübungszeitpunkt" ist 10.00 Uhr vormittags (Ortszeit Frankfurt am Main).

Die einzelnen Emissionen haben außerdem folgende Merkmale:

anfänglicher Basispreis	Ausübungstag	Wertpapier-Kenn-Nummer	ISIN-Nummer
3250	19. 12. 1997	819 628	DE0008196288
3250	18. 12. 1998	819 629	DE0008196296

Beginn des Angebots:
28. Februar 1997

Zahltag/Valutierungstag:
4. März 1997

Mindestzeichnung:
100 gleiche Optionsscheine oder ein ganzzahliges Vielfaches davon.

Kleinste handelbare Einheit:
100 gleiche Optionsscheine.

Notierung:
Freiverkehr Düsseldorf und Frankfurt am Main; darüber hinaus besteht während der üblichen Handelszeiten jederzeit die Veräußerungs-/Glattstellungsmöglichkeit über die Emittentin.

Abb. 48: DAX-Karabiner-Put 97

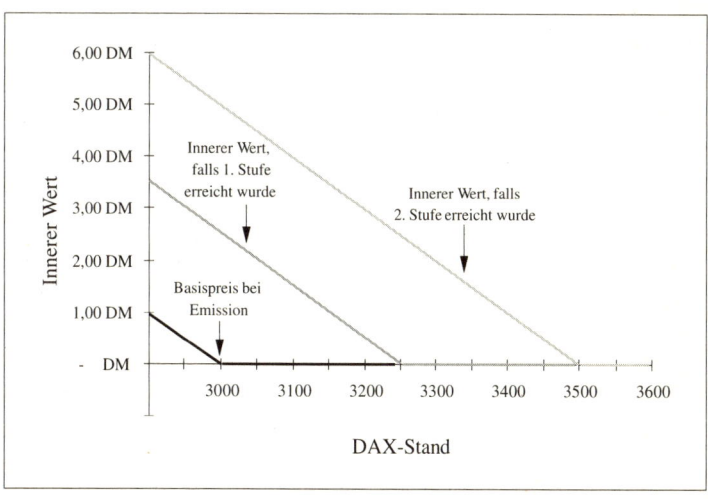

Abb. 49: Innerer Wert beim Karabiner-Put

artige Vorzüge müssen verständlicherweise durch eine deutlich höhere Prämie erkauft werden. So kostete zum Beispiel der Karabiner-Put-Warrant mit der Laufzeit bis zum 19. 12. 1997 kurz nach Emission bei einem anfänglichen Basispreis von 3400 Indexpunkten 3,01 DM. Ein Plain-Vanilla-Put der Deutschen Bank mit gleichem Strike und identischer Restlaufzeit, der allerdings die Möglichkeit zur jederzeitigen Ausübung gewährt, war hingegen schon für 2,19 DM zu haben.

Kombinierte Exotische Scheine

Neben den bereits vorgestellten einfachen Exoten ist in den letzten Jahren noch eine nahezu unübersehbare Anzahl kombinierter Scheine entwickelt worden. Letztere weisen zugleich mehrere Konstruktionsmerkmale von einfachen Exotischen sowie Plain-Vanilla-Optionsscheinen auf. Die Emittenten begründen diese Flut an Warrants meist damit, dem Bedarf der Anleger durch maßgeschneiderte Produkte entsprechen zu wollen. Viele dieser Konstruktionen sollen einen deutlichen Zusatznutzen gegenüber einfachen Warrants stiften.

Bei näherer Bertachtung entsteht jedoch des öfteren der Verdacht, daß die Emittenten dabei mehr an sich denken als an die Anleger. Durch Verknüpfung unterschiedlicher Gestaltungselemente entstehen nicht selten Warrants, deren Funktionsweise und Wertentwicklung nur schwer zu durchschauen sind. Da für die Mehrzahl dieser Konstrukte obendrein keine vergleichbaren Produkte anderer Emissionshäuser existieren, ist es für den Laien nahezu unmöglich, durch einen direkten Vergleich überteuerte Angebote zu erkennen. „Das undurchdringliche Geflecht hat Methode", stellt die *Wirtschaftswoche* fest, denn die Anbieter scheuen nicht selten den Vergleich, weil sie fürchten, ihre zu teuren Produkte nicht mehr verkaufen zu können. Deshalb haben die Emittenten häufig gar kein Interesse an einer Standardisierung.[1]

---

1 *Wirtschaftswoche* Nr. 34 vom 14. 8. 1997.

Mit der Präsentation der geläufigsten kombinierten Exotischen Warrants wollen wir dem Leser helfen, die teilweise undurchschaubar wirkenden Kreationen zu verstehen und einzuordnen. Dafür teilen wir die kombinierten Optionsscheine zunächst in zwei Gruppen ein (vgl. Abb. 50).

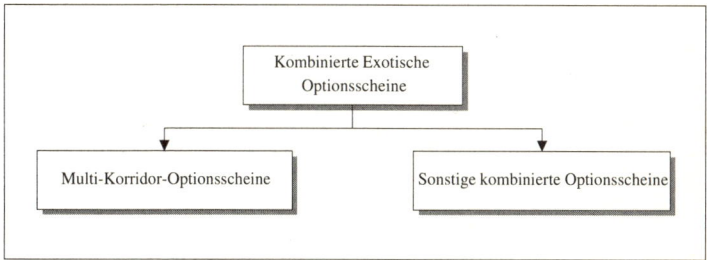

Abb. 50: Kombinierte Exotische Optionsscheine

Unter **Multi-Korridor-Optionsscheinen** verstehen wir alle Warrants, die durch Verbindung mehrerer zeitlich verschobener oder nebeneinander existierender Ranges entstanden sind. Da Range-Warrants bei den einfachen Exoten schon die größte Gruppe bilden, verwundert es kaum, daß Multi-Korridor-Produkte ebenfalls eine große Beachtung zuteil wird.

Alle übrigen kombinierten Exoten haben wir unter der Rubrik **Sonstige kombinierte Optionsscheine** zusammengefaßt. Eine weitere Unterteilung ergäbe hier wenig Sinn, da aufgrund ihrer Einzigartigkeit für fast jeden dieser Scheine eine eigene Kategorie gebildet werden müßte. Bei den sonstigen kombinierten Optionsscheinen handelt es sich hier ohnehin nur um sechs einzelne Warrants, so daß die Übersichtlichkeit auch so gewahrt bleibt.

Multi-Korridor-Optionsscheine

Multi-Korridor-Optionsscheine basieren allesamt auf einfachen Range-Warrants. Im Gegensatz dazu verfügen sie jedoch über mehr als eine Range.

Betrachtet man sämtliche Möglichkeiten zur Kombination verschiedener Korridore, so öffnet sich ein breites Spektrum für innovative Produktentwickler. Es können Ranges auf unterschiedliche Underlyings, verschieden enge sowie zeitlich versetzte Ranges miteinander verknüpft werden. Überdies haben die Emittenten die Wahl zwischen einer Single-, Dual- oder K. O.-Ausstattung der einzelnen Korridore. Dies allein verdeutlicht bereits die fast unbegrenzten Möglichkeiten zur Gestaltung von Multi-Korridor-Warrants. Wir wollen im weiteren eine Auswahl der in letzter Zeit offerierten Scheine vorstellen.

Hot Dog Optionsscheine

Hot Dog Warrants stammen vom französischen Bankinstitut *Crédit Lyonnais*. Ihr Name ist an die Skidisziplin Hot Dog angelehnt, bei der es gilt, in rasanter Fahrt eine Buckelpiste zu durchlaufen. Ebenso wie ein Skifahrer diese schwierige Piste durch eine entsprechende Fahrweise meistert, soll sich der Hot Dog Warrant durch mehrmaliges Anpassen der Range-Grenzen in einem schwierigen Börsenumfeld behaupten. In Deutschland werden Hot Dogs von der zur *Crédit Lyonnais Gruppe* gehörenden *BfG Bank* vertrieben.

Ein Hot Dog entspricht einer Kombination mehrerer Single-Range-Warrants. Aus vier zeitlich nacheinander angeordneten Korridoren, die sich jeweils über drei Monate erstrecken, besteht beispielsweise der **DAX Hot Dog Bullish** aus der nebenstehenden Produktbeschreibung. Durch Verknüpfung dieser Bandbreiten entsteht ein Produkt, dessen Range sich dreimal während seiner Laufzeit nach oben verschiebt. So startet der DAX Hot Dog Bullish zunächst mit einem Korridor von 2900 bis 3300 DAX-Punkten. Die Rangeunter- und -obergrenzen werden nun alle Vierteljahre um jeweils 100 Punkte angehoben, im zweiten Quartal reichen sie also von 3000 bis zu 3400 Indexpunkten. Am Laufzeitende erstreckt sich der Korridor schließlich von 3200 bis hin zu 3600 Punkten (vgl. Abb. 52).

Wie bei einem einfachen Single-Range-Warrant hängt auch beim Hot Dog die Performance vom Verhältnis des Underlyingkurses zur Range ab. Für jeden Bankarbeitstag, an dem der DAX innerhalb des jeweils aktuellen Korridors verweilt, steigt der Auszahlungsbetrag des Warrants um 0,04 DM. Notiert nun der Optionsschein während seiner gesamten Laufzeit ohne Unterbrechung

Emittentin:
Crédit Lyonnais Financial Products Limited, Island of Guernsey, Channel Islands

Emissionsvolumen:
500 000 Inhaber-Range-Optionsscheine, Serie 1, DAX Hot Dog Bullish

Übernahme und Verkauf; Ausgabepreis:
Die Optionsscheine werden von der Emittentin übernommen und freibleibend zum Verkauf gestellt. Die Ausgabepreise werden erstmals zu Beginn des Angebots und sodann fortlaufend festgesetzt.

Optionsrecht:
Der Inhaber von je einem Optionsschein hat das Recht von der Emittentin die Zahlung des gemäß den Optionsbedingungen zu berechnenden Auszahlungsbetrags in Deutscher Mark („DM") zu verlangen.

Auszahlungsbetrag:
Der bei Ausübung des Optionsrechtes gegebenenfalls zahlbare Betrag ist DM 0,04 für jeden Bankarbeitstag während des Berechnungszeitraumes, an dem der Referenzkurs innerhalb der Range (einschließlich der Endpunkte) liegt. Der maximale Auszahlungsbetrag beträgt DM 10,–.

Bankarbeitstag:
Jeder Tag, an dem die Banken in Frankfurt am Main geöffnet sind und der ein Handelstag mit amtlicher Notierung an der Frankfurter Wertpapierbörse ist.

Referenzkurs:
Der Referenzkurs entspricht dem von der Deutschen Börse AG festgestellten und veröffentlichten Schlußkurs des DAX 30-Index.

Range:
[vom 28. Januar 1997 bis zum 28. April 1997 (jeweils einschließlich)
DM 2900,– bis DM 3300,–;
vom 29. April 1997 bis zum 28. Juli 1997 (jeweils einschließlich)
DM 3000,– bis DM 3400,–;
vom 29. Juli 1997 bis zum 27. Oktober 1997 (jeweils einschließlich)
DM 3100,– bis DM 3500,–;
vom 28. Oktober 1997 bis zum 28. Januar 1998 (jeweils einschließlich)
DM 3200,– bis DM 3600,–]

Ausübungstag:
Der 28. Januar 1998 bis 10:00 Uhr (Ortszeit Frankfurt am Main) bzw., falls dies kein Bankarbeitstag sein sollte, der unmittelbar vorangehende Bankarbeitstag bis 10:00 Uhr (Ortszeit Frankfurt am Main).

Automatische Ausübung:
Optionsrechte, die nicht bis 10.00 Uhr (Ortszeit Frankfurt am Main) wirksam ausgeübt worden sind, gelten als automatisch ausgeübt, falls der Auszahlungsbetrag positiv ist.

Die Merkmale der Emission auf einen Blick:

Serie	Laufzeit:	Maximalbetrag	Wertpapier-Kenn-Nummer
I	28. 1. 1997–28. 1. 1998	DM 10,–	905 106

Mindestzeichnung:
100 gleiche Optionsscheine oder ein ganzzahliges Vielfaches davon.

Kleinste handelbare Einheit:
100 gleiche Optionsscheine.

Abb. 51: DAX Hot Dog 97

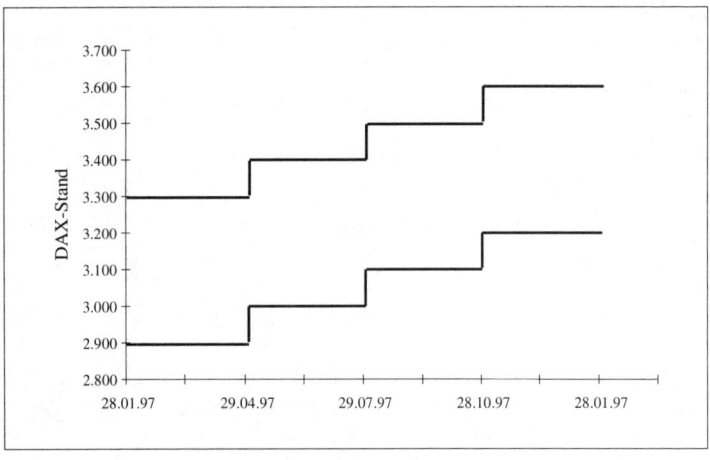

Abb. 52: Range beim DAX-Hot-Dog-Bullish

innerhalb der jeweils aktuellen Range-Grenzen, so führt dies am Verfalltag zu einem Auszahlungsbetrag von

0,04 x 250 = 10 DM.

Im nachfolgenden Tableau führen wir zur Veranschaulichung Abrechnungsbeträge auf, die sich bei unterschiedlichen Szenarien ergeben.

Tage innerhalb der aktuellen Range	Tage außerhalb der aktuellen Range	Abrechnungs- betrag
250	0	10,00 DM
200	50	8,00 DM
150	100	6,00 DM
100	150	4,00 DM
50	200	2,00 DM
0	250	0 DM

Hot Dog Warrants sind ein probates Mittel zur Spekulation auf eine Seitwärtsbewegung[1] des Underlyings. Im Vergleich zu Single-Range-Warrants bieten sie allerdings den Vorteil, daß der Anleger auf eine etwas andere Form von Seitwärtsbewegung reagieren kann. So hat er die Möglichkeit, zum Beispiel einen Hot Dog Bullish zu wählen, wenn er mit stabilen, aber tendenziell leicht steigenden Kursen des Underlyings rechnet.

Sieht er hingegen für die Laufzeit des Warrants eher eine Seitwärtsbewegung ohne Trendänderung oder mit einer leichten Trendveränderung, über dessen Richtung er allerdings keinerlei Vorstellung besitzt, so bietet sich die Wahl eines **Hot Dog Sidewards** an. Hier verbreitert sich die Range alle drei Monate in beide Richtungen, was die Chance erhöht, daß der Warrant am Laufzeitende über einen hohen Inneren Wert verfügt (vgl. Abb. 53).

Wichtig ist jedoch, wie im übrigen bei allen Exotischen Optionsscheinen, daß der Anleger für diese „Sonderausstattung" vom Emittenten nicht allzu sehr zur Kasse gebeten wird. Da die meisten Investoren den fairen Wert eines Hot Dog Warrants nur schwerlich selber berechnen können, empfehlen wir einen Vergleich mit ähnlichen Optionsscheinen. So könnten Hot Dogs zum Beispiel Single-Range-Warrants mit identischem Underlying gegenübergestellt werden. Auch wenn der Anleger selten Scheine mit ähnlicher Laufzeit und vergleichbarer Range finden wird, so sieht er doch, ob zur Umsetzung seiner Markterwartung nicht

---

1 Unter einer Seitwärtsbewegung versteht man üblicherweise ein im Zeitablauf in etwa gleichbleibendes Kursniveau. Verhältnismäßig starke Kursausschläge nach oben wie nach unten bleiben folglich aus.

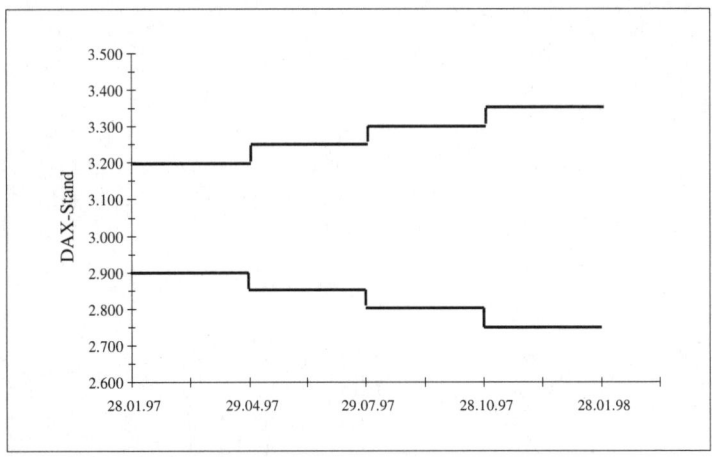

Abb. 53: Range beim DAX-Hot-Dog-Sidewards

Warrants mit einer günstigeren Chance-Risiko-Relation existieren.

Quattro-Optionsscheine

Der Name „Quattro" deutet an, daß derlei Warrants über insgesamt vier verschiedene Underlyings verfügen. Der in der Produktbeschreibung auf Seite 152 vorgestellte **Quattro 30** stammt aus einer Serie gleichartiger Scheine, die von *Bankers Trust* entwickelt wurden.

Quattro Warrants setzen sich aus jeweils vier K. O.-Range-Warrants mit jeweils unterschiedlichem Underlying zusammen. Für gewöhnlich sind dies Wechselkurse. Die Wertentwicklung des Quattro 30 hängt somit von vier verschiedenen Währungsrelationen ab. Für jeden dieser Wechselkurse ist eine Range vorgegeben. Wie bei einem einfachen K. O.-Range-Warrant erhält der Inhaber einen fixen Betrag für jedes Underlying, dessen Kurs während der gesamten Laufzeit innerhalb seines Korridors verharrt. Beim Quattro 30 macht dies 2 DM je Range aus, so daß sich die maximal mögliche Auszahlung des Warrants auf 8 DM beläuft.

Wird eine der Ranges verlassen, oder – wie der Fachmann sagt: ausgeknockt –, so „lebt" der Quattro mit den übrigen Korridoren

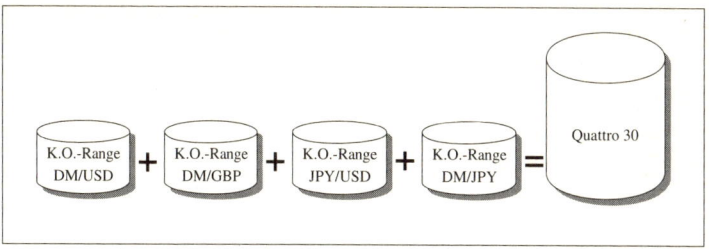

Abb. 54: Zusammensetzung eines Quattro-Optionsscheins

weiter. Erst durch die Verletzung des letzten noch verbliebenen Korridors verfällt der Warrant wertlos. Den Quattro 30 ereilte dieses Schicksal bereits im Sommer 1997.

Optionsscheine wie der Quattro 30 eignen sich zur Spekulation auf stabile Wechselkurse. Da die Wertentwicklung von mehreren Währungen abhängt, sollte der Investor in der Lage sein, die Devisenmarktentwicklung im großen und ganzen richtig einzuschätzen, um die Chancen und Risiken des Warrants einigermaßen beurteilen zu können. So wirkt zum Beispiel der Quattro 30 aufgrund seiner vier Währungsparitäten mit jeweils eigener Range für den Laien auf den ersten Blick, verglichen mit einem einfachen K.O.-Range-Warrant, als weitaus weniger riskant. Denn eigentlich bedeutet eine Aufteilung auf verschiedene Underlyings („Streuung") ja eine Reduktion des Gesamtrisikos. Beim inzwischen ausgeknockten Quattro 30 traf das allerdings nicht zu, da sich die Wechselkurse des US-Dollars und des Britischen Pfunds gegenüber der DM weitgehend parallel entwickelten. Daher ist die Wahrscheinlichkeit sehr groß, daß beim Ausknocken der DM/USD-Range auch die DM/GBP-Range verletzt wird.[1] Zudem sind die deutsche, die amerikanische und die japanische Währung miteinander verknüpft, da neben dem DM/USD- und DM/JPY- auch der JPY/USD-Wechselkurs das Basisgut für den Warrant bildet. Als Folge zieht die Veränderung einer der drei Währungsparitäten die Bewegung mindestens einer weiteren nach sich. So hat der US-Dollar Mitte 1997 unter anderem aufgrund der Euroskepsis ge-

---

1 GBP ist die in der Finanzwelt geläufige Abkürzung für das Britische Pfund.

Emittentin:
Bankers Trust International PLC
Zweigniederlassung Frankfurt

Emissionsvolumen:
300 000 Korridor-Optionsscheine, Quattro 30

Übernahme und Verkauf; Ausgabepreis:
Die Optionsscheine werden von der Emittentin übernommen und freibleibend zum Verkauf gestellt. Die Ausgabepreise werden erstmals zu Beginn
des Angebots und sodann fortlaufend festgesetzt.

Optionsrecht:
Der Optionsscheininhaber erhält DM 2,– für jede Währungsparität, die
während des gesamten Zeitraumes vom 5.3.97 bis zum Fälligkeitstag (jeweils inklusive) innerhalb des betreffenden Schwankungsbereichs liegt.
Der Höchstbetrag beträgt somit DM 8,– pro Optionsschein.

Underlying	Kurs	Quattro 30 Range
DEM/USD	1,7144	1,5900–1,7900
DEM/GBP	2,7705	2,6000–2,8600
JPY/USD	122,03	114,00–129,00
DEM/JPY	1,4047	1,3298–1,4815

Bewertungsbasis:
Die Reutersnotierungen für die entsprechenden Währungen, wobei für die
obere Barriere die High-Quotierung (Offer) und für die untere Barriere die
Low-Quotierung (Bid) maßgeblich ist.

Die Emission hat außerdem folgende Merkmale:

Ref.	anfgl. Verkaufspreis	Laufzeit	WKN	ISIN-Nummer
Quattro 30	DM 1,50	30.3.1998	819 098	DE0008190984

Beginn des Angebots:
6. März 1997

Zahltag/Valutierungstag:
20. März 1997

Notierung:
Freiverkehr Frankfurt am Main, Berlin, Düsseldorf, Hamburg und Stuttgart.

Market Making:
Die Liquidität der Emission wird durch unseren Handel in Frankfurt am
Main und London gewährleistet.

Preisinformationen:
Preise können unter Telefon-Nr.: 069/ 15 301 222 oder auf Seite BTWAK
(Reuters) abgerufen werden.

Abb. 55: Quattro 30

genüber der DM deutlich an Wert zugelegt. Im Vergleich zum japanischen Yen verlor er hingegen, da wegen des hohen japanischen Handelsbilanzüberschusses gegenüber den Vereinigten Staaten amerikanische Interventionen auf den Devisenmärkten befürchtet wurden. Für Inhaber des Quattro 30 indes hatte dies nicht nur zur Folge, daß die beiden den US-Dollar betreffenden Ranges verletzt wurden. Da die Mark gegenüber dem Dollar an Boden verlor, während der Yen gegenüber der amerikanischen Währung an Wert gewann, konnte das DM/JPY-Verhältnis natürlich nicht unverändert bleiben. Vielmehr büßte die DM gegenüber dem Yen deutlich an Wert ein. Als Folge stieg der DM/JPY-Kurs ebenfalls merklich an, und auch diese Range wurde verlassen. Da das Pfund überdies noch im Gleichklang mit dem Dollar gegenüber der Mark eine Wertsteigerung erfuhr, wurde die letzte Range des Quattro 30 wenige Monate nach seiner Emission ausgeknockt und der Warrant verfiel wertlos.

S-TWIN-Optionsscheine

Die **S–TWIN 1** aus der in diesem Abschnitt aufgeführten Produktbeschreibung sind ein weiteres anschauliches Beispiel, wie sich durch Kombination mehrerer Ranges ein neuer Warrant kreieren läßt.

Bei der Entwicklung hat *Bankers Trust* einfach eine DM/USD- und eine JPY/USD-Range miteinander verknüpft. Folglich sind beide Wechselkurse ausschlaggebend für die Performance des Warrants. Daher auch die Bezeichnung Twin, die aus dem Englischen hervorgeht und „Zwillinge" bedeutet.

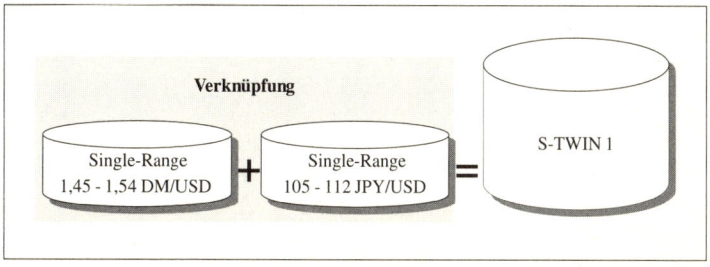

Abb. 56: S-Twin-Optionsschein

Für jeden Tag, an dem beide Kurse innerhalb ihrer Korridore notieren, erhöht sich der Rückzahlungsbetrag um 0,03649635 DM. Solange jedoch mindestens eine der beiden Währungsparitäten ihre Range verläßt, unterbleibt die tägliche Gutschrift. So gesehen besteht eine Ähnlichkeit zu Single-Warrants, worauf sich auch der Buchstabe „S" in der Produktbezeichnung zurückführen läßt. Notieren beide Wechselkurse über die gesamte Laufzeit (274 Tage) hinweg innerhalb ihrer Korridore, so führt dies zu folgender Auszahlung:

0,03649635 x 274 = 10 DM

Im nachstehenden Tableau wird die Entwicklung des Auszahlungswertes bei verschiedenen Szenarien dargestellt.

Tage innerhalb beider Ranges	Tage, an denen mindestens eine Range verlassen wird	Abrechnungsbetrag
274	0	10,00 DM
200	74	7,30 DM
150	124	5,47 DM
100	174	3,65 DM
50	224	1,82 DM
0	274	0 DM

Die hier vorgestellten S-TWIN-Warrants eignen sich – genau wie Single-Range-Warrants – zur Spekulation auf eine Seitwärtsbewegung, etwa bei Wechselkursen. Sie sind jedoch deutlich riskanter als einfache Single-Scheine, da ihre Wertentwicklung von einer weiteren Währung beeinflußt wird. So kann bei S-TWIN-Warrants bereits die starke Veränderung eines einzigen der beiden beteiligten Währungskurse ausreichen, um die tägliche Erhöhung des Inneren Wertes zu unterbrechen. Auf den bisweilen hochvolatilen Devisenmärkten ist dies schnell der Fall, wie das Beispiel des S-TWIN 1 bestätigt. Der Optionsschein konnte während seiner Gesamtlaufzeit von immerhin 274 Tagen lediglich an 55 Tagen innerhalb beider Korridore notieren, so daß sich die Auszahlung am Laufzeitende nur auf 2,01 DM belief.

Emittentin:
Bankers Trust International PLC
Zweigniederlassung Frankfurt

Emissionsvolumen:
500 000 Korridor-Optionsscheine, S-TWIN 1

Übernahme und Verkauf; Ausgabepreis:
Die Optionsscheine werden von der Emittentin übernommen und freibleibend zum Verkauf gestellt. Die Ausgabepreise werden erstmals zu Beginn des Angebots und sodann fortlaufend festgesetzt.

Optionsrecht:
Jeder Optionsscheininhaber hat am Fälligkeitstag das Recht auf Zahlung eines etwaigen Abrechnungsbetrages gemäß diesen Optionsbedingungen. Der Abrechnungsbetrag entspricht einem Betrag von DM 0,03 649 635 für jeden Bewertungstag, an dem Bewertungskurs 1 und Bewertungskurs 2 während der Laufzeit der Optionsscheine innerhalb ihrer Index-Bandbreite liegen.

Bewertungskurs	Underlying	S-TWIN 1 Range
1	USD/DM	1,4500–1,5400
2	USD/JPY	105,00–112,00

Bewertungstag:
Jeder Kalendertag innerhalb des Bewertungszeitraumes.

Bewertungszeitraum:
Der Zeitraum vom 5. September 1996 (einschließlich) bis zum 5. Juni 1997 (einschließlich).

Bewertungskurse:
USD/DM: amtlich festgestellter Mittelkurs an der Frankfurter Wertpapierbörse.

USD/JPY: berechnet nach folgender Formel: $\dfrac{USD/DM \times 100}{DM/100\,JPY}$

Die Emission hat außerdem folgende Merkmale:

Ref.	anf. Verkaufspreis	Fälligkeitstag	WKN	ISIN
S-TWIN 1	DM 5,50	5. Juni 1997	819 007	DE0008190075

Begebungstag:
5. September 1996

Valuta:
19. September 1996

Mindestausübung:
100 Optionsscheine oder ein ganzes Vielfaches hiervon.

Kleinste handelbare Einheit:
1 Optionsschein.

Notierung:
Freiverkehr Frankfurt am Main, Berlin, Düsseldorf, Hamburg und Stuttgart.

Market Making:
Die Liquidität der Emission wird durch unseren Handel in Frankfurt am Main und London gewährleistet.

Preisinformationen:
Preise können telefonisch abgerufen werden.

Abb. 57: S-Twin 1

Onion-Optionsscheine

Der Begriff „Onion" stammt gleichfalls aus dem Englischen und bedeutet „Zwiebel". Die von *Bankers Trust* unter diesem Namen emittierten Warrants beziehen sich allerdings nicht auf derlei Gemüse. Das Emissionshaus hat diese Bezeichnung vielmehr als sprachliche Umschreibung für den Zahlungsmodus beim Warrant gewählt. Die Rückvergütung sinkt nämlich stufenweise, wenn der Underlyingkurs sich von der Korridormitte entfernt, etwa so wie die Schichten beim Schälen einer Zwiebel.

Der Onion-Warrant von *Bankers Trust* setzt sich aus zwei K. O.-Range-Warrants zusammen, jedoch mit verschieden eng gesteckten Korridoren für ein und dasselbe Underlying.

So besitzt der **Onion 1** zwei Ranges. Die erste reicht von 1,46– 1,59 DM/USD und die zweite von 1,43– 1,61 DM/USD. Verharrt der Kurs die gesamte Laufzeit über in jedem dieser beiden Korridore, so hat dies jeweils eine Auszahlung von 10 DM zur Folge. Da die erste Range (innerer Schwankungsbereich) von der zweiten vollständig umschlossen wird, erhält der Warrantinhaber am Verfalltag 20 DM, sofern der Kurs stets in der engeren Range verweilte. Wird diese hingegen verletzt, die etwas weiter gefaßte Range (äußerer Schwankungsbereich) aber gehalten, gelangen immerhin noch 10 DM zur Auszahlung. Der Warrant verfällt schließlich

Emittentin:
Bankers Trust International PLC
Zweigniederlassung Frankfurt

Emissionsvolumen:
1 000 000 Korridor-Optionsscheine, Onion 1

Übernahme und Verkauf; Ausgabepreis:
Die Optionsscheine werden von der Emittentin übernommen und
freibleibend zum Verkauf gestellt. Die Ausgabepreise werden erstmals
zu Beginn des Angebots und sodann fortlaufend festgesetzt.

Optionsrecht: Jeder Optionsscheininhaber hat am Fälligkeitstag das
Recht auf Zahlung eines etwaigen Abrechnungsbetrages gemäß diesen
Optionsbedingungen. Der Abrechnungsbetrag entspricht einem Betrag von:
DM 20,– wenn der Bewertungskurs während des gesamten Bewertungszeitraumes innerhalb des inneren Schwankungsbereich verbleibt;
DM 10,– wenn der Bewertungskurs während des gesamten Bewertungszeitraumes innerhalb des äußeren Schwankungsbereich verbleibt,
jedoch *insgesamt* höchstens DM 20,– je Optionsschein.

Innerer Schwankungsbereich:
1,4600 DM/USD – 1,5900 DM/USD

Äußerer Schwankungsbereich:
1,4300 DM/USD – 1,6100 DM/USD

Bewertungstag:
Jeder Kalendertag innerhalb des Bewertungszeitraumes.

Bewertungszeitraum:
Der Zeitraum vom 23. Mai 1996 bis zum 30. Dez. 1996 (jeweils einschließlich).

Bewertungskurs:
USD/DM-Wechselkurs, wie er auf der Reuters-Bildschirmseite FXFX
veröffentlicht wird, mit der Besonderheit, daß am Fälligkeitstag der an
der Frankfurter Wertpapierbörse festgesetzte USD/DM-Mittelkurs
maßgeblich ist.

Die Emission hat außerdem folgende Merkmale:

Ref.	anf. Verkaufspreis	Fälligkeitstag	WKN	ISIN
Onion 1	DM 10,00	30. Dez. 1996	808 496	DE0008084963

Begebungstag:
23. Mai 1996

Valuta:
4. Juni 1996

Mindestausübung:
100 Optionsscheine oder ein ganzes Vielfaches hiervon.

Kleinste handelbare Einheit:
1 Optionsschein.

Notierung:
Freiverkehr Frankfurt am Main, Berlin, Düsseldorf, Hamburg und Stuttgart.

Market Making:
Die Liquidität der Emission wird durch unseren Handel in Frankfurt am Main und London gewährleistet.

Preisinformationen:
Preise können telefonisch abgerufen werden.

Abb. 58: Onion 1

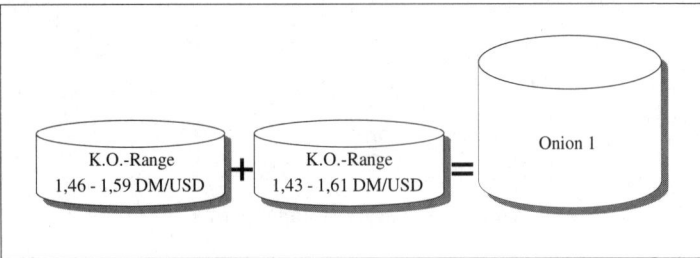

Abb. 59: Onion-Optionsschein

wertlos, wenn auch der breitere Korridor verlassen wird (vgl. Abb. 60).

Bei der Ausgestaltung dieser Warrants sind die Emittenten im übrigen nicht an zwei Bandbreiten gebunden. Einer Ausweitung auf drei, vier oder noch mehr Korridore steht im Prinzip nichts im Wege.

Onion-Warrants eignen sich wie alle anderen Korridor-Optionsscheine zur Spekulation auf die Seitwärtsbewegung eines Underlyings. Sie sind als ähnlich risikoreich einzustufen wie ein-

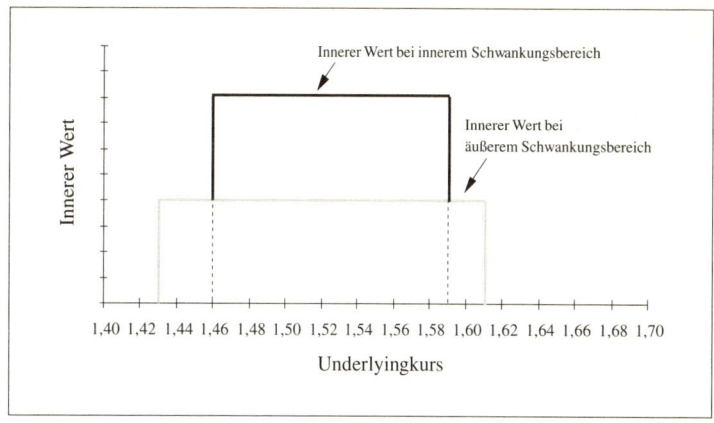

Abb. 60: Innerer Wert beim Onion-Warrant

fache K. O.-Range-Warrants, da sie ebenfalls durch das Ausknocken der Korridore zum Totalverlust führen können. Sind
beide Ranges jedoch relativ breit gefaßt, so können diese Scheine
eventuell ein interessantes Spekulationsinstrument darstellen.
Entscheidend sind jedoch – wie bei allen übrigen Warrants auch –
die vom Emittenten verlangte Prämie und die Vorstellungen des
Anlegers bezüglich der Chance-Risiko-Relation.

Sonstige kombinierte Optionsscheine

Die hier vorgestellten Optionsscheine stellen, wie die Kapitel-
überschrift vermuten läßt, keine homogene Gruppe dar. Das
wichtigste gemeinsame Merkmal liegt wohl darin, daß sich jeder
einzelne dieser Warrants aus mehreren Bausteinen zusammensetzt. Wir stellen die Scheine deshalb losgelöst voneinander vor,
ohne sie weiter zu kategorisieren. Die Darstellungen können
natürlich nur eine Momentaufnahme sein, da der Erfindungs-
reichtum der Produktentwickler immer neue Kreationen hervor-
bringt.

Sleepy-Optionsscheine

Sleepy-Warrants sind von *Bankers Trust* entwickelt worden.
Sie sind ein gutes Beispiel, um zu demonstrieren, wie durch Kom-

bination mehrerer einfacher Warrantbestandteile ein neues Finanzprodukt entsteht.

Als Grundbaustein fungiert ein einfacher K. O.-Range-Warrant. Um den Verlust zu mildern, der dem Inhaber im Falle einer Range-Verletzung droht, hat die Bank den Schein mit zwei Hit-Optionen kombiniert. Es handelt sich hierbei um einen Hit-Call sowie einen Hit-Put, deren Basispreise jeweils der oberen bzw. unteren Korridorgrenze entsprechen.

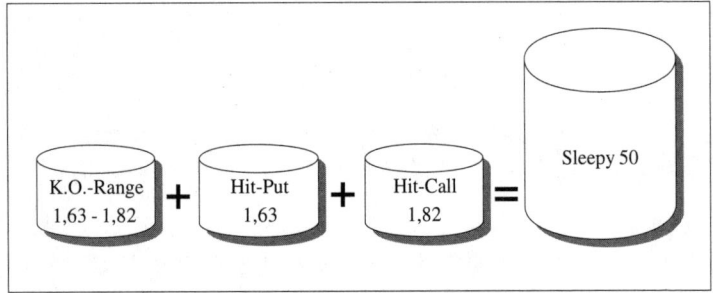

Abb. 61: Sleepy-Warrant

Als Folge wird dem Optionsscheininhaber bei einem Ausknocken der Range, sozusagen als „Trostpflaster", gleichzeitig der Hit-Betrag ausbezahlt. Er liegt beim **Sleepy 50** bei 2,50 DM, während dem Anleger ansonsten am Ende der Laufzeit insgesamt 10 DM zufließen (vgl. Abb. 63).

Die hier vorgestellten Sleepy-Warrants eignen sich ebenso wie einfache K. O.-Range-Scheine zur Spekulation auf stagnierende Kurse. Da der Inhaber auch dann eine Rückzahlung erhält, wenn die Range verletzt wird, verfügen Sleepy-Warrants grundsätzlich über ein geringeres Risikopotential. Diesen Vorteil muß der Anleger selbstverständlich schon beim Kauf eines Optionsscheins mitbezahlen. Es stellt sich daher die Frage, ob es nicht günstiger ist, auf die sichere Rückzahlung zu verzichten und dafür von vornherein eine geringere Prämie aufzuwenden. Denn der über die sichere Auszahlung hinausgehende Betrag ist dem selben Risiko unterworfen wie das beim Kauf eines einfachen K. O.-Range-Warrants eingesetzte Kapital. Wie sich ein Sleepy-Warrant in einen

Emittentin:
Bankers Trust International PLC
Zweigniederlassung Frankfurt

Emissionsvolumen:
500 000 Korridor-Optionsscheine, Sleepy 50
500 000 Korridor-Optionsscheine, Sleepy 70
500 000 Korridor-Optionsscheine, Sleepy 80

Übernahme und Verkauf; Ausgabepreis:
Die Optionsscheine werden von der Emittentin übernommen und
freibleibend zum Verkauf gestellt. Die Ausgabepreise werden erstmals
zu Beginn des Angebots und sodann fortlaufend festgesetzt.

Optionsrecht:
• DM 10,00 je Optionsschein bei Fälligkeit, wenn der Bewertungskurs
  während des gesamten Bewertungszeitraumes innerhalb der Range
  verbleibt;
• DM 2,50 je Optionsschein für Sleepy 50, sobald der Bewertungskurs
  während des Bewertungszeitraumes die Range verläßt;
• DM 3,50 je Optionsschein für Sleepy 70, sobald der Bewertungskurs
  während des Bewertungszeitraumes die Range verläßt;
• DM 4,00 je Optionsschein für Sleepy 80, sobald der Bewertungskurs
  während des Bewertungszeitraumes die Range verläßt.

Bewertungskurs:
DEM/US-$-Wechselkurs, wie er auf der Reuters-Bildschirmseite
FXFX veröffentlicht wird.

Bewertungszeitraum:
9. Mai 1997 bis 5. Dezember 1997 (jeweils einschließlich).

Fälligkeitstag:
5. Dezember 1997

Automatische Ausübung:
Die Ausübung des Optionsscheines am Fälligkeitstag erfolgt automatisch.

Die einzelnen Emissionen haben außerdem folgende Merkmale:

Ref.	anfgl. Verkaufspreis	Range	WKN	ISIN-Nummer
Sleepy 50	DM 5,–	1,63–1,82	819114	DE0008191149
Sleepy 70	DM 5,–	1,64–1,80	819113	DE0008191131
Sleepy 80	DM 5,–	1,66–1,78	819112	DE0008191123

Beginn des Angebots:
9. Mai 1997

Zahltag/Valutierungstag:
23. Mai 1997

Notierung:
Freiverkehr Frankfurt am Main, Berlin, Düsseldorf, Hamburg und Stuttgart.

Kleinste handelbare Einheit:
1 Optionsschein.

Market Making:
Die Liquidität der Emission wird durch unseren Handel in Frankfurt am Main und London gewährleistet.

Preisinformationen:
Preise können telefonisch oder auf Seite BTWAU (Reuters) abgerufen werden.

Abb. 62: Sleepy-Optionsschein

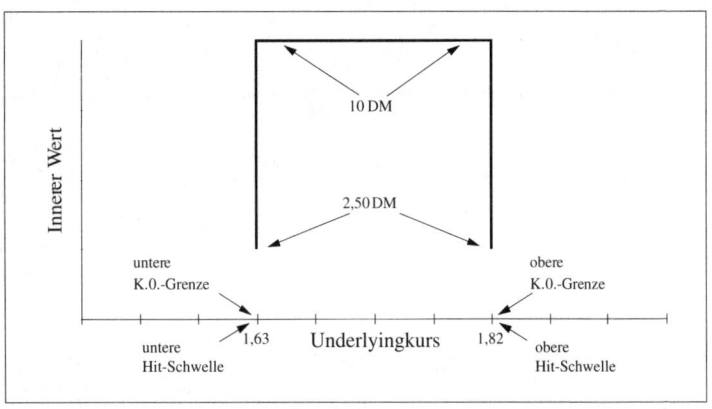

Abb. 63: Innerer Wert beim Sleepy-Warrant

gewöhnlichen K. O.-Range-Schein überführen läßt, demonstrieren wir im Kapitel 5.

KORD-Warrants

Eine Neuentwicklung stellen die im Jahre 1997 erschienenen KORD-Warrants dar. Diese von *Bankers Trust* angebotenen Optionsscheine sind ein weiteres Beispiel, um zu untermauern, wie

Emittentin:
Bankers Trust International PLC
Zweigniederlassung Frankfurt

Emissionsvolumen:
300 000 CHF-PUT/DEM-CALL-Optionsscheine, KORD 1
300 000 ITL-PUT / DEM-CALL-Optionsscheine, KORD 2
300 000 USD-PUT/DEM-CALL-Optionsscheine, KORD 3
300 000 DEM-PUT/USD-CALL-Optionsscheine, KORD 4

Übernahme und Verkauf; Ausgabepreis:
Die Optionsscheine werden von der Emittentin übernommen und
freibleibend zum Verkauf gestellt. Die Ausgabepreise werden erstmals
zu Beginn des Angebots und sodann fortlaufend festgesetzt.

Optionsrecht:
Ein Optionsschein berechtigt zum Bezug eines etwaigen Geldbetrages,
der an die Entwicklung des jeweiligen Wechselkurses geknüpft ist und
in DM gezahlt wird.
Wird während der Laufzeit die Barriere erreicht oder durchbrochen,
erhält der Anleger eine Rückzahlung i. H. v. 5,– DEM.
Hat der Optionsschein am Fälligkeitstag einen positiven inneren Wert,
erhält der Anleger automatisch die Gutschrift des DEM-Gegenwertes
auf seinem Konto.

Ausübungszeitraum:
29. Januar 1997 bis 3. November 1997 (jeweils inklusive).

Fälligkeitstag:
3. November 1997

Automatische Ausübung:
Die Ausübung des Optionsscheines am Fälligkeitstag bzw. bei Erreichen der K. O.-Barriere erfolgt automatisch.

Die einzelnen Emissionen haben außerdem folgende Merkmale:

Ref.	anfgl. Verkaufspreis	Basispreis	K. O.-Barriere	WKN	ISIN-Nummer
KORD 1	DM 3,53	1,149425	1,219512	819049	DE0008190497
KORD 2	DM 4,48	1000	960	819050	DE0008190505
KORD 3	DM 7,67	1,57	1,61	819051	DE0008190513
KORD 4	DM 7,13	1,57	1,52	819052	DE0008190521

Beginn des Angebots:
15. Januar 1997

Zahltag/Valutierungstag:
29. Januar 1997

Notierung:
Freiverkehr Frankfurt am Main, Berlin, Düsseldorf, Hamburg und
Stuttgart.

Kleinste handelbare Einheit:
1 Optionsschein.

Market Making:
Die Liquidität der Emission wird durch unseren Handel in Frankfurt
am Main und London gewährleistet.

Preisinformationen:
Preise können telefonisch oder auf Seite BTWAO (Reuters) abgerufen
werden.

Abb. 64: KORD-Warrant

mit relativ einfachen Mitteln ein noch nicht dagewesener Exotischer Warrant geschaffen wird.

Ein KORD-Warrant entspricht einer Kombination aus einem
amerikanischen Plain-Vanilla-Schein, einer Knock-Out-Barriere
und einer Hit-Schwelle.

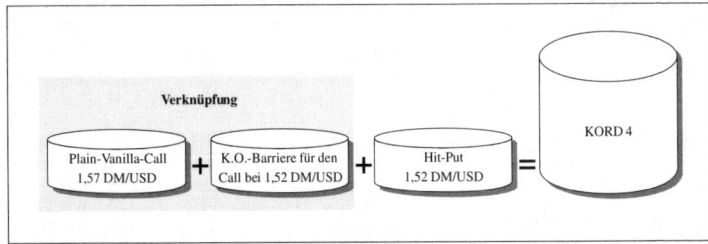

Abb. 65: KORD-Warrant

So ist zum Beispiel der **KORD 4** im Grunde genommen ein einfacher US-Dollar-Call mit einem Strike von 1,57 DM/USD. Notiert die US-Devise oberhalb dieses Basispreises, so hat der Warrant einen Inneren Wert, welcher aufgrund der amerikanischen
Ausstattung jederzeit durch eine vorzeitige Ausübung realisiert
werden könnte. Im Gegensatz zu einem einfachen Dollar-Call
verfügt der Warrant außerdem über eine Knock-Out-Barriere und
eine Hit-Schwelle bei 1,52 DM/USD. Erreicht der Dollarkurs die-

se Grenze während der Laufzeit, so wird der Warrant ausgeknockt, und seinem Inhaber wird gleichzeitig ein Hit-Betrag von
5 DM ausgezahlt. Wie der Innere Wert bei einem KORD-Warrant
vom Underlyingkurs abhängt, haben wir schematisch in Abbildung 66 dargestellt.

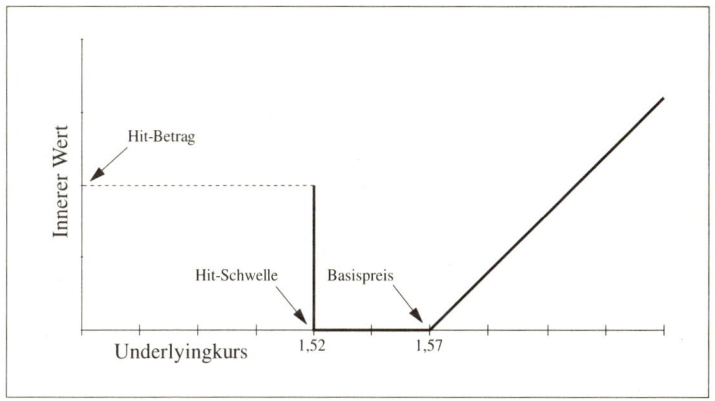

Abb. 66: Innerer Wert beim KORD-Warrant

Die eben beschriebenen KORD-Warrants können ebenso wie
Plain-Vanilla-Scheine zur Spekulation auf sinkende bzw. steigende Preise herangezogen werden. Ihr Vorteil gegenüber einfachen
Calls und Puts ist darauf zurückzuführen, daß der Inhaber bei einer Fehleinschätzung der Kursentwicklung aufgrund der Hit-
Schwelle trotzdem zu einer Auszahlung gelangen kann. Diese
schmälert seinen Verlust oder führt – wie zum Beispiel beim
KORD 1 – unter Umständen sogar zu einem Gewinn. Hat der Investor die Entwicklung des Basiswertes dagegen richtig vorherge-
sehen, so muß er sich aufgrund der höheren Prämie für den
KORD-Warrant mit einem deutlich niedrigeren Gewinnpotential
begnügen. Da kaum vergleichbare Produkte existieren, fällt es zudem besonders schwer, die für den KORD-Warrant verlangte Prämie auf ihre Angemessenheit hin zu überprüfen.

Trampolin-Warrants

Eine weitere Neuheit aus dem Jahre 1997 stellen die von *Merrill Lynch* emittierten Trampolin-Warrants dar. Wie ein Turner durch das Auf und Nieder auf einem Trampolin enorme Höhen erreichen kann, so soll der Optionsscheininhaber von starken Währungsschwankungen profitieren.

Die in der Produktbeschreibung vorgestellten Trampolin-Warrants setzen sich aus einem Plain-Vanilla-Call und einem Hit-Put zusammen. Dadurch ergibt sich ein Kaufoptionsschein, der neben seinem Basispreis noch über eine Hit-Schwelle verfügt.

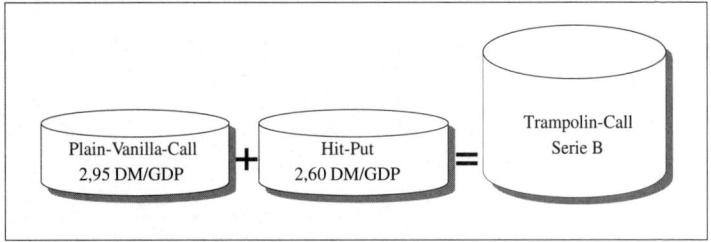

Abb. 67: Trampolin-Warrant

Diese auch als Prämienrückvergütungsschwelle bezeichnete Grenze liegt unter dem Basispreis des Calls. Unterschreitet der Underlying-Kurs während der Laufzeit die Hit-Grenze, so erhält der Inhaber am Fälligkeitstag, neben einem aufgrund der Call-Komponente angesammelten Inneren Wert, eine sogenannte Prämienrückvergütung. Der Warrantinhaber geht dagegen leer aus, wenn die Hit-Schwelle während der gesamten Optionsfrist nicht ein einziges Mal unterschritten wurde und der Underlying-Preis am Verfalltag zwischen Hit-Schwelle und Call-Strike liegt (vgl. Abb. 69).

Trampolin-Warrants führen, wenn sie zu einem Preis unterhalb der Prämienrückvergütung erworben werden, sowohl bei stark steigenden als auch fallenden Kursen zu einem Gewinn. Insbesondere bei Einbruch des Underlying-Kurses unter die Hit-Schwelle und anschließendem starken Preisanstieg über den Stri-

Emittentin:
Merrill Lynch Wertpapiere GmbH, Frankfurt am Main

Emissionsvolumen:
2 000 000 GBP/DM „Trampolin" Call, Serie A
2 000 000 GBP/DM „Trampolin" Call, Serie B

Übernahme und Verkauf; Ausgabepreis:
Die Optionsscheine werden von der Emittentin übernommen und
freibleibend zum Verkauf gestellt. Die Ausgabepreise werden erstmals
zu Beginn des Angebots und sodann fortlaufend festgesetzt.

Optionsrecht:
Die Emittentin gewährt hiermit dem Inhaber je eines Optionsscheines
das Recht (das „Optionsrecht"), von ihr nach Maßgabe der Optionsbedingungen Zahlung des nachstehend bezeichneten Auszahungsbe-
trages in DM, gegebenenfalls zuzüglich der Prämienrückvergütung, zu
verlangen.

Auszahlungsbetrag:
Der gegebenenfalls zu zahlende Auszahlungsbetrag ist der in DM aus-
gedrückte, auf volle Pfennige auf- bzw. abgerundete (0,5 Pfennige werden aufgerundet) Differenzbetrag.

Differenzbetrag:
Der Differenzbetrag ist der Betrag, um den der Ausübungskurs den Basiskurs überschreitet, wobei eine Kursdifferenz von DM 0,01 (oder ein
Bruchteil davon) jeweils DM 1,– (bzw. einem entsprechenden Bruchteil davon) entspricht.

Ausübungskurs:
Mittelkurs des amtlichen Fixings an der Frankfurter Devisenbörse zwischen den zugrundeliegenden Währungen.

Prämienrückvergütung:
Wenn die „LOW"-Quotierung der auf Reuters-Seiten GBPDEM=R
und GBPDEM= angezeigten Wechselkurse zwischen den zugrundeliegenden Währungen (ausgedrückt als DM-Betrag für GBP 1,–) oder
auf einer diese jeweils ersetzenden Seite, auf der die weltweiten Wechselkurse zwischen den zugrundeliegenden Währungen angezeigt werden, in der Zeit vom 28. Mai 1997 bis 20. Nov. 1997 (Serie A) bzw. 20.
März 1998 (Serie B) mindestens einmal auf beiden Reuters-Seiten zugleich unter DM 2,60 (die „Prämienrückvergütungsschwelle" oder
„Hit-Schwelle") liegt, erhält der Inhaber je eines Optionsscheines bei
Endfälligkeit des Optionsscheins außerdem DM 10,– (die „Prämienrückvergütung").

Die einzelnen Emissionen haben außerdem folgende Merkmale:

Ref.	Options-recht	anfgl. Verkaufspreis	Fälligkeits-tag	Basispreis	WKN
Serie A	europäisch	DM 5,09	20.11.1997	2,90	817591
Serie B	europäisch	DM 6,45	20.3.1998	2,95	817592

Zahltag/Valutierungstag:
27. Mai 1997

Notierung:
Freiverkehr an den Wertpapierbörsen in Frankfurt am Main, Düsseldorf und Stuttgart sowie eventuell an weiteren Börsen.

Kleinste handelbare Einheit:
100 Optionsscheine.

Abb. 68: Trampolin-Währungsoptionsscheine (Call)

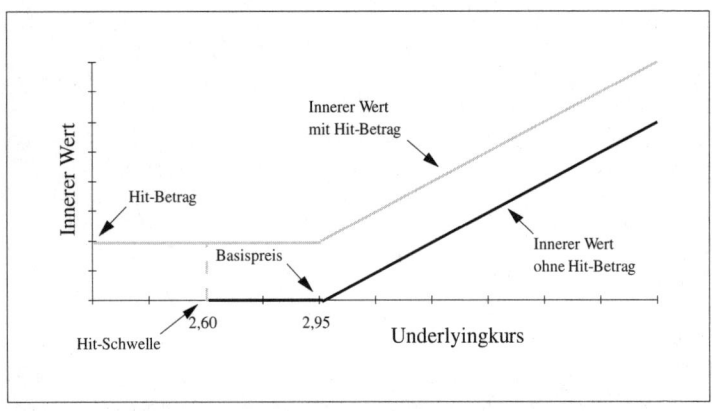

Abb. 69: Innerer Wert beim Trampolin-Warrant

ke hinaus, sind derlei Warrants relativ profitabel. Schlägt der Underlyingkurs während der Laufzeit des Warrants jedoch nur eine der beiden Kursrichtungen ein, so fährt der Anleger, vorausgesetzt er hat die richtige Wahl getroffen, mit einem Plain-Vanilla-Schein wesentlich besser. Anleger sollten grundsätzlich daran denken, daß die Wahrscheinlichkeit, mit beiden Optionsscheinkomponenten gleichzeitig Gewinne einzustreichen, eher als gering einzustufen ist.

COOL-Warrants

COOL-Warrants haben sich zu einer beliebten Variante Exotischer Warrants entwickelt. Im Herbst 97 wurden Optionsscheine mit diesem Namen von *Merrill Lynch* und *Goldman Sachs & Co.* angeboten. Des weiteren offerierten *Lehman Brothers* solche Warrants, allerdings unter der Bezeichnung „X-Tra". „COOL" ist eine Abkürzung, die für „**C**hance **O**f **O**ptimal **L**everage" steht. Dementsprechend sollen derartige Optionsscheine Inhabern die Möglichkeit verschaffen, mit einem optimalen Hebel von der Entwicklung eines Underlyings zu profitieren.

Die in der Produktbeschreibung vorgestellten COOL-Warrants lassen sich jeweils in eine europäische Plain-Vanilla-Option und in eine Knock-Out-Border-Option zerlegen.

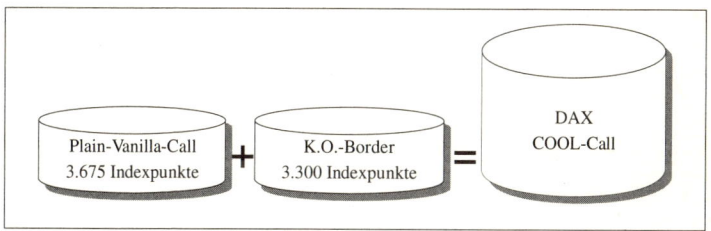

Abb. 70: COOL-Warrants

So besteht zum Beispiel der COOL-Call aus einer europäischen DAX-Kaufoption mit einem Basispreis von 3675 Indexpunkten und einer Knock-Out-Border-Option mit einer Grenze bei 3300. Als Folge erhält der Inhaber am Laufzeitende einerseits den Wert aus der Call-Komponente. Darüber hinaus fließt dem Anleger eine als „Prämienrückvergütung" bezeichnete Zahlung in Höhe von 10 DM zu, sofern die Schwelle von 3300 Punkten während der gesamten Laufzeit nicht unterschritten wurde (vgl. Abb. 70).

COOL-Warrants weisen deutliche Parallelen zu Trampolin-Scheinen auf. Während bei letztgenannten die Prämienrückvergütung erst bei Unterschreiten der Hit-Schwelle zufließt, ist es beim COOL-Call genau umgekehrt. Hier darf die Schwelle nicht erreicht, geschweige denn unterschritten werden, da ansonsten

Emittentin:
Goldman, Sachs & Co. Wertpapier GmbH, Frankfurt am Main

Emissionsvolumen:
5 000 000 „COOL" (Chance Of Optimal Leverage) DAX Call Optionsscheine
5 000 000 „COOL" (Chance Of Optimal Leverage) DAX Put Optionsscheine

Übernahme und Verkauf; Ausgabepreis:
Die Optionsscheine werden von der Emittentin übernommen und freibleibend zum Verkauf gestellt. Die Ausgabepreise werden erstmals zu Beginn des Angebots und sodann fortlaufend festgesetzt.

Optionsrecht:
Die Emittentin gewährt hiermit dem Inhaber von je 100 Optionsscheinen das Recht, die Zahlung eines sich nach Maßgabe dieser Optionsbedingungen gegebenenfalls ergebenden Abrechnungsbetrages sowie einer Prämienrückvergütung zu verlangen.

Abrechnungsbetrag:
Der Abrechnungsbetrag je Optionsschein entspricht der in DEM ausgedrückten Differenz (wobei 1 Indexpunkt DEM 0,01 entspricht), um die der Abrechnungskurs den Basiskurs gegebenenfalls überschreitet (Call Optionsschein) bzw. unterschreitet (Put-Optionsschein).

Abrechnungskurs:
Der Abrechnungskurs entspricht dem Schlußkurs des DAX-Index (Präsenzbörse), der am Verfalltag von der Deutschen Börse AG errechnet und veröffentlicht wird.

Verfalltag:
12. März 1998

Prämienrückvergütung:
Wenn der von der Deutsche Börse AG festgestellte Kurs des DAX-Index während der Handelszeit (derzeit 10.30 Uhr – 13.30 Uhr) der Frankfurter Wertpapierbörse (Präsenzbörse) in der Zeit vom 12. Juni 1997 bis zum Verfalltag, nie unter 3300 Punkten (Call-Optionsschein) bzw. nie über 4000 Punkten (Put-Optionsschein) liegt, erhält der Inhaber von je einem Optionsschein außerdem DEM 10,00 (die „Prämienrückvergütung").

Die einzelnen Emissionen haben außerdem folgende Merkmale:

Ref.	Optionsrecht	anfgl. Verkaufspreis	Basiskurs	Rückvergütungsschelle	WKN
COOL Call	europäisch	DM 8,80	3675 Punkte	3300 Punkte	592 099
COOL Put	europäisch	DM 5,70	3675 Punkte	4000 Punkte	592 100

> **Beginn des Angebots:**
> 12. Juni 1997
>
> **Notierung:**
> Es ist beabsichtigt zu beantragen, daß die Optionsscheine in den Frei-
> verkehr oder den geregelten Markt mindestens einer der folgenden
> Wertpapierbörsen einbezogen werden: Frankfurter Wertpapierbörse,
> Rheinisch-Westfälische Börse zu Düsseldorf, Baden-Württembergi-
> sche Wertpapierbörse zu Stuttgart.
>
> **Kleinste handelbare Einheit:**
> 100 Optionsscheine.

Abb. 71: COOL-Optionsscheine 97/98

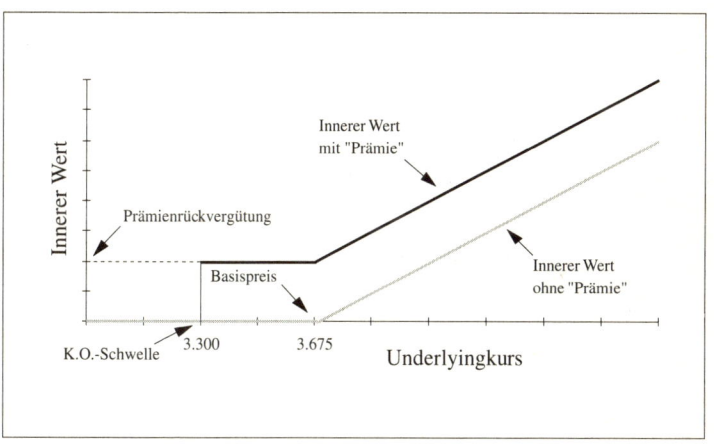

Abb. 72: Innerer Wert beim COOL-Call-Warrant

die Prämienrückvergütung entfällt. Eine europäische Call-Komponente ist bei beiden Warranttypen gleichermaßen vorhanden.

COOL-Warrants können zur Spekulation auf steigende bzw.
fallende Kurse genutzt werden, je nachdem ob es sich um einen
COOL-Call oder -Put handelt. Sie eignen sich insbesondere für
Anleger, die nach einem Instrument mit hohem Hebel Ausschau
halten, da der Warrant rapide an Wert gewinnt, wenn er sich von
der Schwelle weg in Richtung Call-Strike bewegt. In diesem Falle
sinkt die Gefahr, daß die Prämienrückvergütung verlorengeht,

während gleichzeitig die Chance auf einen Inneren Wert der Call-Komponente zunimmt. Umgekehrt verliert der Schein enorm an Wert, wenn der Underlying-Preis sich in die andere Richtung dreht. Wird diese Schwelle erreicht, so büßt der Anleger die Prämienrückvergütung ein und verfügt schließlich nur noch über einen europäischen Plain-Vanilla-Call.

Ice-Warrants

Als weitere Neuerung gelten die im Juli 1997 von *Bankers Trust* ausgegebenen Ice-Warrants. Derlei Optionsscheine sollen es dem Anleger ermöglichen, bei Eintreffen seiner Markteinschätzung einen fixen Betrag zu erzielen.

Die Ice-Warrants von *Bankers Trust* bestehen aus einem Knock-Out-Border-Put und einem Digital-Border-Call. Dadurch können die Optionsscheine (vgl. Produktbeschreibung) in zweifacher Hinsicht von der Kursentwicklung des US-Dollars profitieren.

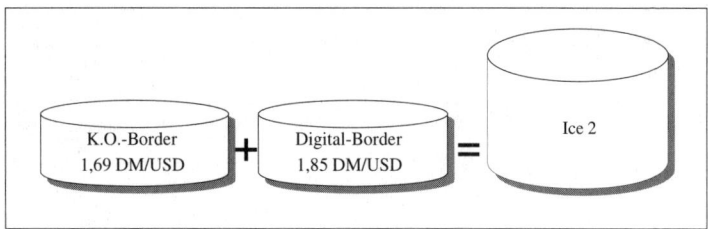

Abb. 73: Ice-Warrants

Zum einen erhält der Inhaber am Laufzeitende 10 DM, wenn der Dollar während der gesamten Laufzeit oberhalb von Barriere 1 notiert (Knock-Out-Border-Komponente). Steigt die US-Devise zum anderen über die zweite Barriere hinweg und notiert sie auch am Fälligkeitstag noch oberhalb davon, so werden weitere 10 DM fällig (Digital-Border-Komponente). Ein Warrantinhaber empfängt also im Idealfalle am Laufzeitende eine Auszahlung von 20 DM (vgl. Abb. 75).

Die vorgestellten Ice-Warrants von *Bankers Trust* können in einer ganz bestimmten Situation zum Spekulieren eingesetzt werden.

Emittentin:
Bankers Trust International PLC
Zweigniederlassung Frankfurt

Emissionsvolumen:
300 000 Barriere-Optionsscheine, Ice 1
300 000 Barriere-Optionsscheine, Ice 2

Übernahme und Verkauf; Ausgabepreis:
Die Optionsscheine werden von der Emittentin übernommen und
freibleibend zum Verkauf gestellt. Die Ausgabepreise werden erstmals
zu Beginn des Angebots und sodann fortlaufend festgesetzt.

Optionsrecht:
• DM 10,00 je Optionsschein bei Fälligkeit, wenn der Bewertungskurs
  während des gesamten Bewertungszeitraumes oberhalb (nicht inklusive) der Barriere 1 verbleibt;

  plus/oder

• DM 10,00 je Optionsschein bei Fälligkeit, wenn der Bewertungskurs
  am Fälligkeitstag um oder ca. um 10 Uhr (Ortszeit Frankfurt) gleich
  oder oberhalb der Barriere 2 verbleibt.

Bewertungskurs:
DEM/US-$-Wechselkurs, wie er unter RIC-Code „DEM =" veröffent-
licht wird, wobei für die Barriere 1 die Low-Quotierung während des
gesamten Bewertungszeitraumes und für Barriere 2 die Bid-Quotie-
rung am Fälligkeitstag maßgeblich ist.

Bewertungszeitraum:
10. Juli 1997 bis 10. Februar 1998 (jeweils einschließlich).

Fälligkeitstag:
10. Februar 1998

Automatische Ausübung:
Die Ausübung des Optionsscheines am Fälligkeitstag erfolgt automatisch.

Die einzelnen Emissionen haben außerdem folgende Merkmale:

Ref.	anfgl. Verkaufspreis	Barriere 1	Barriere 2	WKN	ISIN-Nummer
Ice 1	DM 7,75	1,67	1,82	819 113	DE0008191479
Ice 2	DM 8,10	1,69	1,85	819 112	DE0008191487

Handelsbeginn:
10.Juli 1997

Zahltag/Valutierungstag:
24. Juli 1997

Notierung:
Freiverkehr Frankfurt am Main, Berlin, Düsseldorf, Hamburg und Stuttgart.

Kleinste handelbare Einheit:
1 Optionsschein.

Market Making:
Die Liquidität der Emission wird durch unseren Handel in Frankfurt am Main und London gewährleistet.

Preisinformationen:
Preise können telefonisch oder auf Seite BTWAU (Reuters) abgerufen werden.

Abb. 74: Ice-Warrant

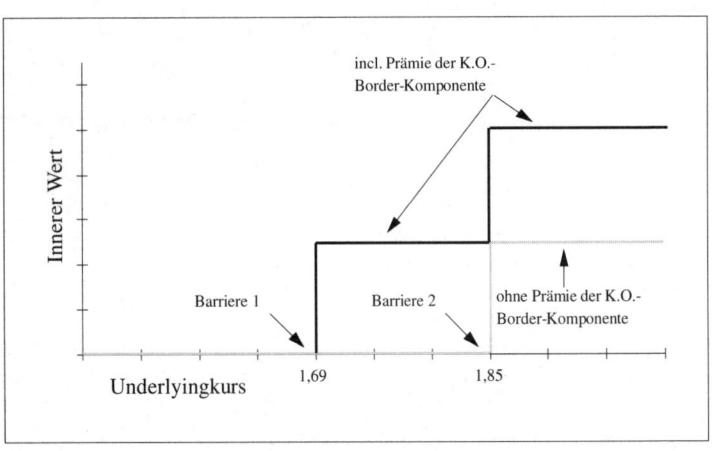

Abb. 75: Innerer Wert beim Ice-Warrant

Erwarten Investoren einen Anstieg des US-Dollars über die zweite Barriere hinaus und sind die Anleger gleichzeitig der Meinung, daß Barriere 1 während der Laufzeit nicht verletzt wird, so kann diese Überzeugung mit Hilfe eines Ice-Warrants gewinnbringend umgesetzt werden. Wir empfehlen Interessenten allerdings, vor dem Kauf einen Vergleich mit Plain-Vanilla-Scheinen anzustellen.

SYNCRO-*Warrants*

Eine wirkliche Innovation stellen die von *Bankers Trust* entwickelten SYNCRO-Warrants dar. Dem Emissionshaus ist es gelungen, durch Kombination mehrerer Bauteile ein auf den ersten Blick komplex anmutendes Finanzprodukt zu schaffen, das sich bei näherem Hinsehen allerdings als vergleichsweise einfach herausstellt.

SYNCRO-Warrants basieren jeweils auf einem europäischen Plain-Vanilla-Schein. Es existieren sowohl SYNCRO-Calls als auch -Puts. Zum besseren Verständnis demonstrieren wir die Funktionsweise eines SYNCROs am Beispiel eines Calls. Die dabei gewonnenen Erkenntnisse können ohne weiteres auf Puts übertragen werden.

Ein SYNCRO-Call weist genau wie ein Plain-Vanilla-Call einen Strike auf. Oberhalb dieses Basispreises verfügen beide Warrants über denselben Inneren Wert. Unterschreitet der Underlying-Preis diesen Strike irgendwann, so verfällt der SYNCRO umgehend wertlos, während das Plain-Vanilla-Produkt weiterhin existiert. Der SYNCRO weist demnach eine Knock-Out-Barriere in Höhe des Basispreises auf. Deshalb müssen SYNCROs zum Emissionszeitpunkt im Geld liegen, da sie ansonsten gar nicht erst entstehen könnten. Im Unterschied zum Plain-Vanilla-Call wird der Strike eines SYNCROs – und damit ebenfalls die Knock-Out-Grenze – außerdem während der Laufzeit angepaßt, sofern bestimmte Bedingungen erfüllt sind. Eine Angleichung bei dem hier betrachteten Schein hängt ab vom kurzfristigen Zinsniveau in Deutschland und den Vereinigten Staaten, das jeweils durch den Zinssatz für Tagesgeld zum Ausdruck kommt.[1] Der Strike wird tagtäglich um die Differenz dieser Sätze angepaßt. Liegt der US-Zins an einem Tag über dem DM-Zins, so verringert sich der Basispreis. Am 8. August 1997 lag der Satz für US-Dollar-Tagesgeld bei 5,5 % p. a., der für Tagesgeld in DM bei 3,125 % p. a. Damit beläuft sich die Zinsdifferenz für eben diesen Tag auf

---

1 Unter Tagesgeld versteht man üblicherweise Bankeinlagen, die täglich gekündigt werden können.

Emittentin:
Bankers Trust International PLC
Zweigniederlassung Frankfurt

Emissionsvolumen:
1 000 000 USD-CALL/DEM-PUT-Optionsscheine, USD-SYNCRO 1
1 000 000 GBP-CALL/DEM-PUT-Optionsscheine, GBP-SYNCRO 1

Übernahme und Verkauf; Ausgabepreis:
Die Optionsscheine werden von der Emittentin übernommen und
freibleibend zum Verkauf gestellt. Die Ausgabepreise werden erstmals
zu Beginn des Angebots und sodann fortlaufend festgesetzt.

Optionsrecht:
Ein Optionsschein berechtigt zum Bezug eines etwaigen Geldbetrages,
der an die Entwicklung des jeweiligen Wechselkurses geknüpft ist und
in DM gezahlt wird. Wird während der Laufzeit des Optionsscheins
der Basispreis erreicht oder durchbrochen, verfällt der Optionsschein
wertlos.

Basispreis:
Der Basispreis wird während der Laufzeit des Optionsscheins täglich
angepaßt. Für die Anpassung werden die Tagesgeldsätze (Overnight
Rates) für die jeweiligen Währungen herangezogen.

Wert zum Fälligkeitstag:
Der Wert des jeweiligen Optionsscheins zum Fälligkeitstag berechnet
sich wie folgt:

DEM 100 x (Spot bei Fälligkeit minus Basispreis bei Fälligkeit)

Theoretischer Wert während der Laufzeit:
Der theoretische Wert des jeweiligen Optionsscheins zum Fälligkeitstag berechnet sich wie folgt:

DEM 100 x (Spot aktuell minus Basispreis aktuell)

Rückzahlung im K.O.-Fall:
DM 0,– bei allen Optionsscheinen.

Die einzelnen Emissionen haben außerdem folgende Merkmale:

Ref.	anfgl. Verkaufs- preis	anfgl. Basis- preis	Fällig- keitstag	WKN	ISIN-Nummer
USD-SYNCRO	DM 4,34	DM 1,65	20. 2. 1998	819093	DE0008190935
GBP-SYNCRO	DM 4,13	DM 2,69	20. 2. 1998	819095	DE0008190950

Beginn des Angebots:
20. Februar 1997

Zahltag/Valutierungstag:
6. März 1997

Notierung:
Freiverkehr Frankfurt am Main, Berlin, Düsseldorf, Hamburg und Stuttgart.

Kleinste handelbare Einheit:
1 Optionsschein.

Market Making:
Die Liquidität der Emission wird durch unseren Handel in Frankfurt am Main und London gewährleistet.

Preisinformationen:
Preise können telefonisch oder auf Seite BTWBF (Reuters) abgerufen werden.

Abb. 76: SYNCRO-Warrant

$$\frac{5,5\,\%}{360} - \frac{3,125\,\%}{360} = 0,0066\,\%.$$

Da der Basispreis am 7. August 1997 bei 1,6347 DM/USD lag, ermäßigte sich der Strike am Tag danach um

$$1,6347 \times \frac{0,0066}{100} = 0,0001079 \text{ DM/USD}$$

auf 1,6346 DM/USD. Bei einer gleichbleibenden Zinsdifferenz über die Restlaufzeit des Warrants hinweg käme so immerhin eine Reduktion des Basispreises von ungefähr 2 Pfennigen zustande.

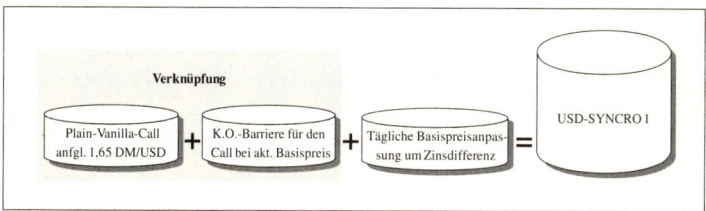

Abb. 77: SYNCRO-Warrant

Die von *Bankers Trust* geschaffene Konstruktion sieht auf den ersten Blick äußerst kompliziert aus. Dem Emissionshaus ist es jedoch gelungen, durch genau aufeinander abgestimmte Komponenten, einen Optionsschein zu entwickeln, für dessen Verständnis keine optionspreistheoretischen Kenntnisse erforderlich sind. Der Wert eines SYNCRO-Warrants entspricht – zumindest theoretisch – stets seinem Inneren Wert. Im Unterschied zu einem herkömmlichen Call existiert keinerlei Zeitprämie. Abbildung 78 zeigt die Entwicklung des Inneren Wertes.

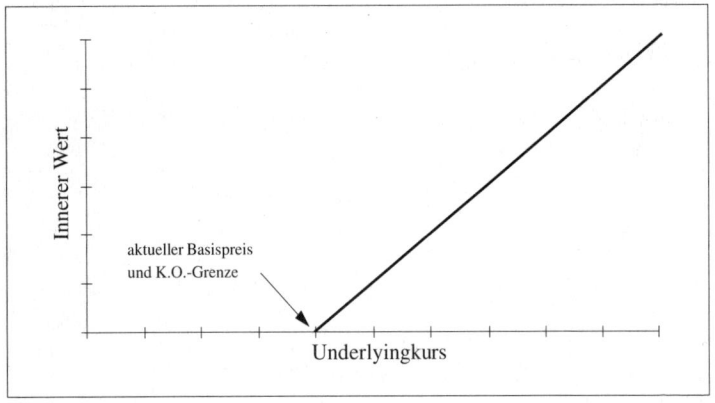

Abb. 78: Innerer Wert beim SYNCRO-Warrant

SYNCRO-Warrants sind ein interessantes Instrument zur Spekulation auf steigende bzw. fallende Währungskurse. Gegenüber Plain-Vanilla-Scheinen weisen sie einige wesentliche Vorteile auf. So sind SYNCROs gegenüber Volatilitätsänderungen immun. Auch der mit einer Verringerung der Restlaufzeit üblicherweise einhergehende Zeitwertverlust bleibt hier aus, da sich der Warrantpreis nurmehr aus dem Inneren Wert zusammensetzt. Hinzu kommt, daß jeder Anleger mühelos den theoretischen Wert eines SYNCROs selbst bestimmen kann, vorausgesetzt er kennt den aktuellen Strike.

Anleger sollten allerdings auf den besonders hohen Hebeleffekt achten, der sich gerade dann einstellt, wenn der aktuelle Devisenkurs in der Nähe des Strikes notiert. Bei einer günstigen Kursbewegung – im Falle eines SYNCRO-Calls also ein Kursanstieg – erzielt der Investor verhältnismäßig hohe Renditen. Umgekehrt verhält es sich jedoch bei einem Kursrückgang. Schließlich reicht schon eine einzelne relativ starke Kurseinbuße, die den Strike berührt oder unterschreitet, zu einem Totalverlust aus.

Weitere Exoten

Wir haben bereits eine Fülle unterschiedlicher Exotischer Warrants besprochen, womit das Arsenal indes noch längst nicht erschöpft ist. Ein vollständiger Überblick ist allerdings nahezu ausgeschlossen, da ständig neue Produkte kreiert werden, wohingegen einige Varianten zumindest zeitweise vom Markt verschwinden. Andere Exoten, von denen bislang noch nicht die Rede war, die aber dennoch ein interessantes Konstruktionsprinzip aufweisen, stellen wir kurz in der nachfolgenden Tabelle vor.

Asiatische Warrants	Eine Asiatische Option gleicht in ihrem Aufbau einem europäischen Plain-Vanilla-Warrant. Im Gegensatz dazu ergibt sich ihr Innerer Wert allerdings nicht aus der Differenz zwischen Strike und Underlying-Kurs am Verfalltag. Vielmehr wird auf die gesamte Optionslaufzeit zurückgeblickt und nachträglich aus sämtlichen Underlying-Preisen ein Durchschnittswert gebildet, der am Laufzeitende mit dem Basispreis verglichen wird.
Average-Strike-Warrants	Diese Scheine bilden sozusagen das Gegenstück zu Asiatischen Warrants. Diesmal steht der Strike erst am Verfalltag fest. Er entspricht dem Durchschnittswert aus allen Underlying-Kursen während der Optionsfrist. Dieser wird sodann dem Kurs des Basisguts am Fristende gegenübergestellt.
Bermuda-Warrants	Bermuda-Warrants bilden quasi eine Kombination aus europäischen und amerikanischen Optionen. Der Inhaber kann den Schein an mehreren vorab fixierten Terminen ausüben, allerdings nicht an jedem Tag. Sobald der Warrant ausgeübt wird, erlischt natürlich das Recht.

Best-of-Warrants	Während sich Plain-Vanilla-Optionen nur auf ein einziges Underlying beziehen, bilden gleich zwei Basiswerte die Grundlage für einen Best-of-Warrant. Am Ende der Laufzeit orientiert sich der Warrantwert, wie der Name schon ausdrückt, an demjenigen Underlying, das den aus Sicht des Inhabers besten Kurs aufweist. Der beste Kurs wiederum ist genau der Underlyin-Preis, der zum höchsten Inneren Wert führt. Eine besondere Variante von Best-of-Warrants sind die häufig so benannten Rainbow-Scheine, die zum Teil auf erheblich mehr als zwei Underlyings basieren.
Chooser-Warrants	Die Bezeichnung Chooser-Warrant leitet sich vom englischsprachigen Ausdruck „to choose" ab, was übersetzt „wählen" bedeutet. Im Grunde handelt es sich dabei um gewöhnliche Optionen, mit dem einzigen Unterschied, daß am Emissionstag noch nicht feststeht, ob der Schein ein Kauf- oder Verkaufsrecht verbrieft. Vielmehr wird dem Warrantkäufer die Möglichkeit eingeräumt, innerhalb einer vorab definierten Frist selbst zu wählen, ob der Schein ein Call oder Put sein soll. Alle übrigen Optionsbestandteile (Strike, Underlying, Verfalltag usw.) stehen unumstößlich bereits am Ausgabetag fest.
Quanto-Warrants	Typisch für Quanto-Warrants ist die Eigenschaft, daß sich das Underlying auf eine andere Währung bezieht als der Kurs des Optionsscheins. Um den Inhabern das Risiko einer Wechselkursveränderung zu ersparen, wird der Wechselkurs am Emissionstag festgeschrieben. Auf Basis dieses vorab fixierten Kurses wird dann am Verfalltag der Innere Wert bestimmt. Ein Quanto-Aktiencall auf den S & P 500 etwa kommt denjenigen Investoren entgegen, die mit einem Anstieg US-amerikanischer Aktien rechnen, allerdings gleichzeitig einen fallenden US-Dollar befürchten.
Resetting -E.A.R.N.- Warrants	Eine besondere Spielart von Double-Range-Scheinen sind sogenannte Resetting -E. A. R. N.-Warrants. Diese sind ähnlich aufgebaut wie ein herkömmlicher Double-Range-Warrant. Allerdings werden die Barrieren von derlei Options-

	scheinen an mehreren Terminen, den Resetta- gen, neu festgelegt. Hierzu wird jeweils ein be- reits bei der Emission fixierter Betrag zu dem ak- tuellen Underlyingkurs hinzuaddiert (neue obe- re Grenze) bzw. subtrahiert (neue untere Grenze). Zusätzlich werden am Resettag die bis dahin angesammelten Beträge festgeschrieben und dem Optionsscheininhaber somit gesichert.
Spread-Warrants	Spread-Warrants sind im Grunde genommen genauso aufgebaut wie Plain-Vanilla-Options- scheine. Daß sie dennoch zu den exotischen Produkten gezählt werden, liegt nicht etwa an ihrer komplexen Konstruktion, sondern am Un- derlying. Denn derartige Scheine beziehen sich nicht auf ein einzelnes Underlying, sondern stets auf zwei Basisgüter. Als Strike dient daher auch nicht ein bestimmter Preis, sondern eine Preisdifferenz, englisch: spread. Ein Spread- Warrant könnte sich besipielshalber auf die Kursdifferenz zwischen Telekom- und Mannes- mann-Aktie beziehen, so daß ein Scheininhaber je nachdem, ob es sich um Call oder Put handelt - von einer Ausweitung bzw. Reduktion der Kursdifferenz bei den beiden Aktien profitiert.

5. Entscheidungshilfen – Optionskennzahlen und Preisvergleiche

Bislang haben wir uns weitgehend darauf beschränkt, die Funktionsweise von Warrants zu beschreiben oder bewertungsrelevante Aspekte darzustellen. Um jedoch ein genaues Bild von der Vorteilhaftigkeit eines Optionsscheins zu gewinnen, ist eine eingehende Analyse unumgänglich. In aller Regel geschieht dies anhand bestimmter Kennziffern, die nicht selten eine wertvolle Entscheidungshilfe leisten. Im Laufe der Zeit wurde eine ganze Reihe davon entwickelt – nur einige dieser Kennzahlen haben in der Praxis allerdings wirklich Bedeutung erlangt. Hierauf werden wir uns konzentrieren. Im einzelnen zählen dazu die in Abbildung 79 überblicksartig aufgeführten Größen.

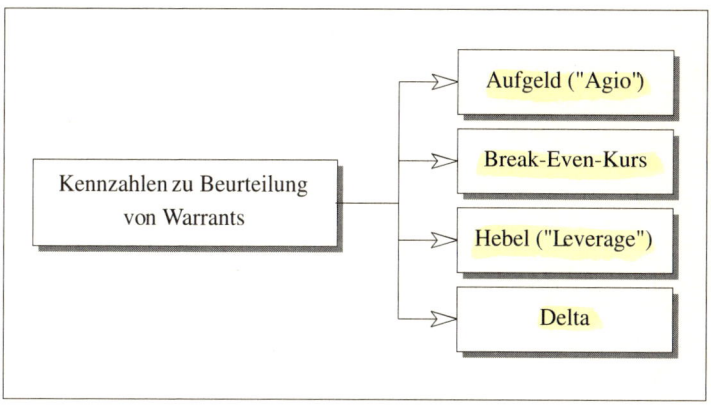

Abb. 79: Kennzahlen zur Beurteilung von Warrants

Aufgeld

Das sogenannte Aufgeld bringt zum Ausdruck, inwiefern die Ausübung des betrachteten Warrants Vor- bzw. Nachteile im Vergleich zum direkten Kauf respektive Verkauf des Underlyings beschert. Im Grunde genommen ist das Aufgeld – oder *Agio*, wie einige sagen – nichts weiter als die Zeitprämie. Und diese ergibt sich bekanntlich, indem von der gesamten Optionsprämie der Innere Wert abgezogen wird. Also läßt sich das Agio verhältnismäßig einfach bestimmen. Angegeben wird es entweder in absoluter Form oder, was in der Praxis häufiger anzutreffen ist, als Prozentwert. Dann wird die Zeitprämie ins Verhältnis zum aktuellen Preis des Underlyings gesetzt.

Bestimmung und Aussagekraft dieser Kennziffer lassen sich am ehesten anhand eines konkreten Fallbeispiels verdeutlichen, weshalb wir im folgenden die Ausstattung eines speziellen Warrants präsentieren.

Optionsschein (Call)	
Underlying	Pro Sieben-Aktie
Strike	80 DM
Bezugsverhältnis	1/1
Fälligkeit	1. 10. 1998
Typ	amerikanisch

Die Prämie für den Schein beläuft sich gegenwärtig auf 27 DM, während die Pro Sieben Aktie zum Kurs von 95 DM notiert.

Um das Agio angeben zu können, müssen wir die Optionsprämie (27 DM) zunächst in ihre Bestandteile zerlegen. Wie wir wissen entspricht der Innere Wert eines Calls der Differenz zwischen aktuellem Underlying-Preis und Strike – allerdings nur für den Fall, daß das Basisgut über dem Strike notiert. Ansonsten liegt der Innere Wert bei null. Da letzteres hier nicht zutrifft, weist der Warrant folgenden Inneren Wert auf:

$95 - 80 = 15$ DM

Damit steht eine der beiden Prämienkomponenten fest, so daß sich die noch verbleibende ohne weiteres bestimmen läßt. Dafür subtrahieren wir den Inneren Wert (15 DM) von der Optionsprämie (27 DM) und erhalten nachstehende Zeitprämie, oder – mit anderen Worten – das absolute Agio.

$27 - 15 = 12$ DM

Die Ausübung des Warrants, verbunden mit dem Bezug einer Pro Sieben-Aktie, ist danach stets um 12 DM aufwendiger als der direkte Erwerb des Papiers. Und das gilt in jedem Fall, also unabhängig davon, ob

– wir den Warrant bereits besitzen und ausüben („Szenario 1") oder
– den Schein erst noch erwerben müssen und dann ausüben („Szenario 2").

Im ersten Fall stehen wir vor folgender Entscheidung: Da wir den Warrant besitzen, könnten wir ihn ausüben und eine Pro Sieben-Aktie über den Schein beziehen. Statt dessen ist allerdings auch ein Weiterverkauf des Warrants denkbar und ein direkter Erwerb der Aktie. Bei einer Ausübung verzichten wir auf einen Erlös in Höhe von 27 DM, der bei einer Weiterveräußerung des Warrants zufließt; dafür müssen wir für die Pro Sieben-Aktie jedoch nur 80 DM bezahlen.

Ausübung des Warrants		Weiterverkauf des Warrants	
		Weiterverkauf des Warrants	+27 DM
Kauf der Aktie zum Strike	–80 DM	Direktkauf der Aktie	–95 DM
Summe	–80 DM	Summe	–68 DM

Die Rechenschritte unterstreichen die Vorteilhaftigkeit eines Ausübungsverzichts. Während wir im Falle einer Inanspruchnahme der Option für eine Pro Sieben-Aktie 80 DM bezahlen, kommen wir schon für 68 DM in den Genuß des Wertpapiers, sofern wir unser Kaufrecht weiterveräußern und die Aktie direkt erwerben. Doch nun zum zweiten Szenario: Der Warrant ist nicht in unserem Besitz, so daß wir zunächst einen Call erwerben, um ihn umgehend auszuüben. Statt dessen könnten wir das Wertpapier ebenso direkt kaufen und uns den Umweg über den Warrant ersparen. Betrachten wir wiederum die Kosten, die eine Anschaffung der Pro Sieben-Aktie letztendlich jeweils verursacht.

Direktkauf der Aktie		Kauf und Ausübung des Warrants	
		Kauf des Warrants	–27 DM
Direktkauf der Aktie	–95 DM	Kauf der Aktie zum Strike	–80 DM
Summe	–95 DM	Summe	–107 DM

Auch hier ist die Inanspruchnahme des Kaufrechts um 12 DM teurer als der Verzicht darauf.

Das absolute Agio bringt die Zweckmäßigkeit einer Ausübung also gebührend zum Ausdruck. Damit sich ein potentieller Optionskäufer allerdings ein noch besseres Bild davon machen kann, setzt man Zeitprämie sowie aktuellen Underlying-Preis zueinander ins Verhältnis. Dies ist durchaus sinnvoll, wenn man bedenkt, daß einem absoluten Agio von beispielsweise 12 DM bei einem Underlying-Preis von 95 DM sicherlich ein anderes Gewicht zuteil wird als etwa bei einem Preis von 1000 oder vielleicht 2000 DM.

Für unseren Warrant ergibt sich ein relatives Agio von

$$\frac{12 \text{ DM}}{95 \text{ DM}} \times 100 = 12,63 \%,$$

was folgenden Schluß zuläßt: Der Kauf von Pro Sieben-Aktien ist um 12,63 % teurer, wenn anstelle eines Direkterwerbs die Wertpapiere durch Ausübung des im Fallbeispiel aufgeführten Warrants bezogen werden.[1]

In der Praxis werden die Agios im Regelfall auf ein Jahr bezogen, was in der Fachsprache gern als *Annualisierung* bezeichnet wird. Dadurch soll ein direkter Vergleich unterschiedlicher Warrants ermöglicht werden. Nehmen wir an, daß sich die Laufzeit des Pro Sieben-Warrants noch über genau sechs Monate erstreckt. Dann hätten wir ein annualisiertes Agio von

---

1 Bei out-of-the-money-Optionen wird zur Zeitprämie noch die Differenz zwischen Strike und aktuellem Underlyingpreis hinzugezählt und diese Summe sodann ins Verhältnis gesetzt zum aktuellen Kurs des Basisgutes.

$$12,63\% \times \frac{12 \text{ Monate}}{6 \text{ Monate}} = 25,26\% \text{ p.a.}$$

Nun ist ein unmittelbarer Vergleich mit anderen Scheinen möglich. Das Agio soll ein Indiz für die Vorteilhaftigkeit eines Warrants sein: je geringer das Aufgeld, desto günstiger der betrachtete Schein. Im allgemeinen ist eine derartige Schlußfolgerung allerdings nicht unproblematisch, da bei der Annualisierung davon ausgegangen wird, daß sich die Zeitprämie gleichmäßig über die Zeit hinweg verteilen läßt. Der Optionsschein aus unserem Fallbeispiel weist eine Zeitprämie in Höhe von 12 DM für ein halbes Jahr auf, was einem annualisierten Wert von 24 DM entspricht. Das würde bedeuten, daß die Zeitprämie einheitlich alle halbe Jahr um 12 DM abnimmt. In der Realität trifft dies allerdings kaum zu, weshalb das annualisierte Aufgeld wohl eher als Faustformel angesehen werden sollte.

Darüber hinaus erscheint eine direkte Gegenüberstellung einzelner Agios ohnehin unzulässig, insbesondere bei Warrants mit unterschiedlichen Underlyings. Betrachten wir beispielsweise zwei Scheine, die jeweils auf einer anderen Aktie basieren, so weisen die Warrants – auch bei einer ansonsten identischen Ausstattung – im Regelfall unterschiedliche Zeitprämien auf. Schließlich werden für verschiedene Aktien auch voneinander abweichende implizite Volatilitäten angesetzt. Daher eignet sich die Kennzahl eigentlich nur zum Vergleich einheitlicher Warrants. Die Scheine sollten zumindest im Hinblick auf Restlaufzeit und Underlying übereinstimmen.

> **Hinweis:** Ein Warrant birgt prinzipiell ein umso höheres Risiko, je höher sein jährliches Aufgeld ausfällt.

Auch für europäische Optionen werden Agios bestimmt, obwohl eine vorzeitige Ausübung derartiger Warrants bekanntlich ausgeschlossen ist. Trotzdem vermittelt die Kennziffer auch in diesem Fall einen Eindruck von der Höhe der Zeitprämie. So weiß der Inhaber wenigstens, was er verliert, wenn sich der Preis des Underlyings nicht spätestens am Verfalltag in die richtige Richtung verändert hat. Dazu ein Beispiel:

Optionsschein (Call)	
Underlying	Pro Sieben-Aktie
Strike	80 DM
Bezugsverhältnis	1/1
Fälligkeit	1. 10. 1998
Typ	europäisch

Unterstellen wir, die Pro Sieben-Aktie notiere zum Betrachtungszeitpunkt (1. 9. 1998) zum Kurs von 80 DM, der Schein demgegenüber zu 5 DM. Wird der Warrant – was im übrigen für Scheine grundsätzlich gilt – bis zum Verfalltag gehalten, dann hat der Inhaber bei unverändertem Aktienkurs auf jeden Fall die zum Anschaffungszeitpunkt investierte Zeitprämie verloren – hier also 5 DM pro Schein. Um diesen Sachverhalt noch einmal deutlich hervorzuheben, stellen wir einen Vergleich an zwischen der Anlagealternative *Pro Sieben-Aktie* auf der einen und dem *Pro Sieben-Warrant* auf der anderen Seite. Am 1. 9. 1998 kaufen wir entweder eine Aktie für 80 DM (Alternative 1) oder 16 Warrants für zusammen ebenfalls 80 DM (Alternative 2).

Im Unterschied zur ersten existiert bei der zweiten Strategie ein fester Zeitpunkt an dem, wenn man so will, „abgerechnet" wird. Notiert die Aktie am Verfalltag nicht oberhalb des Strike, so verlieren wir unser gesamtes Kapital (Totalverlust). Damit kommt das „Tückische" an Optionen zum Vorschein. Eine Möglichkeit, bessere Zeiten abzuwarten, existiert nicht. Haben wir uns allerdings für die erste Alternative entschlossen, so können wir – gleichgültig zu welchem Zeitpunkt – entscheiden, ob wir uns von der Aktie trennen oder noch ausharren, in der Hoffnung, daß der Kurs künftig steigt. Das Totalverlustrisiko ist also bei weitem nicht so stark ausgeprägt wie beim Warrant. Hinzu kommt, daß wir zwischenzeitlich möglicherweise noch Erträge etwa in Form von Dividenzahlungen erwirtschaften, was beim Warrant hingegen ausgeschlossen ist.

Nicht alle Warrants weisen indes ein Agio auf, einige Scheine notieren sogar mit einem Abgeld (Disagio), was vor allem für europäische Optionen zutrifft, die verhältnismäßig tief im Geld sind. Wenn die Marktakteure den Eindruck haben, daß sich der Preis des Underlyings bis zum Verfalltag auf den Basispreis zubewegt, so werden sie kaum bereit sein, eine Zeitprämie zu entrichten. Ganz im Gegenteil! Da die Gefahr besteht, an Innerem Wert zu verlieren, ist oftmals kaum einer willens, überhaupt den vollen Inneren Wert zu bezahlen. Im Unterschied zum Besitzer eines amerikanischen Warrants hat der Inhaber einer europäischen Option nicht die Gewißheit, zwischenzeitlich durch Ausübung wenigstens den Inneren Wert zu realisieren. Die Möglichkeit, sich vor einer vielleicht nicht ausbleibenden negativen Entwicklung zu schützen, ist ihm verwehrt. Daher kommt es vor, daß europäische Scheine mit einem Disagio notieren, was bei amerikanischen Optionen kaum zu beobachten ist.

Wir wollen die Erläuterungen zu dieser, wie wir oben bereits gesehen haben, mit Mängeln behafteten und sicherlich nicht unumstrittenen Kennzahl beschließen. Im Gegensatz zum annualisierten Agio besitzt die nächste Größe, mit der wir uns befassen, eine weitaus höhere Aussagekraft.

Break-Even-Kurs

Die Anschaffung eines Warrants ist erfahrungsgemäß nur dann lohnenswert, wenn sich der Preis des Underlyings am Verfalltag weit genug vom Strike entfernt hat. Viele Inhaber wollen natürlich ganz genau wissen, wo der Preis liegen muß, damit weder ein Gewinn, noch Verlust entsteht. Eine solche Gewinnschwelle, die von den Fachleuten im übrigen *Break-Even-Kurs* oder schlicht *Break-Even* genannt wird, kann ohne größere Schwierigkeiten bestimmt werden. Dafür stellen wir folgende Überlegung an: Damit ein Inhaber mit seinem Warrant weder Gewinn noch Verlust macht, muß der Innere Wert am Verfalltag exakt mit dem bei Anschaffung des Scheins bezahlten Optionspreis übereinstimmen. Für einen Call ergibt sich der Break-Even-Kurs dann dadurch, daß der Optionspreis zum Strike hinzugerechnet wird, während die Gewinnschwelle eines Puts der Differenz zwischen Basispreis und Optionsprämie entspricht.[1]

---

1 Der Break-Even-Kurs läßt sich im übrigen auch auf andere Art und Weise bestimmen – genauer: mit Hilfe des Agios. Dafür wird zum aktuellen Preis

---

Break-Even-Kurs beim Call	**Break-Even-Kurs beim Put**

$$\text{Strike} + \frac{\text{Optionsprämie}}{\text{Bezugsverhältnis}} \qquad \text{Strike} - \frac{\text{Optionsprämie}}{\text{Bezugsverhältnis}}$$

Im Moment der Kaufentscheidung läßt sich der Break-Even-Preis mit dem aktuellen Underlying-Kurs vergleichen. So kann ein Warrantinteressent auf verhältnismäßig einfache Weise feststellen, welche Preisbewegung das Basisgut mindestens vollziehen muß, damit die Anschaffung nicht mit einem Verlust endet. Anschließend muß nur noch beurteilt werden, ob eine derartige Preisveränderung innerhalb der Optionsfrist realistisch ist.

Verdeutlichen wir unsere Überlegungen anhand der beiden folgenden Index-Warrants, die von der Düsseldorfer Bank *Trinkaus & Burkhardt* stammen.

	Call	**Put**
Underlying	DAX	DAX
Strike	4300	4300
Bezugsverhältnis	1/100	1/100
Fälligkeit	18. 8. 1998	18. 8. 1998
Typ	amerikanisch	amerikanisch
Preis am 17. 7. 1997	4,05 DM	3,75 DM

DAX-Stand am 17. 7. 1997: 4227 Punkte

Wir stehen am 17. 7. 1997 vor der Wahl, einen der beiden Warrants zu kaufen. Um einen Eindruck davon zu gewinnen, wie stark der DAX steigen bzw. sinken muß, damit ein Verlust gerade noch vermieden wird, bestimmen wir jeweils den Break-Even-Kurs. Für den Call erhalten wir folgendes Ergebnis:

$$4300 + \frac{4,05}{1/100} = 4300 + 405 = 4705$$

---

des Underlyings das absolute Agio addiert (beim Call) bzw. subtrahiert (beim Put). Das Ergebnis entspricht dem Break-Even-Kurs. Das relative Agio zeigt demgegenüber an, um wieviel Prozent der Underlyingpreis bis zum Verfalltag steigen bzw. sinken muß, damit die Gewinnschwelle erreicht wird. Der Leser sollte beachten, daß sich die annualisierten Agios dafür nicht eignen.

Am Verfalltag (18. 8. 1998) muß der DAX auf mindestens 4705 Punkte geklettert sein, damit wir mit dem Call – strenggenommen sind es natürlich 100 Scheine, aufgrund des Bezugsverhältnisses von 1:100 – keinen Verlust erleiden. Dann haben die Warrants einen Inneren Wert von

$$4705 - 4300 = 405 \text{ DM},$$

was exakt dem für 100 Optionsscheine bezahlten Preis entspricht. Da der DAX zum Kaufzeitpunkt bei 4227 Punkten notiert, ist ein Anstieg um

$$4705 - 4227 = 478 \text{ Punkte}$$

erforderlich oder – ausgedrückt in Form eines Prozentwertes – um

$$\frac{478}{4227} \times 100 = 11{,}31\,\%.$$

Wohlgemerkt: bei dieser Indexveränderung hat der Warrant-Inhaber noch keinerlei Gewinn erzielt, sondern lediglich seinen Kapitaleinsatz zurückerhalten. Wenn wir auf den Kauf des Index-Warrants verzichten, so könnten wir unser Geld bis zum 18. 8. 1998 – also für insgesamt 392 Tage – auch zu einem Zinssatz von 3,5 % p. a. bei einer Bank anlegen („Bankeinlage") und folgende Erträge erwirtschaften:

$$\frac{405 \text{ DM} \times 3{,}5 \times 392 \text{ Tage}}{100 \times 360 \text{ Tage}} = 15{,}44 \text{ DM}$$

Damit der Schein dieselbe Rendite (3,5 % p. a.) erwirtschaftet, müßte der DAX um weitere 15,44 Punkte auf

$$4705 + 15{,}44 = 4720{,}44 \text{ Punkte}$$

emporklettern. Erst dann ist der Index-Warrant ebenso lukrativ wie die Bankeinlage. Auch der Indexstand von 4720,44 Punkten ist ein Break-Even-Kurs, genauer: eine um das aktuelle, laufzeitadäquate Zinsniveau angepaßte Gewinnschwelle. Letztere besitzt eine weitaus größere Aussagekraft als der zu Beginn vorgestellte Break-Even-Kurs. Schließlich bringt sie zum Ausdruck, wieweit der DAX steigen muß, damit wenigstens ein Ertrag erreicht wird, der sich ansonsten ohne weiteres auch mit einer „einfachen"

Geldanlage realisieren ließe. Wir müssen jedoch bedenken, daß die Rendite der Bankeinlage als geradezu sicher gilt, während wir mit dem Index-Warrant ein ausgesprochen hohes Risiko in Kauf nehmen. So gesehen ist auch der um das Zinsniveau bereinigte Break-Even-Kurs keineswegs ein in jeder Hinsicht tauglicher Gradmesser. Vielmehr müßte der risikolose Zinssatz um eine entsprechende Risikoprämie erweitert werden. Verdeutlichen wir das an einem Beispiel. Angenommen, wir würden zehnmal nacheinander den von *Trinkaus & Burkhardt* stammenden Warrant kaufen. Dreimal würde der Schein vielleicht wertlos verfallen, während der Call in den übrigen Fällen am Fristende einen Inneren Wert aufweist. Damit die Rendite zumindest im Durchschnitt der Verzinsung der Bankeinlage (3,5 % p. a.) entspricht, müßte der Innere Wert und demzufolge die Warrant-Rendite in den sieben verbleibenden Fällen schon ziemlich hoch sein. Rechnen wir nach: In drei Fällen verlieren wir unser gesamtes Kapital, was einer Rendite von minus 100 % gleichkommt. Damit im Durchschnitt eine Verzinsung von dreieinhalb Prozent realisiert wird, muß der Warrant in den übrigen sieben Fällen im Schnitt eine Rendite von 47,86 % p. a. erwirtschaften, was einem DAX-Stand am Verfalltag von 4899 Punkten gleichkommt.

Je höher der verwendete Zinssatz, desto höher der Break-Even-Kurs und desto geringer demnach die Attraktivität des betrachteten Calls. Am niedrigsten ist die Gewinnschwelle natürlich, wenn der Zinseffekt überhaupt keine Berücksichtigung findet, so wie in den Verkaufsprospekten der meisten Warrantemittenten.

Wir haben uns bislang auf die Break-Even-Kurse bei Calls beschränkt, wollen der Vollständigkeit halber allerdings auch die Gewinnschwelle für den weiter oben aufgeführten Index-Put berechnen. Sie liegt – ohne Berücksichtigung von Zinseffekten – bei

$$4300 - \frac{3{,}75}{1/100} = 4300 - 375 = 3925 \text{ Index-Punkten.}$$

Im Unterschied zum Call muß der DAX nun entsprechend stark sinken – und zwar genau um 375 Punkte –, damit der Inhaber zumindest seinen Kapitaleinsatz zurückerhält. Zum Betrachtungszeitpunkt (17. 7. 1997) sollte ein potentieller Käufer also überlegen, ob er einen derartigen Index-Rückgang für möglich hält.

Von besonderem Interesse ist es natürlich, in Erfahrung zu bringen, ab welchem Underlying-Preis ein Anleger mit dem Warrant eine höhere Rendite erwirtschaftet als mit dem Basisgut selbst. Damit haben wir also einen weiteren Break-Even-Kurs, der sich nach folgendem Schema bestimmen läßt:

$$\frac{\text{Strike x Aktueller Underlying-Preis}}{\text{Aktueller Underlying-Preis} - \dfrac{\text{Warrantkurs}}{\text{Bezugsverhältnis}}} = \text{Break-Even-Kurs}$$

Verdeutlichen wir die Berechnung und Interpretation dieser Kennziffer anhand eines konkreten Fallbeispiels. Dafür betrachten wir den nachstehenden Aktienschein von *Merrill Lynch*.

Call	
Underlying	BASF-Aktie
Strike	75 DM
Bezugsverhältnis	1/1
Fälligkeit	8. 1. 1999
Typ	amerikanisch
Preis (am 18. 8. 1997)	7 DM

Kurs der BASF-Aktie am 18. 8. 1997: 65 DM

Die Angaben im Tableau reichen aus, um den Break-Even-Kurs zwischen den beiden Anlagealternativen auszurechnen. Dafür setzen wir die entsprechenden Angaben in die Formel ein:

$$\frac{\text{75 DM x 65 DM}}{\text{65 DM} - \dfrac{\text{7 DM}}{\text{1/1}}} = 84{,}05 \text{ DM}$$

Notiert das Underlying am Verfalltag (8. 1. 1999) zum Kurs von 84,05 DM, so erzielt ein Anleger mit dem Warrant dieselbe Rendite wie mit der Aktie, was wir der Anschaulichkeit halber separat für jede Alternative demonstrieren.

Entscheidet sich der Anleger für die BASF-Aktie, so kauft er das Papier am 18. 8. 1997 für 65 DM und erzielt bei Veräußerung am 8. 1. 1999 dafür 84,05 DM. Die Rendite beläuft sich folglich auf[1]

$$\frac{84,05 - 65}{65} \times 100 = 29,3\,\%$$

Wählt der Investor statt dessen den Warrant, so gibt er 7 DM für den Schein aus und streicht am Verfalltag den Inneren Wert in Höhe von 9,05 DM (84,05 DM – 75 DM) ein, was ebenfalls zu einer Rendite von 29,3 % führt.

$$\frac{9,05 - 7}{7} \times 100 = 29,3\,\%$$

Liegt der Aktienkurs am Verfalltag über der Break-Even-Marke, so beschert der Warrant dem Investor eine höhere Rendite. Bei Preisen unterhalb davon dominiert dagegen die Aktie.

Kommen wir nun zu einer weiteren Kennziffer, die regelmäßig in Warrant-Magazinen, Optionsschein-Prospekten oder sonstigen Informationsquellen auftaucht – die Rede ist vom Hebel.

Hebel

An früherer Stelle haben wir bereits gesehen, daß Optionen einen Hebel besitzen, da sich mit vergleichsweise geringem Kapitaleinsatz eine große Menge des Underlyings bewegen läßt. In der Praxis soll diese als Leverageeffekt bezeichnete Erscheinung im allgemeinen durch eine Kennzahl namens *Hebel* zum Ausdruck kommen. Die Berechnung erfolgt unter Zuhilfenahme folgender Formel:

$$\text{Hebel} = \frac{\text{Aktueller Preis des Underlyings}}{\text{Optionspreis/Bezugsverhältnis}}$$

Der Hebel soll aussagen, um wieviel mal stärker die prozentuale Veränderung des Warrantpreises im Vergleich zur prozentualen Wertentwicklung des jeweiligen Underlyings ausfällt, falls sich der

---

1 Die Renditen beziehen sich auf die gesamte Optionsfrist und sind daher keine annualisierten Werte.

Preis des Basisguts in naher Zukunft verändert. Je größer der Hebel, desto stärker die Preisreaktionen beim Warrant. Damit ist der Hebel eine Art Risikokennziffer, die sowohl das Gewinn-, allerdings auch das Verlustpotential eines Scheins zum Ausdruck bringt.

Veranschaulichen wir die Bestimmung und Aussagekraft anhand eines konkreten Beispiels. In ihrem *Optionsschein Planer* vom August 1997 bietet die *Citibank* die nachstehenden Informationen zu einem Aktien-Warrant.

Call	
Underlying	Preussag
Strike	550 DM
Bezugsverhältnis	1/10
Fälligkeit	25. 6. 1998
Typ	amerikanisch
Preis am 31. 7. 1997	7,50 DM

Kurs der Preussag-Aktie am 31. 7. 1997: 561 DM

Die Bank weist für diesen Schein in der Broschüre einen Hebel von 7,5 aus. Mit Hilfe der Angaben und der oben aufgeführten Formel läßt sich dieser Wert ohne Schwierigkeiten rekonstruieren:

$$\frac{561}{7,50/0,1} = \frac{561}{75} = 7,48 \approx 7,5$$

Die Aussagefähigkeit des Hebels ist allerdings stark eingeschränkt, da einfach unterstellt wird, daß sich bei einer Änderung des Underlying-Preises nur der Innere Wert anpaßt, die Zeitprämie jedoch gleichbleibt. Nehmen wir zur Demonstration einmal an, der Kurs der Preussag-Aktie klettere am nächsten Handelstag um 20 DM auf 581 DM, was einem Anstieg von

$$\frac{20}{561} \times 100 = 3,57\,\%$$

entspricht. Unterstellen wir weiter, der Innere Wert für zehn Warrants, der am 31. 7. 1997 bei

$$561 - 550 = 11\,\text{DM}$$

liegt, nehme ebenfalls um 20 DM zu, die Zeitprämie (64 DM) bleibe demgegenüber jedoch unverändert. Ein einzelner Warrant würde deshalb einen Handelstag später bei 9,50 DM notieren, was folgendem Zuwachs entspricht:

$$\frac{2}{7,50} \times 100 = 26,67\,\%$$

Kommen wir nun zurück auf die Bedeutung des Hebels. Er soll bekanntlich das Verhältnis zwischen prozentualer Veränderung beim Warrant und Underlying zum Ausdruck bringen. Wir wollen uns vergewissern und dividieren deswegen die entsprechenden Werte.

$$\frac{26,67\,\%}{3,57\,\%} = 7,48 \approx 7,5$$

Das Ergebnis stimmt exakt mit dem Hebel überein. Allerdings dürfen wir dabei eines nicht übersehen: Der Warrantpreis wurde unter der Annahme gebildet, daß die Zeitprämie trotz eines Kursanstiegs und trotz einer Laufzeitverkürzung des Optionsscheins unverändert bleibt. Dies entspricht oftmals jedoch nicht der tatsächlichen Entwicklung. In der Realität ist eine Veränderung des Underlying-Preises in vielen Fällen mit einer Änderung der Zeitprämie verbunden. Je stärker derlei Reaktionen, desto weniger zuverlässig ist der Hebel. Im Prinzip ist der Aussagegehalt der Kennzahl um so höher, je geringer der Anteil der Zeitprämie am gesamten Warrantpreis. Für Optionen, die sehr tief im Geld notieren, besitzt der Hebel also eine verhältnismäßig hohe Genauigkeit. Bei Lichte besehen weist diese Kennziffer, die Fachleute im übrigen häufig *Gearing* nennen, dennoch eher den Charakter einer Faustformel auf. Allerdings besteht die Möglichkeit, den Hebel so anzupassen, daß auch die Veränderung der Zeitprämie Berücksichtigung findet. Dafür müssen wir jedoch ganz genau wissen, wie sich der Optionswert bei einer Veränderung des Underlyingspreises entwickelt. Zum Ausdruck kommt dieser Zusammenhang durch eine weitere Kennzahl, das sogenannte *Delta*, auf das wir nun näher eingehen.

Delta – und weitere „Griechen"

Mit welcher Wertentwicklung ist eigentlich bei einem Warrant zu rechnen, wenn sich der Underlying-Preis in Zukunft verändert? Eine Antwort auf diese sicherlich interessante Frage soll eine spezielle Kennzahl liefern, die von den Experten fast ausnahmslos *Delta* genannt wird. Bevor wir uns indes ausführlicher mit der Bestimmung und Anwendung der Kennzahl auseinandersetzen, gehen wir kurz darauf ein, welche Werte das Delta annehmen kann, und wie derlei Zahlen zu interpretieren sind.

Ein Call weist stets einen Deltawert zwischen 0 und 1 auf, während sich das Intervall für einen Put von –1 bis 0 erstreckt. Welche Ausprägung das Delta im Einzelfall aufweist, hängt in erster Linie vom Zustand des betrachteten Warrants ab. Bei einem at-the-money-Call etwa ist ein Delta von 0,5 zu beobachten, wogegen dieser Wert bei einem deep-in-the-money-Put in der Nähe von –1 liegt. In nachstehender Tabelle haben wir getrennt für Calls sowie Puts alle denkbaren Optionszustände und die korrespondierenden Deltawerte aufgeführt.

Zustand / Typ	deep out of the money	out of the money	at the money	in the money	deep in the money
Call	Delta liegt nahe 0	Delta liegt zwischen 0 und 0,5	Delta liegt nahe 0,5	Delta liegt zwischen 0,5 und 1	Delta liegt nahe 1
Put	Delta liegt nahe 0	Delta liegt zwischen 0 und –0,5	Delta liegt nahe –0,5	Delta liegt zwischen –0,5 und –1	Delta liegt nahe –1

Abb. 80: Wertbereich für Delta

Was aber drückt das Delta aus? Betrachten wir zur Veranschaulichung einen auf der T-Aktie basierenden Call mit einem Deltawert von 0,65. Diese Zahl soll andeuten, daß ein Kursanstieg der T-Aktie um 1 DM einen Wertzuwachs von 0,65 DM beim Call bewirkt, während ein Aktienpreisrückgang um 1 DM mit einem

Wertverlust von 65 Pfennigen bei der Option verbunden ist. Wie läßt sich die ungleiche Preisentwicklung bei Aktie und Option erklären? Schließlich führt eine Kursveränderung um 1 DM doch dazu, daß der Innere Wert genau um diesen Betrag steigt bzw. sinkt? Das ist sicherlich richtig. Wir müssen allerdings bedenken, daß der Optionspreis nicht nur aus dem Inneren Wert besteht, sondern auch aus einer Zeitprämie. Wenn der Kurs der T-Aktie um 1 DM steigt, nimmt zwar der Innere Wert um denselben Betrag zu, gleichzeitig sinkt jedoch die Zeitprämie um 35 Pfennige. Der gesamte Optionspreis hat sich deswegen nur um

$$\underbrace{1 \text{ DM}}_{\substack{\text{Zunahme an} \\ \text{Innerem Wert}}} - \underbrace{0,35 \text{ DM}}_{\text{Zeitwertverlust}} = 0,65 \text{ DM}$$

erhöht. Der Zeitwertverlust ist unter anderem auf den Kursanstieg der T-Aktie zurückzuführen, womit der Call tiefer ins Geld gelangt. Dadurch sinken für einen Optionsinhaber generell die Chancen, daß der Call bis zum Verfalltag noch weiter an Innerem Wert gewinnt, was sich schließlich durch einen Rückgang der „Chancenprämie" (Zeitprämie) äußert.

Bei einer Kurseinbuße der T-Aktie um eine Mark verliert die Option auch nur unterproportional an Wert, was sich so erklären läßt:

$$\underbrace{-1 \text{ DM}}_{\substack{\text{Abnahme an} \\ \text{Innerem Wert}}} + \underbrace{0,35 \text{ DM}}_{\text{Zeitwertgewinn}} = \underbrace{-0,65 \text{ DM}}_{\substack{\text{Callpreis-} \\ \text{veränderung}}}$$

Aufgrund der Tatsache, daß der Aktienpreis näher an den Strike herangerückt ist, nimmt die Zeitprämie zu. Schließlich sinkt dadurch die Gefahr, künftig einen weiteren Verlust zu erleiden. Der Innere Wert sinkt bei einem Aktienpreisrückgang natürlich, so daß sich ein Wertrückgang von zusammengenommen 65 Pfennigen bei der Option einstellt.

Wenn wir einmal genau auf die Entwicklung von Underlying- und Options-Preis achten, dann stellen wir gleichgerichtete Veränderungen fest. Ein Anstieg (Rückgang) des Aktienkurses geht stets mit einem Wertzuwachs (-verlust) bei der Option einher. Zum Ausdruck kommt die konforme Beziehung durch das positive Vorzeichen beim Delta. Betrachten wir im Vergleich dazu Verkaufsoptionen. Hier ist der Zusammenhang zwischen Underlying- und Options-Preisänderungen gegensätzlich, was sich in einem negativen Vorzeichen des Deltawertes äußert.

Der Vollständigkeit halber wollen wir noch darauf hinweisen, daß der Deltawert selbst nicht stabil ist. Vielmehr führt eine Preisänderung beim Underlying auch zu einer Veränderung des Deltawertes. So könnte nach einem Kursanstieg der T-Aktie, um beim obigen Fallbeispiel zu bleiben, der Deltawert etwa bei 0,67 liegen, während er bei einem Kursrückgang einen Wert von 0,62 annimmt. Das Delta ist um so instabiler, je dichter Underlying-Preis und Strike beieinanderliegen. Bei at-the-money-Optionen ist die Kennzahl also, wenn man so will, am unbeständigsten. Dagegen reagiert das Delta von Optionen, die deep-in- und deep-out-of-the-money notieren bei Kursänderungen des Underlyings am geringsten.

Wir haben das Delta bislang als Wert zwischen 0 und 1 bzw. –1 und 0 kennengelernt. In der Praxis werden derlei Werte häufig jedoch auch in prozentualer Form angegeben. Das Delta eines Calls liegt dann zwischen 0 und 100 Prozent, während sich Put-Deltas zwischen –100 und 0 Prozent bewegen. Nebenbei bemerkt: Der Deltawert gibt auch die von den Marktakteuren angenommene Wahrscheinlichkeit wider, daß der betrachtete Warrant am Verfalltag einen positiven Inneren Wert aufweist. Ein Schein mit einem Delta von beispielsweise 35 % wird nach Einschätzung der Marktteilnehmer am Ende der Optionsfrist mit 35prozentiger Wahrscheinlichkeit nicht wertlos verfallen.

Nun kennen wir zwar die Bedeutung der Deltas sowie deren Wertebereiche. Interessant wäre es allerdings, zu erfahren, wie solche Zahlen in der Praxis berechnet werden. Bekanntlich verfügen die Experten über Formeln, etwa die von *Black* und *Scholes*, mit deren Hilfe sie Optionspreise berechnen können. Da liegt es auf der Hand, in die Formel einen Underlying-Preis einzusetzen, der exakt um 1 DM über dem gegenwärtigen Preis liegt, und das Ergebnis mit der aktuellen Optionsprämie zu vergleichen. Die Differenz zwischen beiden Preisen ist gewissermaßen das Delta. In Abbildung 81 haben wir noch einmal dargestellt, wie man sich die Bestimmung in etwa vorstellen kann. Als Beispiel dient ein

Aktien-Call mit einem Strike von 100 DM, der noch genau 12 Monate „läuft". Das Zinsniveau liegt gegenwärtig bei 6 % p. a. Außerdem gehen die Marktakteure von einer zukünftigen Volatilität von gut 31 % p. a. speziell für die zugrundeliegende Aktie aus. Das betroffene Wertpapier notiert momentan zum Kurs von 120 DM. Diese Werte setzen wir in die Optionspreisformel ein und rechnen eine Prämie von 30 DM aus. Anschließend heben wir den Aktienkurs um 1 DM auf 121 DM an, lassen alle übrigen Preisfaktoren hingegen konstant und kalkulieren aufs neue. Nun ist der Call 30,80 DM wert. Auf einen Aktienkursanstieg von einer Mark reagiert die Option folglich mit einem Wertzuwachs in Höhe von 80 Pfennigen. Einige Leser werden jetzt sicherlich fragen, warum wir alle übrigen Preisfaktoren unverändert lassen. Ist es nicht ausgesprochen unrealistisch, davon auszugehen, daß sich bloß der Aktienkurs verändert? Ganz gewiß! Allerdings soll mit dem Delta ja auch nur die Preissensitivität der Option gegenüber Änderungen des Underlying-Preises zum Ausdruck kommen. Um den Einfluß einer Underlying-Preisbewegung isoliert zu erfassen, bleiben die restlichen Faktoren so wie sie sind.

Im vorangegangenen Abschnitt haben wir bereits angedeutet, daß die Aussagekraft des *Hebels* beträchtlich gesteigert werden kann, wenn bei dessen Berechnung der Deltawert Berücksichtigung findet. Dadurch können wir der Tatsache Rechnung tragen, daß sich im Zeitablauf nicht nur der Innere Wert verändert, sondern auch die Zeitprämie. Wir multiplizieren deshalb den „einfachen" Hebel mit dem Delta und erhalten einen vergleichsweise ausdruckstarken „Deltahebel" oder „Leverage", wie Fachleute sagen. Bei Put-Optionen wird das negative Vorzeichen bei der Multiplikation im übrigen außer acht gelassen.

Da der Deltawert immer zwischen null und eins liegt, führt die Anpassung zu einer Reduktion des ursprünglichen Hebelwertes – es sei denn, das Delta liegt exakt bei 1, was in der Realität durchaus vorkommt. In diesem Fall spielt die Zeitprämie keine Rolle mehr und der „einfache" Hebel muß nicht mehr angepaßt werden.

Nun ist Delta beileibe nicht die einzige sogenannte *Sensitivitätskennzahl*. Eine vergleichbare Ziffer existiert für jeden einzelnen Preisfaktor. So gibt beispielsweise die allgemein als *Vega* bezeichnete Kennziffer die Preisreaktion einer Option auf Verän-

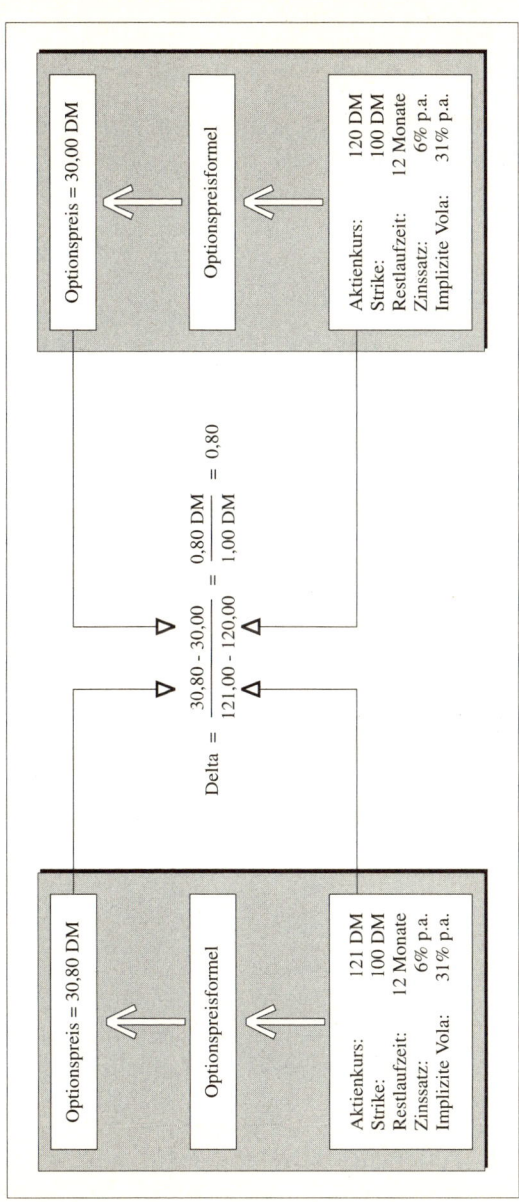

Abb. 81: Bestimmung von Deltawerten (schematische Darstellung)

Optionspreis = 30,00 DM

Optionspreisformel

Aktienkurs:	120 DM
Strike:	100 DM
Restlaufzeit:	12 Monate
Zinssatz:	6% p.a.
Implizite Vola:	31% p.a.

$$\text{Delta} = \frac{30,80 - 30,00}{121,00 - 120,00} = \frac{0,80 \text{ DM}}{1,00 \text{ DM}} = 0,80$$

Optionspreis = 30,80 DM

Optionspreisformel

Aktienkurs:	121 DM
Strike:	100 DM
Restlaufzeit:	12 Monate
Zinssatz:	6% p.a.
Implizite Vola:	31% p.a.

derungen der impliziten Volatilität an. In diesem Fall wird der um einen Prozentpunkt – etwa von 31 % auf 32 % – veränderte Volatilitätswert in die Preisformel eingesetzt. Die verbleibenden Größen – auch der Underlying-Preis – werden im Gegensatz dazu beibehalten. Der Unterschied zwischen dem Optionspreis nach der Volatilitätsänderung und der ursprünglichen Prämie kommt durch das Vega zum Ausdruck.

Eine ausführliche Beschreibung der restlichen Sensitivitätskennzahlen – von den Fachleuten auch als *griechische Variablen*, kurz „Griechen", bezeichnet – wollen wir dem Leser ersparen. Wir haben statt dessen die wichtigsten der übriggebliebenen Ziffern und deren Bedeutung in einem Tableau zusammengefaßt (vgl. Abb. 82).

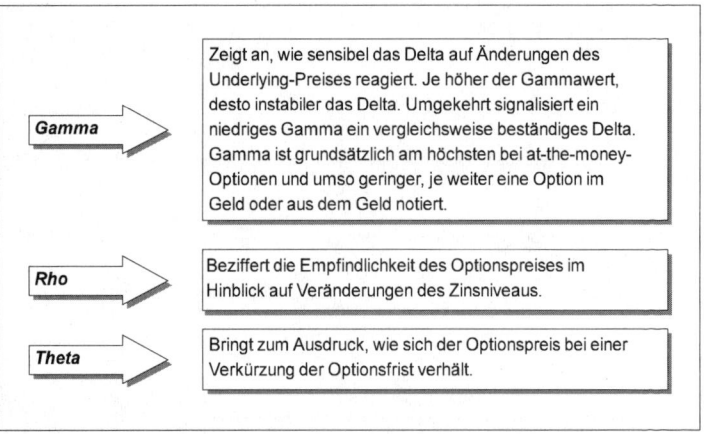

Gamma — Zeigt an, wie sensibel das Delta auf Änderungen des Underlying-Preises reagiert. Je höher der Gammawert, desto instabiler das Delta. Umgekehrt signalisiert ein niedriges Gamma ein vergleichsweise beständiges Delta. Gamma ist grundsätzlich am höchsten bei at-the-money-Optionen und umso geringer, je weiter eine Option im Geld oder aus dem Geld notiert.

Rho — Beziffert die Empfindlichkeit des Optionspreises im Hinblick auf Veränderungen des Zinsniveaus.

Theta — Bringt zum Ausdruck, wie sich der Optionspreis bei einer Verkürzung der Optionsfrist verhält.

Abb. 82: Sensitivitätskennzahlen für Optionen

Kennzahlen wie Agio, Hebel oder Break-Even-Kurs leisten mitunter wertvolle Dienste, wenn es darum geht, den Risikogehalt einzelner Warrants zu beurteilen. Abgesehen von einigen Ausnahmen sind derlei Kennziffern vergleichsweise einfach zu bestimmen. Etwas kniffliger erscheint dagegen eine andere, nicht weniger wichtige Frage: Ist die Prämie für den vom Anleger ins Auge gefaßten Schein akzeptabel, oder wird das Produkt möglicherweise überteuert gehandelt? Zwar wurden eigens zur Lösung dieser Problemstellung Formeln („Optionspreisformeln") entwickelt, was wir an früherer Stelle (vgl. S. 51) schon vertieft haben. Deren Handhabung ist allerdings verhältnismäßig mühselig. Es nimmt daher kaum wunder, daß im Laufe der Zeit etliche Hilfsmittel hervorgebracht wurden, die den Anleger bei der Preiskalkulation unterstützen sollen. Die Auswahl reicht vom speziell für diese Zwecke ausgestatteten Taschenrechner („Optionsrechner") bis hin zur Optionssoftware. Unsere Aufmerksamkeit richtet sich auf eine, wie wir finden raffinierte, vor allem aber erschwingliche Alternative, genauer: den direkten Vergleich größtenteils identisch ausgestatteter Warrants. Während sich für Plain Vanilla-Scheine üblicherweise ohne weiteres Vergleichsobjekte auffinden lassen, bildet die Einzigartigkeit Exotischer Scheine eine unüberwindbare Hürde für ein solches Unterfangen. Dennoch existieren andere, nicht weniger elegante Möglichkeiten auf die wir im weiteren eingehen werden. Zunächst steht jedoch der Preisvergleich bei einfach strukturierten Warrants im Mittelpunkt.

Sind Plain-Vanillas fair bewertet?

In keinem anderen Land der Welt gehen gegenwärtig so viele Optionsscheine um wie in Deutschland. Ende 1997 belief sich die Zahl unterschiedlicher Emissionen auf etwa 7000, wovon die mit Abstand meisten auf herkömmliche Calls und Puts („Plain-Vanillas") entfielen. Daß der Wettbewerb der Plain-Vanilla-Emittenten untereinander als überaus hart gilt, ist daher auch nicht weiter erstaunlich. Das kommt an erster Stelle den Anlegern zugute. Dank der großen Konkurrenz kann es sich kaum ein Emittent erlauben, Produkte überteuert anzubieten. Warrants notieren vielmehr häufig in der Nähe ihres als fair erachteten Wertes. Preisunterschiede existieren dennoch. Um diese Behauptung zu untermauern, haben wir einmal völlig identisch ausgestattete Scheine herausgegriffen, die allerdings von verschiedenen Emittenten stammen. Es handelt sich dabei um amerikanische Calls, die auf dem US-Dollar basieren und einen Basispreis von 1,80 DM/USD aufweisen.

Laufzeit	Emissionshaus	WKN	Preis
15. 6. 1998	*Trinkaus & Burkhardt*	817 180	6,70 b
15. 6. 1998	*Citibank*	818 442	6,80 b
15. 6. 1998	*NordLB*	821 212	6,90 G
15. 6. 1998	*Deutsche Bank*	560 144	6,92 b
15. 6. 1998	*SBC Warburg*	789 962	6,92 b
15. 6. 1998	*Société Générale*	726 143	7,85 G

Die Unterschiede zwischen einzelnen Optionspreisen, bei denen es sich im übrigen um Kassakurse vom 18. August 1997 handelt, sind kaum zu übersehen. Während der günstigste Warrant für 6,70 DM zu haben ist, kostet der Schein am obersten Rand der Preisskala immerhin 1,15 DM – oder ausgedrückt in Form eines Prozentwertes – über 17 % mehr.

Freilich handelt es sich hier nur um eine Momentaufnahme, die keinesfalls allgemeingültige Schlußfolgerungen zuläßt. Es ist also nicht so, daß etwa *Trinkaus & Burkhardt* stets zu den günstigsten Anbietern zählen, während vielleicht *SBC Warburg* andauernd im Hochpreissegment rangiert.

Größere Schwierigkeiten bei der Suche nach einem adäquaten Vergleichsobjekt bleiben uns erspart, falls wir Scheine mit überaus beliebten Underlyings wie dem US-Dollar prüfen. Was aber, wenn eine Gegenüberstellung schlicht daran scheitert, daß nicht genügend gleich geartete Warrants zur Verfügung stehen? Wir können einzelne Scheine dennoch gegeneinander abwägen, vorausgesetzt, die Warrants beziehen sich auf dasselbe Underlying. Zum Vergleich ziehen wir allerdings nicht den Preis heran, sondern die implizite Volatilität. Dazu ein Beispiel aus der Praxis: Am 18. August 1997 entschließen wir uns dazu, einen amerikanischen Kaufoptionsschein auf die BHW-Aktie zu erwerben. Der Warrant verfällt Ende September 1998. Nun wollen wir überprüfen, ob der aktuelle Preis dafür gerechtfertigt erscheint. Deshalb halten wir Ausschau nach Vergleichsobjekten, finden allerdings keinen Schein, dessen Ausstattung in jeder Hinsicht mit den Merkmalen unseres Warrants übereinstimmt. Das ist auch nicht weiter verwunderlich, schließlich gilt das Papier der BHW gegenüber anderen Underlyings eher als unbedeutend. Ein Vergleich mit anderen identisch ausgestatteten Scheinen scheidet zwar aus, nicht jedoch eine Gegenüberstellung der jeweiligen impliziten Volatilitäten. Deshalb können wir die im nachstehenden Tableau aufgelisteten Scheine heranziehen.

Laufzeit	Emissionshaus	WKN	Basis-preis	Bezugs-verh.	Preis	impl. Volat.
7. 9. 1998	*CS First Boston*	548 265	32,–	1/1	2,70 b	26,9
30. 10. 1998	*NordLB*	821 201	33,–	1/1	2,64 b	27,5
28. 10. 1998	*Société Générale*	726 937	33,–	1/2	1,66 b	32,8

An anderer Stelle in diesem Buch haben wir bereits dargestellt, daß eine Option prinzipiell um so teurer ist, je höher die implizite Volatilität ist. Gesetzt den Fall, unser Schein sei durch eine implizite Vola in Höhe von 25 % gekennzeichnet. Er ist relativ günstig, da für sämtliche zum Vergleich herangezogenen Warrants jeweils ein höherer Wert angesetzt wurde.[1] Die implizite Vola ist also ein brauchbarer Anhaltspunkt, um über den Preisvorteil eines Optionsscheins zu befinden. Anhand dieses Beispiels läßt sich im übrigen auch ein anderer entscheidender Gesichtspunkt recht gut verdeutlichen. Warrantpreise dürfen nicht losgelöst vom Bezugsverhältnis gesehen werden. Der „optisch" billige Schein der *Société Générale* entpuppt sich bei näherer Betrachtung als teuerste Alternative. Schließlich benötigt der Anleger zum Bezug einer Aktie zwei Warrants, während die Bezugsverhältnisse bei den beiden anderen Scheinen jeweils „1/1" lauten.

> **Hinweis:** Anleger sollten ein Auge auf das Bezugsverhältnis werfen. Bei geringen Bezugsverhältnissen sind Warrants nur vom äußeren Eindruck her preisgünstig.

Wir hoffen, daß die Darbietungen eine Hilfestellung für jeden Leser sind, der mit der Bewertung von Plain-Vanilla-Warrants kon-

---

1 Anleger sollten bei der Warrantauswahl darauf achten, daß zur Gegenüberstellung grundsätzlich nur Warrants in Betracht kommen, die in etwa denselben „Zustand" aufweisen, also beispielsweise ebenfalls at-the-money notieren. Grund: Es ist häufig zu beobachten, daß in- und out-of-the-money-Warrants gegenüber vergleichbaren at-the-money-Optionen eine höhere implizite Volatilität aufzeichnen, was Fachleute auch als „Volatilitäts-Smile" bezeichnen.

frontiert wird. Damit gehen wir über zu Exotischen Produkten. Aus Mangel an geeigneten Warrants mißlingt der unmittelbare Vergleich zwischen einzelnen Scheinen bekanntlich. Deshalb verfahren wir hier ein wenig anders.

Pricing by Duplication

Daß es überaus schwierig und bisweilen sogar aussichtslos ist, für bestimmte Exotische Warrants bei anderen Emittenten Pendants zu entdecken, kann uns schwerlich in Erstaunen versetzen, wenn wir an die Beweggründe der Stillhalter denken. Mancher Optionsschein verdankt seine Existenz schließlich weniger speziellen Kundenwünschen, wie Banken immer wieder beteuern, sondern eher dem Ansinnen der Emittenten, jedwede Gemeinsamkeit mit Konkurrenzprodukten zu unterbinden. So geht man im Idealfall Wettbewerbern aus dem Weg und kann – dank der Monopolposition – bei der Preisstellung nach Belieben schalten und walten. Doch damit muß sich der Anleger nicht abfinden. Es gibt durchaus Möglichkeiten, auch die Preise für Exotische Warrants auf ihre Beschaffenheit hin zu überprüfen.

Wir machen uns zunächst ein recht einfaches Prinzip zunutze, das die Experten gerne als „Stripping" bezeichnen. Gemeint ist damit nichts weiter als die Zerlegung eines Finanzprodukts in einzelne Bestandteile. Wenn es etwa möglich wäre, einen Exotischen Warrant in mehrere Plain-Vanilla-Produkte aufzulösen, so könnten wir den Wert des Exoten doch auf die Preise der Standardscheine zurückführen. Anhand eines verhältnismäßig unkomplizierten Optionsscheins wollen wir diese Idee einmal in die Tat umsetzen, allerdings schon hier anmerken, daß längst nicht jedes Produkt auf diese Weise bewertet werden kann.

Betrachten wir einmal einen Cap-Warrant, der sich auf den US-Dollar bezieht.

Cap-Call	
Underlying	US-Dollar
Strike Price	1,70 DM/USD
Cap	1,80 DM/USD
Restlaufzeit	6 Monate
Bezugsverhältnis	1/1
Andienung	Cash-Settlement
Typ	europäisch

Inhaber solcher Warrants erhalten am Verfalltag eine Ausgleichszahlung, falls der Basispreis überschritten wird. Aufgrund des Caps ist der Innere Wert jedes Scheins allerdings auf 0,10 DM begrenzt.

Wir wollen nun überlegen, ob sich der Warrant möglicherweise in einzelne Plain-Vanilla-Produkte zerlegen läßt. Solange der Dollar am Verfalltag die Marke von 1,80 DM nicht überschreitet, erhält der Inhaber des Cap-Call exakt dieselbe Ausgleichszahlung wie der Besitzer des folgenden Calls.

Call	
Underlying	US-Dollar
Strike Price	1,70 DM/USD
Restlaufzeit	6 Monate
Bezugsverhältnis	1/1
Andienung	Cash Settlement
Typ	europäisch

Durchbricht der US-Dollar am Laufzeitende allerdings den Cap, so weichen die Differenzzahlungen voneinander ab. Während der Innere Wert des Plain-Vanilla-Produkts weiter steigt, verharrt der Cap-Call bei 0,10 DM pro Schein. Daher läßt sich die Zahlungsstruktur des Exoten allein mit Hilfe einer erworbenen Kaufoption noch nicht exakt nachbilden. Vielmehr müßte obendrein eine Stillhalterposition eingenommen werden. Wir kaufen einerseits einen US-Dollar-Call (Strike: 1,70 DM/USD) und veräußern andererseits einen – abgesehen vom Strike – vollkommen identisch ausgestatteten Call. Der Basispreis der verkauften Option muß mit dem Cap (1,80 DM/USD) übereinstimmen.

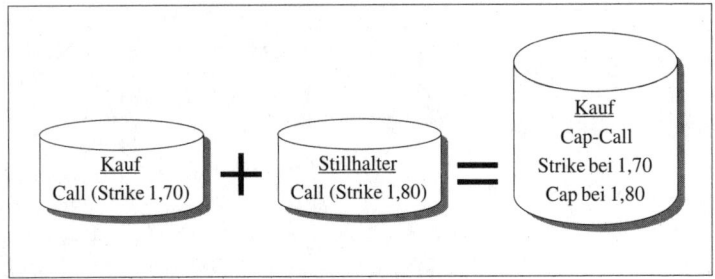

Abb. 83: Cap-Call

Da wir die Position des Stillhalters einnehmen, sind wir zu einer Differenzzahlung verpflichtet, wenn der US-Dollar am Verfalltag oberhalb des Strike (1,80 DM/USD) notiert.

Nun wollen wir uns vergewissern, ob die Kombination aus gekauftem Call und verkauftem Call am Verfalltag auch dieselben Differenzzahlungen zur Folge hat, wie beim Cap-Call. Betrachten wir dafür einmal unterschiedliche Dollarkurse am Verfalltag.

	Einzahlung (gekaufter Call mit Strike bei 1,70)	**Auszahlung** (Stillhalter-Call: Strike 1,80)	Summe aus **Ein-** und **Auszahlung**
1,65 DM/USD	–	–	–
1,70 DM/USD	–	–	–
1,75 DM/USD	0,05 DM	–	0,05 DM
1,80 DM/USD	0,10 DM	–	0,10 DM
1,85 DM/USD	0,15 DM	0,05 DM	0,10 DM
1,90 DM/USD	0,20 DM	0,10 DM	0,10 DM
1,95 DM/USD	0,25 DM	0,15 DM	0,10 DM
2,00 DM/USD	0,30 DM	0,20 DM	0,10 DM

Ohne Schwierigkeiten ist erkennbar, daß uns am Verfalltag je nach Wechselkurs Differenzzahlungen aufgrund des gekauften Calls zuteil werden. Diese verrechnen wir mit den entsprechenden Zahlungsverpflichtungen, die wir als Stillhalter zu erfüllen haben. Am Schluß steht der in der letzten Tabellenspalte ausgewiesene

Zahlungsüberschuß. Er entspricht exakt dem Inneren Wert des Cap-Call am Verfalltag. Damit haben wir den Exotischen Warrant durch zwei Plain-Vanilla-Scheine nachgebildet, oder wie der Fachmann sagt: dupliziert. Zur Veranschaulichung haben wir den Zahlungsverlauf am Verfalltag sowohl beim gekauften Call als auch bei der veräußerten Kaufoption graphisch abgebildet und daraus die Zahlungsentwicklung des Cap-Calls abgeleitet (vgl. Abb. 84).

Unterstellen wir, um das Beispiel abzurunden, daß der Call mit Basispreis 1,70 genau 0,12 DM kostet, während der 1,80er Call für 0,07 DM gehandelt wird. Da wir den ersten Call kaufen, beim zweiten hingegen Stillhalter sind, geben wir einerseits 0,12 DM aus, um auf der anderen Seite 0,07 DM zu kassieren. Letztlich belaufen sich unsere Ausgaben also auf

0,12 – 0,07 = 0,05 DM.

Und das wäre auch ein fairer Preis für den Exoten, vorausgesetzt, die beiden Plain-Vanilla-Calls sind angemessen bewertet.

In der Realität läuft die Duplikation eines Cap-Call bedauerlicherweise nicht immer nach Wunsch. Zeitweilig stehen beispielsweise lauter Calls mit unbrauchbaren Restlaufzeiten oder Optionsfristen zur Verfügung. Ein weiterer, praktisch viel wichtigerer Grund hängt mit der Ausübungsmodalität bei Plain-Vanilla-Produkten zusammen. Nicht selten scheitert eine ganz exakte Nachbildung schlicht daran, daß die mit Abstand meisten aller umlaufenden Calls amerikanische Optionen sind, während Cap-Calls nur am Verfalltag ausgeübt werden können. Uns bleibt in vielen Fällen folglich nichts anderes übrig, als auf amerikanische Calls zurückzugreifen. Dazu ein Beispiel: Die Prämie eines von der *Deutschen Morgan Grenfell* stammenden und in folgender Tabelle aufgeführten Cap-Calls soll auf ihre Qualität hin überprüft werden.

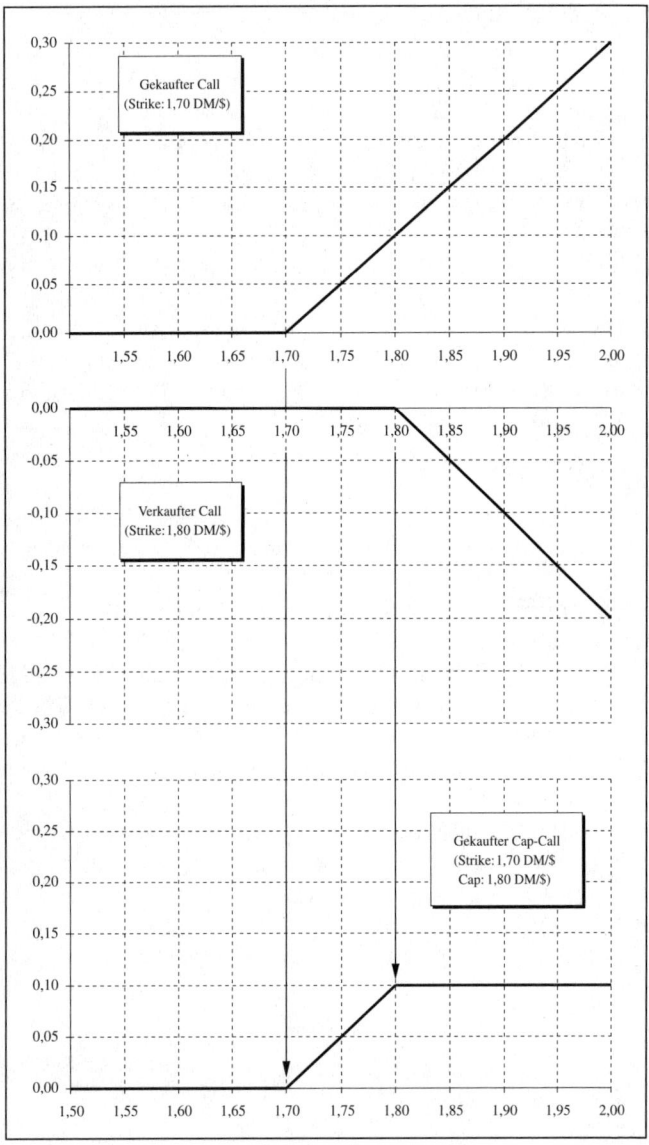

Abb. 84: Duplizierung eines Cap-Call

Cap-Call	
Underlying	US-Dollar
Strike Price	1,65 DM/USD
Cap	1,75 DM/USD
Fälligkeit	16. 3. 1998
Andienung	Cash Settlement
Typ	europäisch

Da keine ähnlichen Konkurrenzprodukte existieren, scheidet eine Preisgegenüberstellung aus. Wir beschließen deshalb, den Cap-Warrant in Plain-Vanilla-Calls zu zerlegen, um anschließend die Prämie des „Originals" mit der des „Duplikats" zu vergleichen. Der Preis für einen 1,65er Call abzüglich der Prämie für einen 1,75er Call müßte also in etwa mit der des Exotischen Schein im Einklang stehen.

Strenggenommen dürften wir dafür nur europäische Währungs-calls in Betracht ziehen. Da derlei Produkte allerdings kaum emittiert werden, müssen wir wohl oder übel auf die amerikanischen Pendants ausweichen. Damit entsteht jedoch ein anderes Problem: Amerikanische Optionen sind in aller Regel deutlich teurer als vergleichbare europäische. Allerdings liegt die Vermutung nahe, daß sich das nicht allzu stark auswirkt, da wir den 1,65er kaufen, den 1,75er Call aber veräußern. Solange der Cap-Call nicht allzuweit im Geld notiert, ist die Annahme durchaus berechtigt. Der Preis des Duplikats spiegelt trotz allem eine Obergrenze wider. Betrachten wir zur Verdeutlichung einmal einige Notierungen der von uns ausgewählten Plain-Vanilla-Optionen und des Cap-Calls.[1]

Datum	Dollarkurs	1,65er Call	1,75er Call	Duplikat	Cap–Call
26.5.97	1,6860	5,97 DM	2,17 DM	3,80 DM	3,52 DM
23.6.97	1,7280	8,56 DM	3,30 DM	5,26 DM	4,39 DM
21.7.97	1,7940	14,50 DM	6,95 DM	7,55 DM	6,45 DM
18.8.97	1,8130	16,65 DM	8,80 DM	7,85 DM	6,90 DM

---

1 Sämtliche in der Tabelle aufgeführten Scheine stammen von der *Deutschen Morgan Grenfell*.

Am 26.5.97 etwa überschreitet der US-Dollar den Basispreis des Cap-Call nur leicht. Der Exotische Warrant notiert ein wenig im Geld und kostet an diesem Tag nur geringfügig weniger als das mit Hilfe der beiden Plain-Vanilla-Calls geschaffene Duplikat. Allerdings ändert sich die Lage, wenn wir weiter fortschreiten und einen Blick auf die Prämien am 21. Juli und 18. August werfen. Der Kurs des Dollar ist kräftig gestiegen und der Cap-Call notiert deep-in-the-money. Nun sind die Preisabweichungen zwischen Duplikat und Original schon erheblich größer.

Wir wollen die Erläuterungen damit abschließen, allerdings auf einen Hinweis nicht verzichten: Die Erkenntnisse auf dem Gebiet der *Bewertung durch Duplizierung* – geläufiger ist die englischsprachige Bezeichnung *Pricing by Duplication* – sind inzwischen so weit fortgeschritten, daß sich damit mühelos ein ganzes Buch füllen ließe. Deshalb können wir die Thematik hier nicht erschöpfend und in allen Details behandeln.

Exoten bewerten – oft gar nicht so schwierig

In einigen Fällen ist die Zerlegung eines Exotischen Warrants unmöglich oder außerordentlich kompliziert, so daß ein Pricing by Duplication manches Mal ausscheidet. Gelegentlich bietet eine Gegenüberstellung mit Plain-Vanilla-Produkten dennoch eine wertvolle Hilfestellung, was wir einmal am Beispiel eines Hit-Warrants demonstrieren. Rufen wir uns deshalb vorab kurz Ausstattung und Funktionsweise der von *Sal. Oppenheim* stammenden Produkte ins Gedächtnis zurück.

Hit-Warrant	
Underlying	US-Dollar
Strike Price	1,80 DM/USD
Fälligkeit	26. 1. 1998
Andienung	Cash Settlement
Typ	Schein gelangt automatisch zur Ausübung, wenn Strike erreicht oder überschritten wird.
Funktionsweise	Inhaber erhält 10 DM je Warrant, so-

| | bald der Strike erreicht oder über-schritten wird. Ansonsten verfällt der Schein wertlos. |
| Prämie | 4,79 DM (am 23. 6. 1997) |

Notiert der US-Dollar irgendwann während der Laufzeit bei 1,80 DM oder oberhalb davon, so fließen dem Inhaber eines Hit-Warrants exakt 10 DM zu. Für die Höhe der Ausgleichszahlung ist es völlig unerheblich, wieweit der Strike überschritten wird. Am 23. Juni 1997 mußten für einen Hit-Warrant genau 4,79 DM bezahlt werden.

Um zu überprüfen, ob dieser Preis gerechtfertigt ist, sehen wir uns nach einem Plain-Vanilla-Produkt um, das sich zum Vergleich eignet. Wie wir wissen, profitiert der Hit-Inhaber von einem steigenden Dollarkurs und kommt beim Erreichen oder Überschreiten des Strike stets in den Genuß einer Ausgleichszahlung in Höhe von 10 DM. Ein Dollarkursanstieg ist allerdings nicht nur für Hit-Inhaber einträglich, sondern auch für Besitzer gewöhnlicher Währungscalls. Für eine direkte Gegenüberstellung könnte eine ganz normale Kaufoption also durchaus in Betracht kommen. Unklar ist nur, wie der Call im einzelnen gestaltet sein sollte. Daß er in Hinsicht auf Verfalltag, Underlying und Andienung in etwa dieselbe Ausstattung aufweisen muß, gilt als unbestritten. Etwas kniffliger zu lösen ist indes die Frage nach dem Strike. Da der Hit-Warrant bei einem Dollarkurs von 1,80 DM über einen Inneren Wert von 10 DM verfügt, suchen wir zum Vergleich einen Währungscall, für den bei eben dieser Situation dasselbe zutrifft. Die Anforderungen erfüllt ein Plain-Vanilla-Call mit einem Strike von 1,70 DM. Eine derartig ausgestattete Option weist ebenfalls einen Inneren Wert von 10 DM auf, vorausgesetzt der US-Dollar notiert zum Betrachtungszeitpunkt bei 1,80 DM.

Um besser beurteilen zu können, welcher der beiden Warrants das größere Chancenpotential besitzt, haben wir den Inneren Wert bei unterschiedlichen Dollarkursen sowohl für den Plain-Vanilla-Call als auch für den Hit-Warrant graphisch dargestellt (vgl. Abb. 85).

Anhand der beiden Profile ist leicht zu erkennen, daß die Differenzzahlungen des Calls nur bei einem Dollarkurs von 1,80 DM

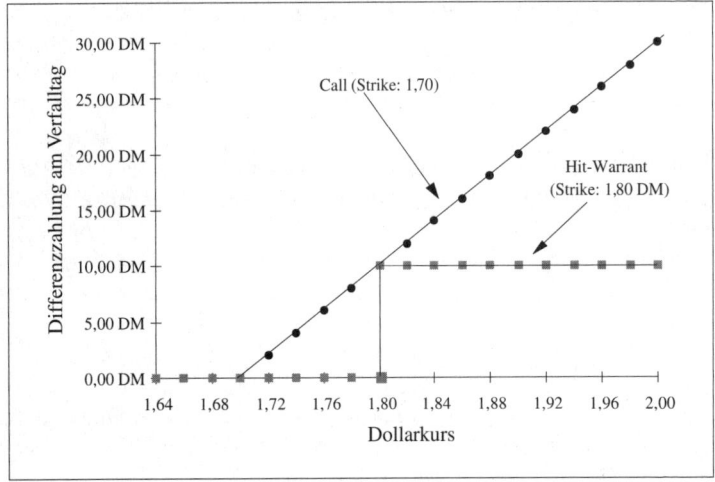

Abb. 85: Hit-Warrant versus Plain-Vanilla-Call

mit der des Hit-Warrants übereinstimmen. Ansonsten übertrifft der Plain-Vanilla-Schein den Exoten ganz eindeutig.[1] Während der Inhaber eines Hit-Scheins leer ausgeht, wenn der Dollarkurs während der gesamten Laufzeit 1,7999 DM nicht überschreitet, so fließen dem Call-Besitzer bereits bei Kursen zwischen 1,70 und 1,80 DM Ausgleichszahlungen zu, bei einem Dollarkurs von 1,7999 DM immerhin 9,99 DM. Das Ausmaß, mit dem der Dollar den Strike des Hit-Warrants überschreitet, ist für die Höhe der Ausgleichszahlung völlig unerheblich. Der Anleger erhält also nicht nur bei einem Kurs von 1,80 DM eine Ausgleichszahlung in Höhe von 10 DM, sondern gleichfalls bei einem Kurs von 1,82 oder beispielsweise 1,85 DM. Beim Plain-Vanilla-Call profitiert der Inhaber dagegen von einem weiteren Anstieg. Derweil ihm bei einem Dollarkurs von 1,80 insgesamt 10 DM zuteil werden, erhöht sich der Betrag etwa bei einem Kurs von 2 DM immerhin auf 30 DM. Da nicht eine einzige Kurskonstellation existiert, bei der

---

1 Bei Dollarkursen bis zu 1,70 DM liefert weder der Call noch der HIT-War-rant Ausgleichszahlungen. Die beiden Produkte sind in diesen Fällen als gleichwertig zu betrachten.

der Hit-Warrant eine höhere Differenzzahlung liefert als der Call, darf der Exotische Schein auf keinen Fall teurer sein als die herkömmliche Kaufoption. Der Preis müßte eigentlich deutlich darunter liegen, wenn man die Gewinnpotentiale der beiden Scheine miteinander vergleicht. Um das zu überprüfen, haben wir uns auf die Suche nach einem geeigneten Call gemacht und sind dabei auf einen Schein gestoßen, der die nachstehende Ausstattung aufweist.

Call	
Underlying	US-Dollar
Strike Price	1,70 DM/USD
Fälligkeit	20. 2. 1998
Andienung	Cash Settlement
Typ	amerikanisch

Der Warrant notiert am 23. Juni 1997 zu einem Preis in Höhe von 5,36 DM und verfügt über eine um fast vier Wochen längere Laufzeit als der Hit-Warrant, ist allerdings nur unwesentlich teurer. Der Anleger muß nun selbst abwägen, ob ein Preisabschlag von gut zehn Prozent die Nachteile gegenüber dem Plain-Vanilla-Call aufwiegt.

Zum Vergleich können nicht immer Standardscheine herangezogen werden; gelegentlich bleibt nichts anderes übrig als auf Exotische Produkte auszuweichen. Wir wollen dies an Scheinen demonstrieren, die sich, wie wir finden, dafür ausgesprochen gut eignen. Gemeint sind die von *Bankers Trust* auf den Markt gebrachten Sleepy-Warrants, von denen wir den folgenden etwas genauer unter die Lupe nehmen.

Sleepy-Warrant	
Underlying	US-Dollar
Range	1,63–1,82 DM/USD
Fälligkeit	5. 12. 1997
Andienung	Cash Settlement
Funktionsweise	Inhaber erhält 10 DM je Warrant, sofern der Underlyingpreis die markier-

te Range während der Laufzeit nicht
verletzt. Andernfalls erhält der Inhaber pro Warrant einen Betrag von
2,50 DM.

Prämie   5,45 DM (am 23. 6. 1997)

Da dem Inhaber eine Ausgleichszahlung in Höhe von 2,50 DM
sicher ist, muß er die vom Emittenten als Sleepy-Betrag bezeichnete Auszahlung sozusagen heute (23. 6. 1997) mitvergüten. Wir
könnten diese Summe deshalb sowohl von der aktuellen Prämie
(5,45 DM) als auch von den erreichbaren Rückzahlungen abziehen.

	Ursprünglich	Sleepy-Betrag	Um Sleepy-Betrag verminderte Größe
Prämie	5,45 DM	2,50 DM	2,95 DM
Größtmöglicher Rückzahlungsbetrag	10,00 DM	2,50 DM	7,50 DM
Geringstmöglicher Rückzahlungsbetrag	2,50 DM	2,50 DM	0 DM

Betrachten wir die nach Abzug des Sleepy-Betrages verbleibenden Rückzahlungsmöglichkeiten,[1] so fällt auf, daß sie ganz exakt
denen eines gewöhnlichen K. O.-Range-Warrants entsprechen.
Letzterer müßte folgende Ausstattungsmerkmale aufweisen.

K.O.-Range-Warrant	
Underlying	US-Dollar
Range	1,63–1,82 DM/USD
Fälligkeit	5. 12. 1997
Andienung	Cash Settlement
Funktionsweise	Inhaber erhält 7,50 DM je Warrant, sofern der Underlyingpreis die mar- kierte Range während der Laufzeit nicht verletzt.

---

1 Auf eine Berücksichtigung von Zinseffekten haben wir der Einfachheit halber verzichtet.

In der Realität ist ein so gearteter Warrant allerdings schwer zu finden, da die meisten Emittenten eine Rückzahlung von 10 DM präferieren. Beim Sleepy-Warrant zahlen wir gewissermaßen 2,95 DM dafür, daß uns am Laufzeitende 7,50 DM zufließen, vorausgesetzt die Range wurde bis dahin nicht verlassen. Damit die um den Sleepy-Betrag bereinigten Ein- und Auszahlungen einem Vergleich mit K. O.-Range-Warrants standhalten, müssen wir eine verhältnismäßig einfache Berechnung durchführen. Wenn für einen potentiellen Rückzahlungsbetrag von 7,50 DM heute 2,95 DM zu vergüten sind, welche Summe ist dann für eine Rückzahlung von 10 DM zu leisten? Die Lösung findet man über einen einfachen Dreisatz.

$$\frac{2,95}{7,50} = \frac{???}{10} \rightarrow \frac{2,95}{7,50} \times 10 = 3,93 \text{ DM}$$

Damit haben wir den Preis für einen Sleepy-Warrant so umgerechnet, daß ein direkter Vergleich mit einem K. O.-Range-Schein möglich ist.

Die Ausführungen zur Bewertung Exotischer Optionsscheine wollen wir an dieser Stelle abschließen. Sie vermitteln zwar kein vollständiges Bild, sollen dem Leser aber dennoch als Anregung dienen und ihn in die Lage versetzen, die Preise anderer Exoten auf ihre Angemessenheit hin zu überprüfen.

6. Die praktische Seite – Kaufmotive, Informationsquellen und Orderabwicklung

Was Anleger zum Kauf bewegt

Privatanleger entscheiden sich in den häufigsten Fällen aus genau einem Grunde für Warrants: Sie wollen vom Auf und Ab der Finanzmärkte überproportional stark profitieren. Derlei Investoren nehmen ganz bewußt Risiken in Kauf, da sie auf eine erwartete Preisentwicklung spekulieren. Allerdings existiert noch eine weitere Gruppe von Anlegern, die genau entgegengesetzte Interessen verfolgt. Sie kauft Optionsscheine in der Absicht, dadurch bereits existierende Risiken zumindest abzuschwächen. Fachleute reden in diesem Fall auch vom „Hedging", was nichts weiter bedeutet als Absicherung. Damit haben wir die beiden wichtigsten Motive kurz angesprochen. Widmen wir uns nun zunächst dem Hedging und beschränken uns dabei auf die in der Realität bevorzugten Plain-Vanilla-Produkte.

Im Grunde existieren ausschließlich zwei Situationen, die einen Privatanleger dazu bewegen könnten, eine Absicherung mit Hilfe von Warrants vorzunehmen. So könnte sich ein Investor gegen zukünftige Preissteigerungen absichern, wenn er zum Beispiel plant, in einem halben Jahr Aktien anzuschaffen. Dafür würde er Call-Optionen wählen, die ihm bekanntlich einen Preis für die Wertpapiere garantieren, der keinesfalls überschritten wird. Von dieser Möglichkeit wird allerdings kaum Gebrauch gemacht. Deshalb richten wir unser Augenmerk ohne Umschweife auf ein Hedging-Motiv, das in der Praxis weitaus größere Beachtung genießt. Gemeint ist die Absicherung, etwa eines Wertpapierportfolios,[1] gegen einen künftigen Preisrückgang mit Put-Optionen.

Nun möchten Anleger natürlich wissen, ob sich eine derartige Versicherung gegen sinkende Kurse überhaupt lohnt. Um auf diese Frage eine Antwort geben zu können, müssen wir diejenigen Ein-

---

1 Unter einem Portfolio versteht man ganz allgemein die von einem Investor gehaltenen Vermögensgegenstände, etwa Wertpapiere.

flußgrößen genauer unter die Lupe nehmen, die sich auf die Vorteilhaftigkeit einer Hedgingtransaktion unmittelbar auswirken. Wie man dabei im Einzelfall vorgehen sollte, demonstrieren wir anhand eines konkreten Fallbeispiels, damit der Leser in die Lage versetzt wird, die einzelnen Schritte unter Umständen selbst nachzuvollziehen. Angenommen, wir besäßen 100 BASF-Aktien, die momentan (18. 8. 1997) zu einem Kurs von 65 DM notieren. Da wir innerhalb des nächsten Jahres einen Preisrückgang befürchten, spielen wir mit dem Gedanken, die Position mit Hilfe des folgenden von der *Citibank* angebotenen Put-Warrants abzusichern.

Put-Option	
Underlying	BASF-Aktie
Strike Price	65 DM
Bezugsverhältnis	1/1
Fälligkeit	26. 8. 1998
Andienung	Cash Settlement
Typ	amerikanisch
Prämie (am 18. 8. 1997)	10,80 DM

Da Basispreis und aktueller Kurs übereinstimmen, bietet dieser Warrant die Möglichkeit, das gegenwärtige Kursniveau quasi punktgenau zu sichern. Um die Vorteilhaftigkeit des Warrants zu überprüfen, überlegen wir zunächst, welche Alternativen uns neben einer Absicherung eigentlich verbleiben. Da ist zum einen die Möglichkeit, die Aktien umgehend zu verkaufen, dafür 65 DM pro Stück zu kassieren, und das erhaltene Geld zum aktuellen Zinsniveau von 3 % p. a. bis zum 26. August 1998 wiederanzulegen (Strategie 1). Die Zinsen beliefen sich dann auf

$$\frac{6\,500 \times 3 \times 368}{100 \times 360} = 199{,}33 \approx 199 \text{ DM,}$$

so daß wir anschließend über 6699 DM verfügen.

Statt dessen könnten wir natürlich auch auf eine Absicherung verzichten und die BASF-Aktien dennoch behalten (Strategie 2). Unser Vermögen hängt dann einzig und allein vom Preis des Papiers am 26. 8. 1998 ab.

Die letzte Möglichkeit ist eine Absicherung mit den besagten Put-Warrants (Strategie 3). In diesem Falle müßten wir insgesamt 100 Scheine anschaffen, was Ausgaben in Höhe von

100 x 10,80 = 1 080 DM

nach sich zieht.[1]

Um die Vorteilhaftigkeit einer Absicherung mit den *Citibank*-Warrants gegenüber den anderen beiden Alternativen abwägen zu können, betrachten wir potentielle BASF-Kurse am 26. 8. 1998. Einzig und allein Strategie 1 ist von der Aktienpreisentwicklung völlig unabhängig, so daß wir in der folgenden Tabelle in die entsprechenden Felder stets einen Wert von 6699 DM eintragen können.

BASF–Kurs am 26. 8. 1998	Vermögen bei Strategie 1	Vermögen bei Strategie 2	Vermögen bei Strategie 3
30,00 DM	6699 DM	3000 DM	5420 DM
35,00 DM	6699 DM	3500 DM	5420 DM
40,00 DM	6699 DM	4000 DM	5420 DM
45,00 DM	6699 DM	4500 DM	5420 DM
50,00 DM	6699 DM	5000 DM	5420 DM
54,20 DM	6699 DM	**5420 DM**	**5420 DM**
60,00 DM	6699 DM	6000 DM	5420 DM
65,00 DM	6699 DM	6500 DM	5420 DM
66,99 DM	**6699 DM**	**6699 DM**	5619 DM
70,00 DM	6699 DM	7000 DM	5920 DM
75,00 DM	6699 DM	7500 DM	6420 DM
77,79 DM	**6699 DM**	7779 DM	**6699 DM**
80,00 DM	6699 DM	8000 DM	6920 DM
85,00 DM	6699 DM	8500 DM	7420 DM
90,00 DM	6699 DM	9000 DM	7920 DM

Damit sich der Erwerb des Warrants im Vergleich zu Strategie 1 lohnt, muß der Aktienkurs schon über 77,79 DM hinaus ansteigen. In diesem Fall erzielen wir mehr als 7779 DM beim Verkauf der Aktien am 26. 8. 1998, müssen jedoch die Ausgaben für die Warrants (1080 DM) davon abziehen.

---

1 In der Praxis kommen noch Bankgebühren, Maklercourtagen etc. hinzu, auf deren Berücksichtigung wir der Einfachheit halber verzichtet haben.

Gegenüber Strategie 2 erweist sich die Absicherung erst dann als vorteilhaft, wenn der Kurs der BASF-Aktie auf unter 54,20 DM sinkt.

Wir haben in der Tabelle mittels der gestrichelten Linie die beim entsprechenden Aktienkurs jeweils beste Strategie gekennzeichnet. Der Leser kann so ohne Schwierigkeiten erkennen, daß die Sicherungsentscheidung stets von einer der beiden anderen Strategien übertroffen wird. Nun könnte man vielleicht auf den Gedanken kommen, eine Sicherung wäre unnütz, da sie keinesfalls zum optimalen Resultat führt. Dieser Einwand ließe sich allerdings nur dann aufrechterhalten, wenn bereits im vorhinein (18. 8. 1997) bekannt wäre, wo der Kurs der BASF-Aktie in Zukunft stünde, damit man sich für eine der beiden anderen Strategien entscheiden könnte. Da dies allerdings niemand vorhersehen kann, hat Strategie 3 durchaus eine Existenzberechtigung. Den gesamten Sachverhalt haben wir der Anschaulichkeit halber noch einmal in Abbildung 86 graphisch dargestellt.

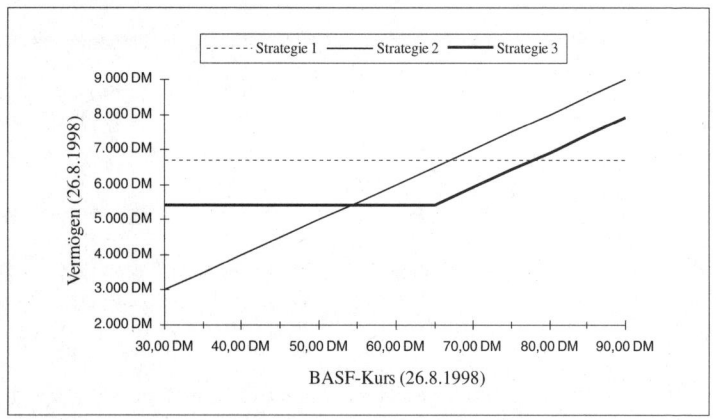

Abb. 86: Strategien-Vergleich

Hat sich ein Anleger nun für eine Absicherung entschieden, so stellt sich grundsätzlich die Frage, ob dafür eine at-the-money-, eine out-of-the-money- oder eine im Geld notierende Option gewählt werden sollte. Wir wollen hier die ersten beiden Möglich-

keiten in den Mittelpunkt unserer Überlegungen stellen und ein
wenig näher betrachten, welche Auswirkungen mit einer Entscheidung für die eine oder andere Alternative verbunden sind. Einen at-the-money-Warrant haben wir bereits vorgestellt, so daß
wir nur noch eine aus dem Geld liegende Option benötigen. Hier
bietet sich beispielsweise ein von einem anderen Institut offerier-
tes Produkt an, dessen Ausstattungsmerkmale der Leser im folgenden Tableau findet.

Put-Option	
Underlying	BASF-Aktie
Strike Price	55 DM
Bezugsverhältnis	1/1
Fälligkeit	26. 8. 1998
Andienung	Cash Settlement
Typ	amerikanisch
Prämie	4,80 DM

Zur Absicherung unseres Aktienbestandes mit Hilfe derartiger
Scheine benötigen wir insgesamt 100 einzelne Warrants, so daß
sich eine Prämienzahlung in Höhe von

100 x 4,80 DM = 480 DM

ergibt. Auf Anhieb erscheint das Hedging mit diesen Produkten
(Hedgingstrategie 1) generell vorteilhafter als mit den Optionen
der *Citibank* (Hedgingstrategie 2), für die bekanntlich 1080 DM
aufgewendet werden müßten. Daß dieser Eindruck täuscht, bestätigt jedoch ein Vermögensvergleich am Ende des Absiche-
rungszeitraumes (vgl. nachstehende Tabelle).

Die Hedgingstrategien führen zu ein und demselben Vermögen,
falls der BASF-Kurs am 26. 8. 1998 bei exakt 59 DM liegt. Notiert
die Aktie oberhalb dieser Marke, so ist Alternative 1 tatsächlich
die bessere Wahl. Demgegenüber ist eine Absicherung mit *Citibank*-Scheinen von Vorteil, wenn sich der Kurs unterhalb von 59
DM einpendelt. Dieser Tatbestand läßt sich auch eindrucksvoll
graphisch präsentieren (vgl. Abb. 87).

Wir beschließen damit die Erläuterungen zum Hedging und

BASF–Kurs am 26. 8. 1998	Vermögen bei Hedgingstrategie 1	Vermögen bei Hedgingstrategie 2
30,00 DM	5020 DM	5420 DM
35,00 DM	5020 DM	5420 DM
40,00 DM	5020 DM	5420 DM
45,00 DM	5020 DM	5420 DM
50,00 DM	5020 DM	5420 DM
55,00 DM	5020 DM	5420 DM
59,00 DM	**5420 DM**	**5420 DM**
60,00 DM	5520 DM	5420 DM
65,00 DM	6020 DM	5420 DM
70,00 DM	6520 DM	5920 DM
75,00 DM	7020 DM	6420 DM
80,00 DM	7520 DM	6920 DM
85,00 DM	8020 DM	7420 DM
90,00 DM	8520 DM	7920 DM

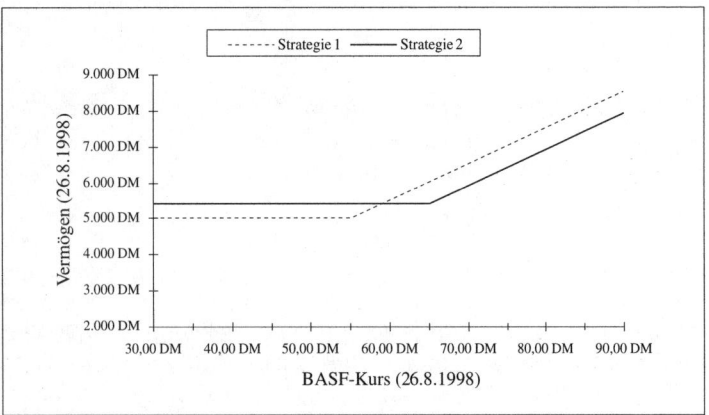

Abb. 87: Vergleich unterschiedlicher Hedging-Strategien

richten unsere Aufmerksamkeit nun auf die Spekulation. Wie eingangs bereits erwähnt, bildet sie das bedeutendste Motiv für die Anschaffung von Warrants. Obwohl das Spekulieren an sich in der breiten Öffentlichkeit vielfach in Verruf steht, erfreut es sich nichtsdestotrotz großer Beliebtheit. Häufig überwiegt allerdings die Ansicht, daß dabei nicht selten unbesonnen und leichtfertig mit Geld umgegangen wird, ähnlich wie bei Glücksspielen. Doch damit fügt man zahlreichen Spekulanten Unrecht zu, die bei ihren Geschäften mit Bedacht vorgehen und sich nicht wie Hasardeure verhalten. Daß eine sorgsame Auswahl der Optionsscheine auf Dauer eher zum Erfolg führt als Entscheidungen, die vorwiegend vom Gefühl bestimmt werden, ist kaum von der Hand zu weisen. Bevor sich ein Anleger zur Spekulation entschließt, sollte er deshalb jeden der folgenden Schritte beherzigen.

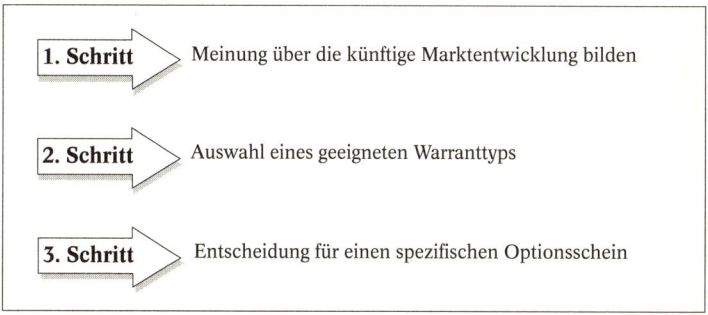

Abb. 88: Strategieschritte bei der Optionsschein-Auswahl

Wie wir wissen, ist die Wertentwicklung eines Scheins ganz wesentlich vom Auf und Ab des Underlyings geprägt. Damit hängt der Erfolg einer Warrantspekulation unmittelbar von der Performance des zugrundeliegenden Basisgutes ab. Ehe sich der Anleger mit Scheinen befaßt, ist deshalb eine fundierte Analyse des Basiswertes unerläßlich. Wichtig ist, daß eine klare Meinung zur künftigen Preisentwicklung des Underlyings existiert. Grundsätzlich stehen dem Investor mehrere Wege offen, um zu einer Markteinschätzung zu gelangen. Einerseits könnten fundamentale Faktoren analysiert werden, wozu ganz allgemein ökonomische Größen zählen – bei Aktien beispielsweise Gewinnschätzungen, bei Währungen etwa die Zinspolitik der Notenbanken. Auf der anderen Seite besteht die Möglichkeit, aus dem Verlauf historischer Kurse auf die zukünftige Entwicklung zu schließen. Die Fachleute sprechen in diesem Zusammenhang von *Technischer* oder *Chart-Analyse*. Ökonomische Größen spielen jetzt keine Rolle mehr. Chartisten sind vielmehr davon überzeugt, daß in der Vergangenheit beobachtete Kursmuster sich künftig wiederholen. In der Praxis werden diese beiden Verfahren häufig miteinander kombiniert. Danach werfen Anleger üblicherweise sowohl einen Blick auf die Charts als auch auf das ökonomische Umfeld. Derlei Informationen können aus etlichen Quellen geschöpft werden, wovon der Leser eine reichhaltige Auswahl im Anhang findet. Im Anschluß an die Datenauswertung kann der Anleger entweder zu der Überzeugung gelangen, daß die Underlying-Preise künftig steigen, einem sinkenden Trend folgen oder eine Seitwärtsbewegung vollführen.[1] Diese Meinung bildet wiederum den Ausgangspunkt für die Auswahl eines Warranttyps, womit wir zum zweiten Schritt übergehen können.

Auf dieser Stufe geht es im Grunde genommen um die Frage, welche Warrants beim Eintreffen der persönlichen Prognose zu einem Gewinn führen. Rechnet der Investor etwa mit einem Preisanstieg, so kommen prinzipiell Calls in Frage, erwartet er einen Kurseinbruch, dann sind Puts die richtige Alternative. Geht er hingegen von einer Seitwärtsbewegung aus, so bieten sich beispielsweise Range-Scheine an. Die in Betracht kommenden Scheine kann der Anleger auf zweierlei Weise ausfindig machen. Er hat zum einen die Möglichkeit, die Offerten jedes einzelnen Emittenten zu studieren, etwa die Emissionsprospekte oder sonstigen Publikationen der jeweiligen Institute. Dieser Weg ist verständlicherweise relativ beschwerlich. Weitaus bequemer ist dagegen der Blick in spezialisierte Zeitschriften, wozu hierzulande vor allem das *Optionsscheinmagazin* und *Finanzen-Optionsscheine* zählen. Da die Warrants nach bestimmten Kriterien sortiert sind, findet der Anleger dort zumeist mühelos genau die Produkte, auf die er ein Auge geworfen hat. Welchem Warrant er schließlich den Vorzug gibt, entscheidet sich auf der letzten Stufe.

Der Spekulant steht nun vor der Aufgabe, aus der Palette in Frage kommender Optionsscheine einen passenden auszuwählen. Dabei sollte er sich an den von uns vorgestellten Kennziffern orientieren und die Preise der Warrants untereinander vergleichen.

---

1 Ein Anleger muß allerdings nicht zwingend zu einer Überzeugung gelangen, er kann ebenso unentschlossen bleiben.

Hinweis: Häufig ist es erheblich vorteilhafter, Scheine zu kaufen, die bereits seit einiger Zeit gehandelt werden. Neuemissionen, also Warrants, die ganz neu auf den Markt kommen, sind nicht selten überteuert. Gerade zu Beginn versuchen die Emittenten „Extragewinne" einzufahren, bevor sie ihre Produktpreise an das allgemeine Marktniveau anpassen müssen. Ein Schein, der schon seit geraumer Zeit umläuft und noch eine Restlaufzeit von einem Jahr aufweist, ist im allgemeinen eher zu empfehlen als eine vergleichbare Neuemission mit 12 Monaten Laufzeit.

Hat sich der Anleger schließlich für einen bestimmten Warrant entschieden, so muß er zum Kauf des Papiers übergehen.

Warrants ordern

In den letzten Jahren ist eine Vielzahl von Publikationen zum Thema Börse und Geldanlage erschienen. So können Anleger sich nicht nur Grundkenntnisse über Aktien und sonstige Wertpapiere verschaffen, sondern auch Interessantes über die Psychologie an der Börse erfahren oder Tips und Tricks für einen rechtzeitigen Ein- und Ausstieg finden. Hinter dieser Entwicklung zurückgeblieben sind jedoch Wegweiser, die die Schritte von der Depoteröffnung bis hin zur Ausführung einer Optionsscheinorder beschreiben. Deshalb widmen wir uns dieser Thematik hier etwas ausführlicher.

Wie wir bereits erwähnt haben, wird der Handel mit Warrants sowohl an der Börse als auch direkt mit den Emissionshäusern („OTC") abgewickelt. Da es sich bei Optionsscheinen um Wertpapiere handelt, könnte man durchaus auf die Idee kommen, daß erworbene Warrants dem neuen Besitzer direkt ausgehändigt werden. Eine solche Handhabung wäre allerdings mit einem relativ hohen Aufwand verbunden. Deshalb haben die Banken zusammen mit anderen Finanzdienstleistern und der Börse ein dem bargeldlosen Zahlungsverkehr nachempfundenes System entwickelt, das den Handel mit Wertpapieren erleichtern soll. Die Übertragung erfolgt heutzutage in aller Regel durch „Überweisung" von einem „Konto" (Wertpapierdepot) zum anderen, ohne daß die Papiere physisch bewegt werden. Wie die Abwicklung einer solchen

Transaktion aussehen könnte, verdeutlicht stark vereinfacht Abbildung 89.

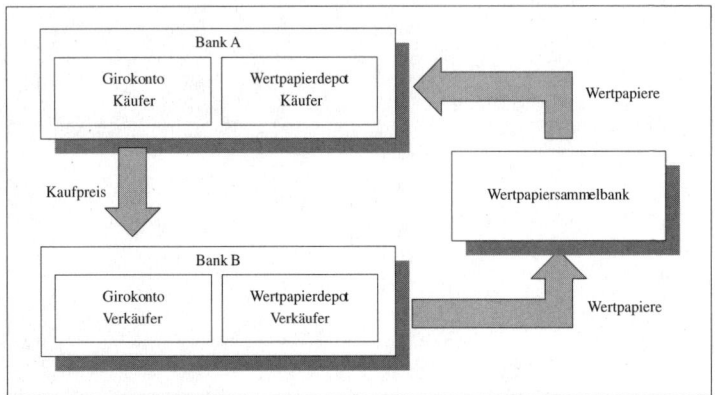

Abb. 89: Übertragung von Wertpapieren

Wenn Sie, lieber Leser, Optionsscheine erwerben wollen, so benötigen Sie dafür zunächst einmal ein Wertpapierdepot, das generell bei allen Banken und Sparkassen eingerichtet werden kann. Zusätzlich ist ein Girokonto vonnöten, über das die mit den Aufträgen verbundenen Zahlungen verrechnet werden.

Hinweis: Besonders günstige Konditionen bieten häufig sogenannte Direktanlagebanken. Vorteile kommen vor allem dadurch zustande, daß die Institute nicht selten auf jegliche Beratung verzichten. Deshalb sollten im Prinzip nur versierte Anleger diesen Weg beschreiten.

Mit der Depoteröffnung wird dem Anleger schließlich der Erwerb einer Vielzahl verschiedener Wertpapiere ermöglicht. Für den Handel mit Warrants reicht dieser Schritt indes noch nicht aus. Denn angesichts der damit verbundenen Risiken – hierzu zählt etwa die relativ hohe Wahrscheinlichkeit eines Totalverlustes – hält der Gesetzgeber gerade Privatanleger für besonders schutzbedürftig. Aus diesem Grund dürfen Banken ihren Kunden nur dann den Handel mit derlei Finanzprodukten gestatten, wenn sichergestellt ist, daß die Anleger über sämtliche Gefahren aufgeklärt wurden. In der Praxis geschieht dies meist durch ein Gespräch, das ein Mitarbeiter der Wertpapierabteilung mit dem Kunden führt. Hier werden alle wesentlichen Punkte angesprochen. Verfügt ein Kunde über unzureichende Vorkenntnisse, so kann solch eine Unterhaltung durchaus mehrere Stunden in Anspruch nehmen. Da der Bankberater allerdings das bereits vorhandene Wissen berücksichtigt, können gut informierte Investoren – etwa die Leser dieses Buches – die Prozedur für gewöhnlich deutlich verkürzen. Daß das Kreditinstitut gänzlich auf das langwierige Beratungsgespräch verzichtet, wird indes auch einem noch so gut informierten Anleger kaum widerfahren. Denn eine sehr restriktive Rechtsprechung von seiten des Bundesgerichtshofes räumt dem nur ungenügend informierten Kunden im Falle eines Verlustes einen Schadenersatzanspruch gegenüber der Bank ein. Es ist daher verständlich, daß die Institute ihrer Verpflichtung im allgemeinen äußerst gewissenhaft nachkommen. Vertritt der Anlageberater am Ende eines Aufklärungsgesprächs immer noch die Ansicht, der Kunde könne die mit Warrantgeschäften verbundenen Risiken nicht richtig einschätzen, so wird er die Anschaffung verweigern. Andernfalls erhält der Anleger nach der Beratung eine Informationsschrift zu „Verlustrisiken bei Börsentermingeschäften", deren Aushändigung er mit seiner Unterschrift bestätigen muß, um die sogenannte Termingeschäftsfähigkeit zu erlangen.[1] Von nun an ist er berechtigt, Optionsscheine zu kaufen.

Ein Auftrag – im Fachjargon „Order" – muß zwar keinen bestimmten Formvorschriften genügen, sollte aber dennoch die folgenden Punkte umfassen:

- Name des Auftraggebers,
- Depotnummer,
- Auftragsart (Kauf/Verkauf),
- Bezeichnung des Wertpapiers (zum Beispiel Dollar-Call, Basis 1,70 DM/USD),
- Wertpapier-Kenn-Nummer,
- Stückzahl,
- Kurslimit,

---

1 Das Informationsblatt *Wichtige Informationen über Verlustrisiken bei Börsentermingeschäften* ist im Anhang abgedruckt.

– Gültigkeitsdauer (zum Beispiel tagesgültig oder gültig bis Monatsultimo) und
– Ausführung (Börse/OTC).

Diese Angaben dienen dem Kreditinstitut dazu, den Kundenauftrag möglichst schnell und fehlerfrei abzuwickeln. Mit Hilfe des Auftraggebernamens sowie der Depotnummer kann die Order sofort dem richtigen Kunden zugeordnet werden. Die Wertpapierbezeichnung sowie die Wertpapier-Kenn-Nummer (WKN), ein von der Deutschen Börse für jedes im Inland gehandelte Wertpapier vergebener Erkennungscode, dienen hingegen der Identifizierung des jeweiligen Scheins. Ist dem Kunden die entsprechende WKN nicht geläufig, so reichen in den meisten Fällen auch folgende Angaben aus:

– Name des Emittenten,
– Underlying,
– Strike,
– Laufzeit.

Mit Hilfe dieser Daten kann die Bank den betreffenden Optionsschein normalerweise problemlos ausfindig machen.

Den letzten drei Angaben bei einer Order – also dem Kurslimit, der Gültigkeitsdauer und der Ausführung – sollte der Anleger besondere Aufmerksamkeit schenken. Das Kurslimit bringt seine persönliche Preisvorstellung zum Ausdruck. Beabsichtigt der Anleger zum Beispiel, Warrants zu erwerben, so könnte er bei der Auftragserteilung eine Kursobergrenze angeben. Die Order wird folglich nur dann ausgeführt, wenn dies bis zum angegebenen Limit möglich ist. Dazu ein stark vereinfachtes Beispiel: Angenommen ein Privatmann möchte einhundert von der *Citibank* stammende Aktienwarrants erwerben, aber keinesfalls mehr als 35 DM pro Schein bezahlen. Seiner Bank erteilt er deshalb einen Kaufauftrag und nennt dabei ein Limit, also einen Höchstpreis, den er so gerade noch akzeptieren würde. So hat der Anleger die Gewißheit, unter keinen Umständen mehr als 35 DM je Warrant zu bezahlen. Sollte kein Marktteilnehmer bereit sein, die Aktienscheine für 35 DM oder weniger herzugeben, so geht der Privatmann leer aus. Verzichtet der Anleger auf die Angabe eines Kurslimits, so leitet die Bank den Auftrag als sogenannte „Billigst-Order" (im Falle eines Kaufauftrags) bzw. als „Bestens-Order" (im Falle eines Verkaufsauftrags) weiter. Der Anleger hat dann zwar die höchste Gewißheit, zum Zuge zu kommen. Aufgrund der zum Teil überaus starken Schwankungen, denen Warrantkurse häufig unterworfen sind, könnte eine derartige Order jedoch zu einem für den Kunden äußerst ungünstigen Kurs führen. Nutzt der Anleger hingegen die Möglichkeit zur Limitierung, so besteht die Gefahr, daß seine Order erst Tage danach abgewickelt wird, im schlimmsten Falle gelangt der Auftrag gar nicht erst zur Ausführung.

Damit nicht täglich von neuem ein und derselbe Auftrag erteilt werden muß, hat der Kunde die Möglichkeit, Orders gleich für mehrere Tage zu stellen. In der Praxis gilt für gewöhnlich allerdings eine Beschränkung bis zum Ende des laufenden Monats, einige Institute dehnen diese Frist gar bis zum Verstreichen des darauffolgenden Monats aus. Ein Auftrag erlischt mit der Ausführung, spätestens jedoch nach Ablauf der jeweiligen Frist. Ändert ein Investor zwischenzeitlich seine Meinung, so kann er eine einmal erteilte Order natürlich jederzeit stornieren, vorausgesetzt der Auftrag wurde noch nicht abgewickelt. Der Anleger hat schließlich noch die Möglichkeit, die Art der Auftragsausführung zu bestimmen. Er hat grundsätzlich die Wahl, sich mit seinem Auftrag direkt an den Emittenten zu wenden oder sich für eine Abwicklung über die Börse zu entscheiden. In jedem Falle führt der Weg natürlich über das depotführende Institut. Da sich die Emissionshäuser durchweg zum Market-Making verpflichten, also auf Anfrage verbindliche An- und Verkaufskurse für eigene Warrants stellen, kann eine Order auf direkte Art und Weise schnell und zuverlässig ausgeführt werden.

> **Hinweis:** Jeder Preis vom Market-Maker hat zwei Seiten – Geld und Brief. Anleger sollten immer daran denken, daß sie zum höheren Briefkurs kaufen, der Market-Maker zur selben Zeit Warrants nur zum geringeren Geldkurs zurücknimmt. Je weiter die Spanne („Spread") zwischen An- und Verkaufskurs, desto höher die Kosten für den Investor. Gute Market-Maker erkennt man an engen Spreads. Um die Spreads verschiedener Scheine direkt miteinander vergleichen zu können, muß das jeweilige Bezugsverhältnis berücksichtigt werden.

Ein direkter Handel mit den Emissionshäusern setzt jedoch ein von Bank zu Bank unterschiedlich hohes Volumen voraus.[1] Liegt der Kunde mit seinem Auftrag darunter, so bleibt ihm immer noch die Möglichkeit, die Order an einen der deutschen Börsenplätze weiterzuleiten. Dort werden die einzelnen Aufträge von Maklern zusammengefaßt und soweit wie möglich unmittelbar ausgeführt. Überwiegen zu einem bestimmten Zeitpunkt entweder die Kauf- oder die Verkaufsaufträge, so bleibt dem Makler nichts weiter übrig als sich direkt an das jeweilige Emissionshaus zu wenden. Da dies eher die Regel ist, weichen die an der Börse erzielten Konditionen in den meisten Fällen kaum von den Preisen der Emittenten ab.

Hat der Anleger schließlich sämtliche Daten für seine Optionsscheinorder zusammengestellt, so taucht die Frage auf, wie er seinen Auftrag am besten an das Kreditinstitut weiterleitet. Schließlich ist eine zügige und fehlerfreie Übermittlung gerade beim Kauf- und Verkauf von Warrants von entscheidender Bedeutung. In der Praxis stehen dem Anleger dafür verschiedene Wege offen (vgl. Abb. 90).

Zu den sichersten Alternativen, Aufträge zu erteilen, zählt der **persönliche Besuch** beim Geldinstitut. Der Anleger kann die zum Kauf notwendigen Daten dem zuständigen Mitarbeiter direkt mitteilen. Dieser füllt nach den Angaben des Kunden ein Auftragsformular aus, welches anschließend vom Anleger unterzeichnet wird. Das Risiko von Übertragungs- und sonstigen Fehlern ist bei dieser Art der Auftragserteilung äußerst gering. Dem hohen Maß an Sicherheit stehen allerdings einige Nachteile entgegen. So ist der Besuch in der Bank für den Kunden üblicherweise mit einem relativ hohen Aufwand verbunden. Obendrein haben gerade berufstätige Anleger häufig nicht die Möglichkeit, die Schalterstunden zu nutzen. Darüber hinaus ist ein Bankbesuch relativ zeitintensiv. Aufgrund der mitunter recht starken Preisschwankungen von Warrants, ist es nicht selten erforderlich, daß Anleger rasch auf eine neue Marktlage reagieren. Deshalb hat die persönliche Auftragserteilung in den letzten Jahren an Bedeutung verloren.

---

1 Im Regelfall nimmt nicht der Anleger Kontakt zum Emittenten auf, sondern das depotführende Institut, welches im Auftrag des Kunden mit dem Emissionshaus handelt. Hierbei liegt eine „klassische" OTC-Transaktion vor.

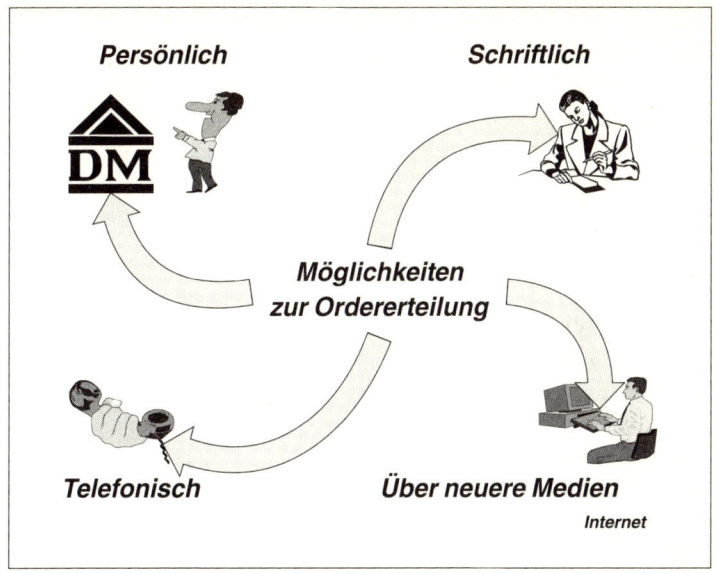

Abb. 90: Möglichkeiten zur Orderabgabe

Anleger müssen die Bank nicht unbedingt persönlich aufsuchen. Sie können Orders auch **schriftlich** einreichen. Die Einhaltung bestimmter Formvorschriften ist dabei im allgemeinen nicht erforderlich. Wichtig ist lediglich, daß der Auftrag alle wichtigen Daten enthält. Der Anleger hat grundsätzlich zwei Möglichkeiten, die Order dem depotführenden Institut zuzuleiten. Am schnellsten läßt sich der Auftrag sicherlich per Fax übermitteln. Der Anleger sollte jedoch im vorhinein klären, ob per Fax eingehende Orders auch umgehend bearbeitet werden. Natürlich ist auch der Versand eines Auftrages mit der Post denkbar. Da die Sendungen verhältnismäßig lange unterwegs sind, raten wir von dieser Möglichkeit jedoch ab.

In den letzten Jahren hat die **telefonische** Auftragserteilung ganz erheblich an Stellenwert gewonnen. Eine Erklärung hierfür liegt wohl darin, daß diese Art zu ordern für den Kunden ausgesprochen bequem ist. Zudem ist eine telefonische Auftragserteilung, was die Schnelligkeit anbelangt, kaum zu überbieten. Die Abwicklung erfolgt dadurch, daß der Anleger dem zuständigen Bankangestellten alle relevanten Daten fernmündlich mitteilt. Um sich zu legitimieren, nennt der Kunde dem Mitarbeiter seine Depotnummer. Ist der Investor dem Angestellten nicht persönlich bekannt, so werden häufig noch weitere persönliche Daten abgefragt, wie das Geburtsdatum oder der aktuelle Kontostand. Hat sich der Mitarbeiter vergewissert, daß eine Auftragsannahme zulässig ist, so füllt er daraufhin, genau wie im Falle des persönlichen Besuchs, ein Auftragsformular aus. Die Banken zeichnen telefonische Orders in aller Regel auf und verwahren die Aufzeichnungen meist mehrere Wochen, um im Falle eines Falles den Beweis antreten zu können, daß ein Auftrag auch tatsächlich erteilt wurde.

Wer der telefonischen Auftragserteilung trotzdem kein Vertrauen schenkt, dem bietet sich vielfach eine andere Möglichkeit zur schnellen Übermittlung. Immer mehr Kreditinstitute bieten ihren Kunden die Alternative, Aufträge auch über **T-Online** oder das **Internet** abzugeben. Dafür ist es allerdings erforderlich, daß der Kunde über einen Computer, ein Modem sowie spezielle Software verfügt. Dabei sollte der Anleger darauf achten, daß die Bank bei der Einrichtung eines Online-Zugangs auch Programme zum Sichern der zu übertragenden Daten bereitstellt. Denn nur mit Hilfe tauglicher Verschlüsselungssoftware kann ein relativ sicherer Transfer gewährleistet werden. Ein weiterer wichtiger Punkt ist die Übertragungsgeschwindigkeit der Daten. Jeder Internetnutzer weiß sicher aus eigener Erfahrung, wie nervenaufreibend lange Zugriffszeiten sein können. Besonders ärgerlich sind derlei Probleme gerade dann, wenn dringend eine wichtige Order durchgegeben werden muß. Verfügt das Kreditinstitut nur über einen vergleichsweise langsamen und häufig überlasteten Netzwerkrechner, so sollte man von dieser Art der Auftragserteilung lieber Abstand nehmen.

Hinweis: Anleger sollten die Emissionsbedingungen genau studieren, damit sie am Ende keine bösen Überraschungen erleben. An erster Stelle steht die Beachtung der Ausübungsmodalitäten. Warrants ohne automatische Ausübung können auch dann wertlos verfallen, wenn sie am Laufzeitende einen Inneren Wert aufweisen. Scheine deshalb früh genug verkaufen oder dem Emittenten rechtzeitig eine Ausübungserklärung einreichen.

Warrants und Steuern – Einige Grundregeln

Daß steuerliche Aspekte nicht nur bei der vorzeitigen Ausübung eine ganz entscheidende Rolle spielen, sondern generell im Zusammenhang mit der Anschaffung von Warrants, kann sich sicherlich jeder Leser ohne größere Schwierigkeiten ausmalen. Da im Grunde für jeden einzelnen Investor eine unterschiedliche steuerliche Ausgangssituation vorherrscht – der eine hat zum Beispiel seine Freibeträge ausgeschöpft, der andere hingegen nicht –, können im Rahmen eines solchen Leitfadens keine individuellen Empfehlungen gegeben werden. Uns verbleibt allerdings die Möglichkeit, einige grundlegende Aspekte anzusprechen, die alle Steuerzahler gleichermaßen berühren.

Für das Finanzamt ist von entscheidender Bedeutung, welches Vorgehen der Warrantinhaber mit seinen Optionsscheinen wählt. Denn davon hängt im wesentlichen ab, ob er zur Kasse gebeten wird. Anleger müssen prinzipiell vier denkbare Szenarien voneinander trennen:

- Weiterverkauf des Warrants,
- Ausübung bei Warrants mit effektiver Andienung,
- Ausübung bei Warrants mit Cash-Settlement,
- Anleger läßt Warrant verfallen.

Weiterverkauf der Warrants

Verstreichen zwischen Kauf und Verkauf eines Warrants weniger als sechs Monate (Spekulationsfrist),[1] so ist der möglicherweise vereinnahmte Gewinn steuerpflichtig. Bei anderen Anlagegeschäften erlittene Verluste können damit verrechnet werden, sofern sie ebenfalls innerhalb der Spekulationsfrist realisiert wurden. Überwiegen in einem Jahr die Spekulationsgewinne, so sind sie auf jeden Fall bis zur sogenannten Freigrenze, die sich zur Zeit auf 1000 DM beläuft, von der Steuer ausgenommen. Wird

---

1 Die Spekulationsfrist erstreckte sich bei Drucklegung über einen Zeitraum von sechs Monaten. Es muß allerdings damit gerechnet werden, daß sich die Frist in Zukunft ausweitet.

diese Marke allerdings überschritten, so ist die Freigrenze bedeutungslos und der gesamte Spekulationsgewinn zu versteuern.

In den Augen des Fiskus sind Gewinne, die erst nach Ablauf
eines halben Jahres eingestrichen werden, keine Spekulationsgewinne mehr und unterliegen damit nicht der besagten Steuer. Ein
außerhalb dieser Frist realisierter Verlust kann allerdings auch
nicht mit irgendwelchen anderen Gewinnen verrechnet werden
und folglich nicht die Steuerlast reduzieren.

Ausübung bei Warrants mit effektiver Andienung[1]

Entscheidet sich der Warrantinhaber anstelle der Weiterveräußerung für eine Ausübung, so ist dieser Vorgang aus steuerlicher
Perspektive zunächst ohne Belang. Erst der Verkauf des über die
Ausübung bezogenen Underlyings könnte in Zukunft für das Finanzamt Bedeutung erlangen. Vergehen zwischen Ausübung und
Veräußerung des Basisgutes nämlich weniger als sechs Monate, so
gilt die Spekulationsfrist, und eventuell erzielte Gewinne unterliegen grundsätzlich der Besteuerung, wohingegen Verluste generell mit anderen Spekulationsgewinnen verrechnet werden dürfen. Wir wollen noch kurz auf das Prinzip eingehen, nach dem diese Gewinne bzw. Verluste bestimmt werden. Entscheidend ist die
Differenz zwischen Veräußerungspreis und den sogenannten Anschaffungskosten, die sich wiederum aus dem Strike und der bezahlten Warrantprämie zusammensetzen. Dazu ein Beispiel: Angenommen, ein Privatmann erwirbt folgenden Optionsschein:

	Call
Underlying	T-Aktie
Strike Price	30 DM
Bezugsverhältnis	1/1
Restlaufzeit	4 Monate
Andienung	Effektive Andienung
Typ	amerikanisch
Prämie	8 DM

---

1 Da von dieser Möglichkeit in der Warrant-Praxis üblicherweise nur Call-Inhaber Gebrauch machen können, beziehen sich die Ausführungen dieses
Abschnitts ausschließlich auf Kaufoptionen.

Der Anleger übt den Warrant kurz vor Fälligkeit aus und bezieht eine T-Aktie für 30 DM. Die gesamten Anschaffungskosten belaufen sich infolgedessen auf

8 DM + 30 DM = 38 DM.

Fünf Monate nach Ausübung entschließt sich der Privatmann zur Veräußerung der T-Aktie, die dann bei 45 DM notiert. Damit realisiert er einen steuerlich relevanten Gewinn in Höhe von

45 DM – 38 DM = 7 DM.

Ausübung bei Warrants mit Cash Settlement

Im Vergleich zu Scheinen, die eine effektive Andienung verbriefen, werden Gewinne im Falle eines Cash Settlements steuerlich völlig anders behandelt. Da derlei Warranttransaktionen aus der Sicht des Fiskus sogenannte „Differenzgeschäfte" sind, fallen grundsätzlich keine Steuerzahlungen an, und zwar unabhängig davon, ob Spekulationsfristen eingehalten oder verletzt werden. Daß bei Differenzgeschäften entstandene Verluste auch nicht mit Gewinnen verrechnet werden dürfen, versteht sich von selbst.

Verfall des Warrants

Warrantinhaber, die ihre Scheine wertlos verfallen lassen, haben grundsätzlich keine Möglichkeit, die dabei erlittenen Verluste steuerlich geltend zu machen. Die Spekulationsfrist spielt in diesem Zusammenhang im übrigen keine Rolle. Um einen Verlust steuerlich doch noch in Anspruch zu nehmen, sollten Anleger davon absehen, Warrants, die weniger als sechs Monate im Besitz waren, einfach verfallen zu lassen. Raffinierter ist allemal eine Weiterveräußerung, da Verluste dann verrechnet werden dürfen. Um den Warrantinhabern diese Möglichkeit nicht zu verbauen, erklären sich nahezu alle Emittenten dazu bereit, an und für sich wertlose Scheine am Laufzeitende zum symbolischen Preis von einem Pfennig zurückzunehmen.

7. Anhang

Emissionsbedingungen

OPTIONSBEDINGUNGEN

Capped Warrants
gerichtet auf Zahlung eines Differenzbetrages

§ 1
(Optionsrecht, Definitionen)

(1) Sal. Oppenheim jr. & Cie. Kommanditgesellschaft auf Aktien ("Emittentin") gewährt jedem Inhaber eines Capped Warrants das Recht („Optionsrecht"), nach Maßgabe dieser Optionsbedingungen die Zahlung des in Absatz (2) bezeichneten Differenzbetrages zu verlangen.

(2) Im Sinne dieser Optionsbedingungen ist

– „Differenzbetrag": das 100-fache der in Deutsche Mark („DM") ausgedrückten Differenz, um die der Ausübungskurs den Basispreis (i) im Fall von Optionsscheinen des Typs „Call" überschreitet bzw. (ii) im Fall von Optionsscheinen des Typs „Put" unterschreitet. Die Differenz ist jedoch auf die maximale Auszahlung beschränkt;

– „Basispreis": vgl. nachstehende Tabelle;

– „Ausübungskurs": der erste nach dem Ausübungszeitpunkt (§ 3 (3) bzw. § 3 (5)) an der Frankfurter Devisenbörse amtlich festgestellte USD-Kassakurs;

– „Ausübungstag": vgl. nachstehende Tabelle;

– „Mindestzahl": im Fall der amerikanischen Option können Optionsrechte nur für jeweils 100 gleiche Optionsscheine oder ein ganzzahliges Vielfaches davon ausgeübt werden;

– „maximale Auszahlung": vgl. nachstehende Tabelle;

Typ	Basispreis	Ausübungstag	maximale Auszahlung	Wertpapier-Kenn-Nummer	ISIN-Nummer
Call	DM 1,50	23.06.1998	DM 5,00	819 670	DE 000 819 670 0
Call	DM 1,57	20.11.1997	DM 5,00	819 671	DE 000 819 671 8
Call	DM 1,57	23.06.1998	DM 5,00	819 672	DE 000 819 672 6
Call	DM 1,60	20.11.1997	DM 5,00	819 673	DE 000 819 673 4
Put	DM 1,77	20.11.1997	DM 5,00	819 674	DE 000 819 674 2
Put	DM 1,77	23.03.1998	DM 5,00	819 675	DE 000 819 675 9
Put	DM 1,82	20.11.1997	DM 5,00	819 676	DE 000 819 676 7
Put	DM 1,82	23.03.1998	DM 5,00	819 677	DE 000 819 677 5

§ 2
(Form der Optionsscheine, Begebung zusätzlicher Optionsscheine)

(1) Die Optionsscheine sind je Serie durch einen Inhaber-Sammeloptionsschein („Sammeloptionsschein") verbrieft. Der Sammeloptionsschein ist bei der Deutscher Kassenverein AG, Filiale Düsseldorf („Kassenverein"), hinterlegt. Die jeweiligen Optionsscheine sind als Miteigentumsanteile am Sammeloptionsschein gemäß den Geschäftsbedingungen der Deutscher Kassenverein AG übertragbar. Außerhalb der Bundesrepublik Deutschland erfolgt die Übertragung gemäß den Geschäftsbedingungen von Cedel und Euroclear.

(2) Ein Anspruch auf Druck und Ausgabe einzelner Optionsscheine besteht nicht.

(3) Die Emittentin behält sich vor, weitere Optionsscheine mit gleicher Ausstattung zu begeben.

§ 3
(Ausübung)

(1) Ist in § 1 (2) eine Ausübungsfrist angegeben („amerikanische Option"), so gelten für die Ausübung des Optionsrechts die nachstehenden Absätze (2) bis (4); ist nur ein Ausübungstag angegeben („europäische Option"), so gilt Absatz (5).

(2) Im Fall der amerikanischen Option können Optionsscheine nur für die in § 1 (2) genannte Mindestzahl ausgeübt werden. Der Inhaber von Optionsscheinen muß innerhalb der Ausübungsfrist

    a) bis 10.00 Uhr Frankfurter Zeit eine schriftliche Erklärung gegenüber der Emittentin (Sal. Oppenheim jr. & Cie. KGaA, Effektenverwaltung, Postfach 10 27 43, 50467 Köln, Fax: 0221/145-1906) abgeben und

    b) die Optionsscheine auf die Emittentin übertragen, und zwar entweder (i) durch eine unwiderrufliche Anweisung an die Emittentin, die Optionsscheine aus einem bei der Emittentin unterhaltenen Wertpapier- depot zu entnehmen oder (ii) durch Lieferung der Optionsscheine auf das Konto Nr. 4135 der Emittentin beim Deutscher Kassenverein AG.

(3) Die Optionserklärung muß enthalten:

    a) den Namen und die Anschrift des Ausübenden,

    b) die Anzahl der Optionsscheine, für die das Optionsrecht ausgeübt wird, und

    c) die Angabe eines in der Währung, in welcher der Differenzbetrag zahlbar ist, geführten Bankkontos, auf das der Differenzbetrag überwiesen werden soll.

Die Optionserklärung ist bindend und unwiderruflich. Sie wird wirksam, wenn die Optionserklärung und die Optionsscheine fristgerecht bei der Emittentin eingegangen sind. „Ausübungszeitpunkt" ist im Fall der amerikanischen Option jeweils 10.00 Uhr vormittags (Ortszeit Frankfurt am Main) an dem Bankarbeitstag, an dem diese Voraussetzung für die jeweils ausgeübten Optionsrechte zu der genannten Uhrzeit erstmals erfüllt ist. „Bankarbeitstag" im Sinne dieser Optionsbedingungen ist ein Tag, an dem in Frankfurt am Main die Banken allgemein geöffnet sind. Optionserklärungen, die nach 10.00 Uhr Frankfurter Zeit bei der Emittentin eingehen, gelten als am nächstfolgenden Bankarbeitstag eingegangen.

(4) Optionsrechte, die bis zum letzten Tag der Ausübungsfrist nicht ausgeübt worden sind, gelten ohne weitere Voraussetzung als an diesem Tag ausgeübt, falls der Differenzbetrag ein positiver Betrag ist; andernfalls erlöschen sie mit Ablauf dieses Tages.

(5) Im Fall der europäischen Option gilt das Optionsrecht ohne weitere Voraussetzung als am Ausübungstag ausgeübt, falls der Differenzbetrag ein positiver Betrag ist. „Ausübungszeitpunkt" ist in diesem Fall die in Absatz (3) genannte Uhrzeit am Ausübungstag.

§ 4
(Zahlung des Differenzbetrages)

(1) Die Emittentin wird innerhalb von sieben Bankarbeitstagen nach dem Tag der Feststellung des Ausübungs- kurses den Differenzbetrag zahlen, und zwar

    a) im Fall der amerikanischen Option - soweit eine Optionserklärung vorliegt - durch Überweisung auf das in der Optionserklärung angegebene Konto oder, falls ein solches Konto nicht angegeben oder eine solche Überweisung nicht möglich oder nicht praktikabel ist, durch Zusendung eines auf die Emittentin gezogenen Schecks an die in der Optionserklärung angegebene Adresse,

    b) im Fall der europäischen Option sowie im Fall des § 3 (4) durch Überweisung an den Kassenverein zur Weiterleitung an die Optionsscheininhaber.

(2) Der Differenzbetrag wird durch die Emittentin berechnet und ist (sofern nicht ein offensichtlicher Fehler vorliegt) endgültig und für alle Beteiligten bindend.

(3) Etwaige Steuern und sonstige Abgaben, die im Zusammenhang mit der Ausübung der Optionsrechte an- fallen, sind vom Optionsscheininhaber zu tragen.

§ 5
(Marktstörung)

Falls an dem Tag, an dem ansonsten üblicherweise der Ausübungskurs bekanntgegeben würde, die Bekanntgabe des Ausübungskurses unterbleibt, ist für die Berechnung des Differenzbetrages anstelle des Ausübungskurses derjenige Kurs („Ersatzkurs") maßgeblich, der sich an diesem Tag als arithmetisches Mittel aus den mit dem Ausübungskurs vergleichbaren Devisenkursen für das allgemeine Publikum errechnet, die der Emittentin von fünf namhaften, im Devisenhandel tätigen Banken gegen 13.00 Uhr (Ortszeit Frankfurt am Main) für die betreffende Währung genannt werden. Sofern solche Kurse nicht erhältlich sind, wird die Emittentin einen für die Berechnung des Differenzbetrags anwendbaren Ersatzkurs bestimmen, der nach ihrer Beurteilung den an diesem Tag gegen 13.00 Uhr (Ortszeit Frankfurt am Main) herrschenden Marktgegebenheiten entspricht.

§ 6
(Bekanntmachungen)

Bekanntmachungen, welche die Optionsscheine betreffen, werden im Bundesanzeiger der Bundesrepublik Deutschland und - sofern rechtlich vorgeschrieben - in mindestens einem Pflichtblatt der Wertpapierbörse, an der die Optionsscheine notiert werden, veröffentlicht. Zur Rechtswirksamkeit genügt die Veröffentlichung im Bundesanzeiger.

§ 7
(Teilunwirksamkeit)

Sollte eine der Bestimmungen dieser Optionsbedingungen ganz oder teilweise unwirksam sein oder werden, so bleiben die übrigen Bestimmungen dadurch unberührt. Eine durch die Unwirksamkeit oder Undurchführbarkeit einer Bestimmung dieser Optionsbedingungen etwa entstehende Lücke ist durch eine dem Sinn und Zweck dieser Optionsbedingungen und den Interessen der Beteiligten entsprechende Regelung auszufüllen.

§ 8
(Anwendbares Recht, Gerichtsstand)

(1) Form und Inhalt der Optionsscheine sowie alle Rechte und Pflichten aus den in diesen Optionsbedingungen geregelten Angelegenheiten bestimmen sich in jeder Hinsicht nach deutschem Recht.

(2) Soweit in diesen Optionsbedingungen nichts anderes bestimmt ist, ist Erfüllungsort Frankfurt am Main.

(3) Gerichtsstand für alle Rechtsstreitigkeiten aus den in diesen Optionsbedingungen geregelten Angelegenheiten ist, soweit nicht zwingende gesetzliche Bestimmungen entgegenstehen, Frankfurt am Main.

****

Frankfurt am Main, im März 1997

Sal. Oppenheim jr. & Cie.
Kommanditgesellschaft auf Aktien

Informationsquellen

Telefon

Bankers Trust	0 69 / 1 53 01–2 22
Bayerische Hypotheken- und Wechselbank	0 89 / 92 44 62 53
Bayerische Vereinsbank	0 89 / 3 78–1 61 20
CS First Boston	0 69 / 75 38–21 24
Citibank	
– *Kursinformationen*	**0190** / 51 55 25
– *Kundentelefon*	0 69 / 13 66 15 40
Crédit Lyonnais	0 69 / 97 27–11 56
Deutsche Morgan Grenfell	
– *Kursinformationen*	0 69 / 9 10–3 60 00
– *Aktien- und Index-Produkte*	0 69 / 9 10–3 88 07
– *Zins- und Währungs-Produkte*	0 69 / 9 10–3 57 00
DG Bank	
– *Bandansage*	0 69 / 74 47–74 47
Dresdner Bank	0 69 / 2 63–83 61
Goldman Sachs	0 69 / 75 32–10 34
Lehman Brothers	0 69 / 1 53 07–3 07
Merrill Lynch	0 69 / 29 94 3 10
NordLB	05 11 / 3 61–24 13
Rabobank	0 69 / 79 20 66 66
Sal. Oppenheim	0 69 / 71 34–54 24
SBC Warburg	**0180** / 5 25 45 25
Société Générale	0 69 / 71 74–6 63
Trinkaus & Burkhardt	
– *Kursinformation*	**0190** / 59 00 10
– *Produktinformation*	02 11 / 9 10 68
WestLB	
– *Produktinformation*	02 11 / 8 26 59 88
– *Kursinformation*	**0190** / 58 05 89
	0190 / 36 14 00

Fax/Fax on Demand

Citibank
– *Kursinformationen* **0190** / 51 55 27
– *Neuemissionen* 02 34 / 97 69–4 00
– *Optionsscheinnachrichten* 02 34 / 97 69–4 01
Salomon Brothers (Produktübersicht) 0 69 / 26 07–3 72

Videotext

Pro Sieben Text

Bankers Trust	ab Seite 180
Commerzbank	ab Seite 177
Deutsche Morgan Grenfell	ab Seite 163
DG Bank	ab Seite 166
Dresdner Bank	ab Seite 182
Salomon Brothers	ab Seite 175

RTL Videotext

Goldman Sachs ab Seite 858

Sat 1 Videotext

Allgemein
– *Neuemissionen + Nachrichten* Seite 151
– *Tagesgewinner* Seite 152
Citibank ab Seite 145
Merrill Lynch ab Seite 173
Rabobank ab Seite 160
Société Générale ab Seite 171

3Sat Videotext

SBC Warburg ab Seite 160

ARD/ZDF Videotext

Trinkaus & Burkhardt ab Seite 450

T-Online

Bankers Trust	*2 20 88 82#
Business Channel	
– *14000 tagesaktuelle Kurse*	*bc#
Citibank	*3 45 00 55 61#
	*2 20 88 78#
Commerzbank	*2 20 88 88#
Deutsche Morgan Grenfell	*2 20 88 85#
DG Bank	*2 20 88 86#
Goldman Sachs	*2 20 88 79#
Hornblower Fischer	
– *Zeitnahe Kurse*	*hf#
Merrill Lynch	*2 20 88 80#
NordLB	*2 10 30 04 47#
Rabobank	*2 20 88 84#
Sal. Oppenheim	*2 20 88 22#
Schweizerische Bankgesellschaft	*2 20 88 87#
Salomon Brothers	*2 20 88 83#
SBC Warburg	*2 20 88 6#
Société Générale	*2 20 88 77#
WestLB	*2 20 88 81#

Internet

Emissionshäuser

Bankers Trust   www.bankerstrust.com
– *Password erforderlich, kann telefonisch beantragt werden*
Bayerische Vereinsbank   www.vereinsbank.de
– *Password erforderlich, kann über das Internet beantragt werden*
Citibank   warrants.citibank.com
Commerzbank   www.finanzenonline.de/
                                     commerzbank.htm
Crédit Lyonnais   www.creditlyonnais.fr
Deutsche Morgan Grenfell   www.deutsche-bank.de/
                                     dmg
DG Bank   www.finanzenonline.de/
                                     dgbank.htm

Merrill Lynch	www.finanzenonline.de/merrill.htm
Rabobank	www.rabobank.nl/de
Sal. Oppenheim	www.oppenheim.com
Salomon Brothers	www.finanzenonline.de/salomon.htm
SBC Warburg	www.finanzenonline.de/sbv.htm
Société Générale	www.finanzenonline.de/socgen.htm
Trinkaus & Burkhardt	www.vwd.de/options-scheinservice/tb.html
WestLB	www.westlb.de

Infoquellen (Deutschland)

Bank 24
– *2700 Wertpapier-Charts, Kurse*   www.bank24.de
B. I. S.
– *Kurse*   www.bis.de
Business Channel
– *Analysen, Charts, Kurse,
    Nachrichten*   www.business-channel.de

Comdirect
– *Charts, Kurse, Nachrichten*   www.comdirect.de
Consors
– *15 000 Charts, zeitnahe Kurse,
    Devisenkurse*   www.consors.de
Deutsche Börse AG
– *Allgemeine Informationen, Kurse*   www.exchange.de
Direkt Anlage Bank
– *Kurse, Nachrichten*   www.diraba.de
Financial News Network
– *Charts, Kurse, Nachrichten*   www.fnet.de
Gries & Heissel
– *Zeitnahe DAX-Kurse, Kauf-
    empfehlungen*   www.guh.de

Hornblower Fischer
- *Charts, Kurse, Nachrichten,*
  Analysesoftware   www.hornblower.de
VWD Eschborn
- *Kurse, Nachrichten*   www.vwd.de

Infoquellen (International)

Bloomberg
- *News*   www.bloomberg.com
Datek
- *Analysen, Charts, Realtime-Kurse,*
  News (Service ist allerdings
  gebührenpflichtig)   www.datek.com
DBC Online
- *Analysen, Charts, Kurse, News* www.dbc.com
Discover Brokerage Direct
- *Charts, Kurse, News, Research* www.dbdirect.com
NASDAQ (Computerbörse)
- *Kurse, News, Charts*   www.nasdaq.com
Olde
- *Analysen, Charts, Kurse, News* www.olde.com
PC Financial Network
- *Analysen, Charts, Kurse, News* www.pcfn.com
PC Quote
- *Charts, Kurse, News*   www.pcquote.com
Quick & Reilly
- *Analysen, Charts, Kurse, News* www.quick-reilly.com
Reuters Money Net
- *Charts, Kurse, News*   www.moneynet.com
Charles Schwab & Co.
- *Charts, zeitnahe Kurse, News* www.schwab.com
Stock Master
- *Charts, Kurse*   www.stockmaster.com
Stock Smart
- *Analysen, Charts,*
- *22000 Kurse, News*   www.stocksmart.com
Tele Stock
- *60000 Kurse und Charts*   www.teleserv.co.uk

The Stockpage
– *Online Newsletter (gebühren-*
pflichtig ab Februar 1998)   www.thestockpage.com
Wall Street Research Net
– *Analysen, News*   www.wsrn.com
Waterhouse
– *Charts, Kurse*   www.waterhouse.com
Yahoo
– *Suchmaschine*   quote.yahoo.com

Zeitschriften

Börse Online: *erscheint wöchentlich*
Finanzen Optionsscheine: *erscheint monatlich*
Optionsschein Magazin: *erscheint monatlich*
Optionsschein Weekly: *erscheint wöchentlich*

Zeitungen

Börsen-Zeitung
Frankfurter Allgemeine Zeitung
Handelsblatt
Süddeutsche Zeitung
Die Welt

Termingeschäftsfähigkeit

```
┌──────────────────────────────────┐   ┌──────────────────────────────────┐
│ (Name und Anschrift des Kunden)  │   │ Konto-Nummer                     │
│                                  │   │                                  │
│                                  │   │──────────────────────────────────│
│                                  │   │ Depot-Nummer                     │
│                                  │   │                                  │
│                                  │   │──────────────────────────────────│
│                                  │   │ Ort, Datum                       │
│                                  │   │                                  │
└──────────────────────────────────┘   └──────────────────────────────────┘
```

Wichtige Informationen
über Verlustrisiken bei Börsentermingeschäften

Sehr geehrte Kundin, sehr geehrter Kunde,

bei Börsentermingeschäften stehen den Gewinnchancen hohe Verlustrisiken gegenüber. Jeder Anleger, der ein Börsentermingeschäft eingehen will, muß zuvor über die Risiken bei Börsentermingeschäften informiert sein.

A. Grundsätzliches über Verlustrisiken bei Börsentermingeschäften

Das Börsengesetz (§ 53 Abs. 2) sieht vor, daß wir Sie über die nachfolgenden Risiken informieren:

Verfall oder Wertminderung

Die Rechte, die Sie aus Börsentermingeschäften erwerben, können verfallen oder an Wert verlieren, weil diese Geschäfte stets nur befristete Rechte verschaffen. Je kürzer die Frist ist, desto größer kann Ihr Risiko sein.

Unkalkulierbare Verluste

Bei Verbindlichkeiten aus Börsentermingeschäften kann Ihr Verlustrisiko unbestimmbar sein und auch über die von Ihnen geleisteten Sicherheiten hinaus Ihr sonstiges Vermögen erfassen.

Fehlende Absicherungsmöglichkeiten

Geschäfte, mit denen Risiken aus eingegangenen Börsentermingeschäften ausgeschlossen oder eingeschränkt werden sollen (Glattstellungsgeschäfte), können möglicherweise nicht oder nur zu einem für Sie verlustbringenden Preis getätigt werden.

Zusätzliches Verlustpotential bei Kreditaufnahme oder aus Wechselkursschwankungen

Ihr Verlustrisiko steigt, wenn Sie für Ihr Börsentermingeschäft einen Kredit in Anspruch nehmen. Dasselbe ist bei einem Termingeschäft der Fall, bei dem Ihre Verpflichtungen oder Ansprüche auf ausländische Währung oder eine Rechnungseinheit (z.B. ECU) lauten.

B. Die Risiken bei den einzelnen Geschäftsarten

I. Kauf von Optionen

1. Kauf einer Option auf Wertpapiere, Devisen oder Edelmetalle

Das Geschäft: Wenn Sie Optionen auf Wertpapiere, Devisen oder Edelmetalle kaufen, erwerben Sie den Anspruch auf Lieferung oder Abnahme der genannten Basiswerte zu dem beim Kauf der Option bereits festgelegten Preis.

Ihr Risiko: Eine Kursveränderung des Basiswertes, also z.B. der Aktie, die Ihrer Option als Vertragsgegenstand zugrunde liegt, kann den Wert Ihrer Option mindern. Zu einer Wertminderung kommt es im Fall einer Kaufoption (Call) bei Kursverlusten, im Fall einer Verkaufsoption (Put) bei Kursgewinnen des zugrundeliegenden Vertragsgegenstandes. Tritt eine Wertminderung ein, so erfolgt diese stets überproportional zur Kursveränderung des Basiswertes, sogar bis hin zur Wertlosigkeit Ihrer Option. Eine Wertminderung Ihrer Option kann aber auch dann eintreten, wenn der Kurs des Basiswertes sich nicht ändert, weil der Wert Ihrer Option von weiteren Preisbildungsfaktoren (z.B. Laufzeit oder Häufigkeit und Intensität der Preisschwankungen des Basiswerts) mitbestimmt wird. Wegen der begrenzten Laufzeit einer Option können Sie dann nicht darauf vertrauen, daß sich der Preis der Option rechtzeitig wieder erholen wird. Erfüllen sich Ihre Erwartungen bezüglich der Marktentwicklung nicht und verzichten Sie deshalb auf die Ausübung der Option oder versäumen Sie die Ausübung, so verfällt Ihre Option mit Ablauf ihrer Laufzeit. Ihr Verlust liegt dann in dem für die Option gezahlten Preis zuzüglich der Ihnen entstandenen Kosten.*

2. Kauf einer Option auf Finanzterminkontrakte

Das Geschäft: Beim Kauf einer Option auf einen Finanzterminkontrakt erwerben Sie das Recht, zu im vorhinein fixierten Bedingungen einen Vertrag abzuschließen, durch den Sie sich zum Kauf oder Verkauf per Termin von z.B. Wertpapieren, Devisen oder Edelmetallen verpflichten.

Ihr Risiko: Auch diese Option unterliegt zunächst den unter 1. beschriebenen Risiken. Nach Ausübung der Option gehen Sie allerdings neue Risiken ein: Diese richten sich nach dem dann zustande kommenden Finanzterminkontrakt und können weit über Ihrem ursprünglichen Einsatz – das ist der für die Option gezahlte Preis – liegen. Sodann treffen Sie zusätzlich die Risiken aus den nachfolgend beschriebenen Börsentermingeschäften mit Erfüllung per Termin.*

II. Verkauf von Optionen und Börsentermingeschäfte mit Erfüllung per Termin

1. Verkauf per Termin und Verkauf einer Kaufoption auf Wertpapier, Devisen oder Edelmetalle

Das Geschäft: Als Verkäufer per Termin gehen Sie die Verpflichtung ein, Wertpapiere, Devisen oder Edelmetalle zu einem vereinbarten Kaufpreis zu liefern. Als Verkäufer einer Kaufoption trifft Sie diese Verpflichtung nur dann, wenn die Option ausgeübt wird.*

Ihr Risiko: Steigen die Kurse, müssen Sie dennoch zu dem zuvor festgelegten Preis liefern, der dann ganz erheblich unter dem aktuellen Marktpreis liegen kann. Sofern sich der Vertragsgegenstand, den Sie zu liefern haben, bereits in Ihrem Besitz befindet, kommen Ihnen steigende Marktpreise nicht mehr zugute. Wenn Sie ihn erst später erwerben wollen, kann der aktuelle Marktpreis erheblich über dem im voraus festgelegten Preis liegen. In der Preisdifferenz liegt Ihr

Risiko. Dieses Verlustrisiko ist im vorhinein nicht bestimmbar, d.h. theoretisch unbegrenzt. Es kann weit über von Ihnen geleistete Sicherheiten hinausgehen, wenn Sie den Liefergegenstand nicht besitzen, sondern sich erst bei Fälligkeit damit eindecken wollen. In diesem Fall können Ihnen erhebliche Verluste entstehen, da Sie je nach Marktsituation eventuell zu sehr hohen Preisen kaufen müssen oder aber entsprechende Ausgleichszahlungen zu leisten haben, wenn Ihnen die Eindeckung nicht möglich ist.

Beachten Sie: Befindet sich der Vertragsgegenstand, den Sie zu liefern haben, in Ihrem Besitz, so sind Sie zwar vor Eindeckungsverlusten geschützt. Werden aber diese Werte für die Laufzeit Ihres Börsentermingeschäftes (als Sicherheiten) ganz oder teilweise gesperrt gehalten, können Sie während dieser Zeit oder bis zur Glattstellung Ihres Terminkontraktes hierüber nicht verfügen und die Werte auch nicht verkaufen, um bei fallenden Kursen Verluste zu vermeiden.

2. Kauf per Termin und Verkauf einer Verkaufsoption auf Wertpapiere, Devisen oder Edelmetalle

Das Geschäft: *Als Käufer per Termin oder als Verkäufer einer Verkaufsoption gehen Sie die Verpflichtung ein, Wertpapiere, Devisen oder Edelmetalle zu einem festgelegten Preis abzunehmen.*

Ihr Risiko: *Auch bei sinkenden Kursen müssen Sie den Kaufgegenstand zum vereinbarten Preis abnehmen, der dann erheblich über dem aktuellen Marktpreis liegen kann. In der Differenz liegt Ihr Risiko. Dieses Verlustrisiko ist im vorhinein nicht bestimmbar und kann weit über eventuell von Ihnen geleistete Sicherheiten hinausgehen. Wenn Sie beabsichtigen, die Werte nach Abnahme sofort wieder zu verkaufen, sollten Sie beachten, daß Sie unter Umständen keinen oder nur schwer einen Käufer finden; je nach Marktentwicklung kann Ihnen dann ein Verkauf nur mit erheblichen Preisabschlägen möglich sein.*

3. Verkauf einer Option auf Finanzterminkontrakte

Das Geschäft: *Beim Verkauf einer Option auf einen Finanzterminkontrakt gehen Sie die Verpflichtung ein, zu im vorhinein fixierten Bedingungen einen Vertrag abzuschließen, durch den Sie sich zum Kauf oder Verkauf per Termin von z.B. Wertpapieren, Devisen oder Edelmetallen verpflichten.*

Ihr Risiko: *Sollte die von Ihnen verkaufte Option ausgeübt werden, so laufen Sie das Risiko eines Verkäufers oder Käufers per Termin, wie es unter Ziff. 1. und 2. dieses Abschnittes II. beschrieben ist.*

> ## III. Options- und Finanzterminkontrakte mit Differenzausgleich

Das Geschäft: *Bei manchen Börsentermingeschäften findet nur ein Barausgleich statt. Hierbei handelt es sich insbesondere um:*

– *Options- oder Finanzterminkontrakte auf einen Index, also auf eine veränderliche Zahlengröße, die aus einem nach bestimmten Kriterien festgelegten Bestand von Wertpapieren errechnet wird und deren Veränderungen die Kursbewegungen dieser Wertpapiere widerspiegeln.*

– *Options- oder Finanzterminkontrakte auf den Zinssatz für eine Termineinlage mit standardisierter Laufzeit.*

Ihr Risiko: *Wenn Ihre Erwartungen nicht eintreten, haben Sie die Differenz zu zahlen, die zwischen dem bei Abschluß zugrunde gelegten Kurs und dem aktuellen Marktkurs bei Fälligkeit des Geschäfts besteht. Diese Differenz macht Ihren Verlust aus. Die maximale Höhe Ihres Verlustes läßt sich im vorhinein nicht bestimmen. Er kann weit über eventuell von Ihnen geleistete Sicherheiten hinausgehen.*

C. Weitere Risiken aus Börsentermingeschäften

I. Börsentermingeschäfte mit Währungsrisiko

Das Geschäft: *Wenn Sie ein Börsentermingeschäft eingehen, bei dem Ihre Verpflichtung oder die von Ihnen zu beanspruchende Gegenleistung auf ausländische Währung oder eine Rechnungseinheit (z. B. ECU) lautet oder sich der Wert des Vertragsgegenstandes hiernach bestimmt (z. B. bei Gold), sind Sie einem zusätzlichen Risiko ausgesetzt.*

Ihr Risiko: *In diesem Fall ist Ihr Verlustrisiko nicht nur an die Wertentwicklung des zugrundeliegenden Vertragsgegenstandes gekoppelt. Vielmehr können Entwicklungen am Devisenmarkt die Ursache für zusätzliche unkalkulierbare Verluste sein: Wechselkursschwankungen können*

– den Wert der erworbenen Option verringern

– den Vertragsgegenstand verteuern, *den Sie zur Erfüllung des Börsentermingeschäftes liefern müssen, wenn er in ausländischer Währung oder einer Rechnungseinheit zu bezahlen ist. Dasselbe gilt für eine Zahlungsverpflichtung aus dem Börsentermingeschäft, die Sie in ausländischer Währung oder einer Rechnungseinheit erfüllen müssen.*

– den Wert oder den Verkaufserlös des aus dem Börsentermingeschäft abzunehmenden Vertragsgegenstandes oder den Wert der erhaltenen Zahlung vermindern.

II. Risikoausschließende oder -einschränkende Geschäfte

Vertrauen Sie nicht darauf, daß Sie während der Laufzeit jederzeit Geschäfte abschließen können, durch die Sie Ihre Risiken aus Börsentermingeschäften kompensieren oder einschränken können. Ob diese Möglichkeit besteht, hängt von den Marktverhältnissen und auch von der Ausgestaltung Ihres jeweiligen Börsentermingeschäftes ab. Unter Umständen können Sie ein entsprechendes Geschäft nicht oder nur zu einem ungünstigen Marktpreis tätigen, so daß Ihnen ein Verlust entsteht.

III. Inanspruchnahme von Kredit

Ihr Risiko erhöht sich, wenn Sie insbesondere den Erwerb von Optionen oder die Erfüllung Ihrer Liefer- oder Zahlungsverpflichtungen aus Börsentermingeschäften über Kredit finanzieren. In diesem Fall müssen Sie, wenn sich der Markt entgegen Ihren Erwartungen entwickelt, nicht nur den eingetretenen Verlust hinnehmen, sondern auch den Kredit verzinsen und zurückzahlen. Setzen Sie daher nie darauf, den Kredit aus den Gewinnen des Börsentermingeschäftes verzinsen und zurückzahlen zu können, sondern prüfen Sie vor Geschäftsabschluß Ihre wirtschaftlichen Verhältnisse daraufhin, ob Sie zur Verzinsung und gegebenenfalls kurzfristigen Tilgung des Kredits auch dann in der Lage sind, wenn statt der erwarteten Gewinne Verluste eintreten.

D. Verbriefung in Wertpapieren

Die Risiken aus den oben geschilderten Geschäften ändern sich nicht, wenn die Rechte und Pflichten in einem Wertpapier (z. B. Optionsschein) verbrieft sind.

Nach § 53 Abs. 2 Satz 2 Börsengesetz ist dieses Informationsblatt von Ihnen zu unterschreiben, wenn Sie Börsentermingeschäfte abschließen wollen.

Ort, Datum	Ihre Unterschrift

Glossar

Abgeld
Liegt die Optionsprämie unterhalb des Inneren Wertes, so weist der Warrant quasi eine negative Zeitprämie auf, was auch als Abgeld bezeichnet wird.

Abrechnungsbetrag
Angesammelter Innerer Wert eines Warrants, der dem Inhaber am Ausübungstag zufließt.

Agio
→ Aufgeld

Am Geld
→ At-the-money

American Style
→ amerikanisch

Amerikanisch
Im Unterschied zu europäischen können amerikanische Optionen jederzeit während der Optionsfrist ausgeübt werden.

Andienung
Art und Weise, wie Stillhalter im Falle einer Ausübung seiner Verpflichtung nachkommt. Grundsätzlich ist entweder eine effektive Andienung (Physical Delivery) oder ein Barausgleich (Cash Settlement) denkbar.

Annualisierung
Umrechnung bestimmter Werte, etwa Renditen oder Agios, auf Jahresbasis. Damit soll erreicht werden, daß Zahlen, die sich von vornherein auf unterschiedliche Zeiträume beziehen, direkt miteinander verglichen werden können.

Ask
Englischsprachige Bezeichnung für Briefkurs.

At-the-money
Option notiert at-the-money, wenn der Preis des Underlyings zum Betrachtungszeitpunkt dem Strike entspricht und die Option just keinen Inneren Wert mehr aufweist, der über Null hinausgeht. Genaugenommen befindet sich eine Option nur dann at-the-money, wenn Underlying- und Basispreis identisch sind. In der Praxis wird der Sachverhalt allerdings nicht ganz so eng ausgelegt, so daß man auch dann noch von einer at-the-money-Option spricht, wenn der Preis des Underlyings in der Nähe des Strikes liegt.

Aufgeld
Liegt die Optionsprämie über dem Inneren Wert, so weist der Warrant eine Zeitprämie auf. Diese heißt in der Fachsprache auch Aufgeld.

Aus dem Geld
→ Out-of-the-money

Ausknocken
Begriff aus der Welt der Exotischen Warrants. Er bezeichnet das vorzeitige Verfallen eines Optionsscheins, das dadurch hervorgerufen wird, daß eine sogenannte Knock-Out-Schwelle („K. O.-Schwelle") verletzt wird.

Ausreißerkurs
Einzelne Notierung, die sehr deutlich vom Durchschnittskurs eines bestimmten Finanztitels abweicht.

Außerbörslicher Handel
Direkte Abwicklung einer Wertpapiertransaktion ohne Zwischenschaltung einer Börse. Ein außerbörslicher Handel versetzt Marktakteure grundsätzlich in die Lage, losgelöst von irgendwelchen Börsenzeiten handeln zu können. Bei Warrants fällt auch der Handel direkt mit dem Emissionshaus unter diese Rubrik.

Ausstattung
Gestaltung eines Optionsgeschäftes, genauer Fixierung folgender Größen:
→ Basispreis
→ Bezugsverhältnis
→ Ausübungsmodalitäten
→ Optionsfrist
→ Underlying
→ Art der Andienung

Ausübung
Willenserklärung gegenüber dem Emittenten, mit welcher der Inhaber zum Ausdruck bringt, daß er von seinem Kauf- bzw. Verkaufsrecht Gebrauch macht.

Ausübungsfrist
Zeitraum, innerhalb dessen der Optionsinhaber von seinem Recht Gebrauch machen kann.

Ausübungspreis
→ Strike Price

Ausübungstag
Derjenige Zeitpunkt, an dem der Warrantinhaber von seinem Recht Gebrauch macht. Bei europäischen Optionen ist dies stets nur am Fristende möglich, während der Inhaber eines amerikanischen Warrants jederzeit während der Laufzeit ausüben könnte.

Automatische Ausübung
Warrantinhaber erhält am Verfalltag ohne eigenes Zutun vom Emittenten eine Gutschrift über den Inneren Wert, sofern letzterer positiv ausfällt.

Bandbreite
→ Korridor

Barausgleich
→ Cash Settlement

Basisgut
→ Underlying

Basiskurs
→ Strike Price

Basispreis
→ Strike Price

Basispreisanpassung
Durch den Kursverlauf des Underlyings bedingte Angleichung des Strike. Ist typisch für bestimmte Exotische Optionsscheine, so zum Beispiel für Look-Back- und Karabiner-Warrants.

Basiswert
→ Underlying

Basket-Warrant
→ Korb-Optionsschein

Bezugspreis
→ Strike Price

Bezugsverhältnis
Ausstattungselement, das angibt, wieviel Einheiten des Underlyings mit einem einzigen Warrant bezogen bzw. veräußert werden können. Das Bezugsverhältnis entspricht dem Kehrwert des Optionsverhältnisses.

Bid
Englischsprachige Bezeichnung für Geldkurs.

Binary-Option
Andere Bezeichnung für Digital-Option.

Black/Scholes
Begründer des wohl bekanntesten und mittlerweile am weitesten verbreiteten Modells zur Kalkulation von Optionspreisen.

Break-Even-Kurs
Preis, den das Underlying spätestens am Verfalltag erreicht haben muß, damit der Optionsinhaber keinen Verlust erleidet. Break-Even-Kurse existieren in verschiedenen Varianten.

Brief
Kurzform für Briefkurs.

Briefkurs
Preis, zu dem ein Warrant vom Market-Maker verkauft wird. Briefkurs liegt stets oberhalb des Geldkurses.

Calendar spread
Preisunterschied zwischen derivativen Instrumenten, die in allen Ausstattungsmerkmalen übereinstimmen, abgesehen von der Restlaufzeit.

Call
Berechtigt den Inhaber, das Underlying bei Ausübung zum Strike Price erwerben zu dürfen.

Cap
Begriff dient üblicherweise als Bezeichnung für Höchstgrenze und findet im Zusammenhang mit Capped-Warrants und Zinssicherungszertifikaten Verwendung.

Capped-Warrants
Sammelbegriff für Warrants, die mit einem Cap oder Floor versehen sind.

Cash Settlement
Stillhalter erfüllt seine Verpflichtung bei Ausübung der Option dadurch, daß er dem Optionsinhaber die Differenz zwischen aktuellem Preis des Underlyings sowie Strike bar ausgleicht, sofern der betrachtete Warrant am Verfalltag im Geld notiert. Mit anderen Worten: Ein Transfer des Basisguts unterbleibt. Anstelle dessen erfolgt eine Auszahlung des Inneren Wertes.

Commodity
Englischsprachige Bezeichnung für Waren.

Covered Warrant
Begriff wurde im Laufe der Zeit immer weiter gefaßt. Ursprünglich umschrieb die Bezeichnung nur Aktien-Warrants, die vom Emittenten zu Absicherungszwecken mit den entsprechenden Papieren unterlegt wurden. Mittlerweile zählen zu Covered Warrants allerdings auch Scheine, bei denen kein unmittelbarer Deckungsbestand mehr existiert und stattdessen andere Absi-

cherungsformen gewählt werden, vor allem derivative Produkte.

DAX
→ Deutscher Aktienindex

Deep-in-the-money
Warrant notiert deep-in-the-money, wenn er zum Betrachtungszeitpunkt über einen überaus hohen Inneren Wert verfügt.

Deep-out-of-the-money
Optionsschein, dessen Strike sich deutlich unterhalb (Call) bzw. oberhalb (Put) des aktuellen Underlyingkurses befindet. In diesem Fall ist eine starke Kursbewegung des Basisgutes erforderlich, damit der Warrant am Verfalltag für seinen Inhaber einen Wert hat.

Delta
Kennziffer, die zum Ausdruck bringt, wie sich der Warrantwert verändert, wenn der Preis des Underlyings eine Änderung erfährt. Ein Call weist stets einen Deltawert zwischen 0 und 1 auf, während sich das Intervall für einen Put von –1 bis 0 erstreckt. Der Deltawert gibt im übrigen auch die von den Marktakteuren angenommene Wahrscheinlichkeit wider, daß der betrachtete Warrant am Verfalltag einen positiven Inneren Wert aufweist.

Deltahebel
→ Leverage

DEM
In der Finanzwelt geläufiges Kürzel für „DM".

Derivate
Das Wort „derivativ" hat seinen Ur-

sprung im Lateinischen und bedeutet soviel wie „her- oder abgeleitet". Das Gegenstück zu Derivaten stellen die sogenannten originären (lat. = ursprünglichen, herkömmlichen) Geschäfte dar, worunter üblicherweise elementare Anlageformen wie Aktien oder Anleihen gefaßt werden. Aus ihnen leitet sich der Wert eines Derivats ab.

Deutsche Terminbörse
Börse, an der standardisierte Derivate gehandelt werden. Im Unterschied zu Präsenzbörsen findet der Handel an der DTB nicht auf einem zentralen, an einem bestimmten Ort angesiedelten Parkett statt, sondern an Computern, die dezentral angeordnet sind.

Deutscher Aktienindex
Aktienindex, der die 30 umsatzstärksten deutschen Aktien repräsentiert. Der DAX ist das Börsenbarometer, das in Deutschland die höchste Beachtung findet.

Differenzausgleich
→ Cash Settlement

Differenzzahlung
→ Cash Settlement

Digital-Option
Warrant, bei dem ein bestimmter Geldbetrag zur Auszahlung gelangt, wenn der Underlyingkurs am Verfalltag innerhalb einer vorgegebenen Range, oberhalb eines genau festgelegten Kurses oder unterhalb einer bestimmten Schwelle liegt.

Disagio
→ Abgeld

DTB
→ Deutsche Terminbörse

Effekten
→ Wertpapiere

Effektive Andienung
→ Physical Delivery

Einfacher Hebel
Entspricht dem Quotienten aus aktuellem Underlying-Preis und dem um das Bezugsverhältnis angepaßten Warrantkurs. Der einfache Hebel ist eine Kennziffer mit eingeschränkter Aussagekraft. Eine gehaltvollere Größe ist der sogenannte Leverage.

Emission
Begriff bezeichnet üblicherweise die Ausgabe von Wertpapieren. Oftmals dient der Ausdruck als Terminus für die Gesamtheit sämtlicher zu einer bestimmten Ausgabe zählender Wertpapiere.

Emissionshaus
→ Emittent

Emittent
Institution – in aller Regel Geschäftsbank –, die Wertpapiere, also auch Warrants, ausgibt und für die verbrieften Rechte die Gewährleistung übernimmt.

Europäisch
Die Möglichkeit zur Ausübung einer europäischen Option besteht ausschließlich am Verfalltag. Im Unterschied dazu können amerikanische Warrants jederzeit während ihrer Laufzeit ausgeübt werden.

European Style
→ Europäisch

Exercise Price
→ Strike Price

Exoten
→ Exotische Warrants

Exotics
→ Exotische Warrants

Exotische Warrants
Bezeichnung für Warrants, deren Konstruktionsprinzipien sich bisweilen deutlich von Plain-Vanilla-Strukturen abheben, was allerdings nicht unbedingt bedeuten muß, daß Exoten komplizierter aufgebaut sind. So sind durchaus Produkte anzutreffen, die weitaus komplexer strukturiert sind als Standardscheine, derweil andere Exoten deutlich einfacher aufgebaut sind.

Expiration
Kurzform für Expiration Day.

Expiration Day
Englischsprachige Bezeichnung für Verfalltag.

Extremwert-Optionsscheine
Warrants, deren Innerer Wert nicht nur vom aktuellen Underlying-Preis bestimmt wird, sondern auch von dessen Verlauf während der gesamten bisher verstrichenen Optionsfrist.

Fair Value
Begriff dient zumeist zur Bezeichnung der mit Hilfe von Optionspreismodellen berechneten Warrantpreise.

Fairer Preis
→ Fair Value

FIBOR
Abkürzung für „Frankfurt Interbank Offered Rate" (– Referenzzinssatz).

Floating-Rate-Note
→ Variabel verzinsliche Anleihe

Floor
Bezeichnung für Untergrenze. Wird im Zusammenhang mit Capped-Warrants und Zinssicherungszertifikaten verwendet.

Forward
Unbedingtes Termingeschäft, dessen Konditionen von den Vertragsparteien vollkommen individuell gewählt werden können. Im Unterschied zu Futures unterliegt kein Ausstattungsmerkmal irgendwelchen Standardisierungszwängen.

FRN
→ Floating-Rate-Note

Fungibilität
Austauschbarkeit eines Gutes oder Finanzinstrumentes. Eine hohe Fungibilität kommt zum Beispiel durch eine Standardisierung zustande. So sind etwa an einer Börse gehandelte Produkte ausgesprochen fungibel, was nichts weiter bedeutet, als daß eine jederzeitige Veräußerbarkeit zu einem angemessenen Preis für gewöhnlich problemlos möglich ist.

Future
Unbedingtes Termingeschäft, dessen Ausstattungsmerkmale ausgesprochen stark standardisiert sind. Die Vertragsparteien haben Gestaltungsspielraum ausschließlich im Hinblick auf den Preis. Im Unterschied zu Forwards findet ein Handel an speziell dafür eingerichteten Börsen, den sogenannten Terminbörsen, statt.

Gamma
Zeigt an, wie sensibel das Delta auf Änderungen des Underlyingpreises reagiert. Je höher der Gammawert desto instabiler das Delta. Umgekehrt signalisiert ein niedriges Gamma ein im Zeitablauf vergleichsweise beständiges Delta. Gamma ist grundsätzlich am höchsten bei at-the-money-Optionen und um so geringer, je weiter eine Option im Geld oder aus dem Geld notiert.

GBP
In der Finanzwelt übliches Kürzel für „Britisches Pfund".

Gearing
→ Einfacher Hebel

Geld (G)
Kurzform für Geldkurs.

Geldkurs
Preis, zu dem Warrant vom Market-Maker angekauft wird. Geldkurs liegt stets unterhalb des Briefkurses.

Gesamtlaufzeit
Zeitraum zwischen Entstehung („Emission") und Verfalltag eines Warrants.

Gewinnschwelle
→ Break-Even-Kurs

Glattstellung
Die Auflösung einer bestehenden Position durch eine entgegengesetz-

te Transaktion heißt üblicherweise Glattstellung. Ein gekaufter Call könnte beispielsweise dadurch glattgestellt werden, daß zusätzlich eine Call-Stillhalterposition aufgebaut wird. Begriff ist fester Bestandteil des Terminbörsenjargons und findet im Zusammenhang mit Warrants eher selten Verwendung.

Griechische Variable
→ Sensitivitätskennzahlen

Hebel
Oberbegriff für „Einfacher Hebel" und „Leverage".

Hedging
Begriff ist nicht einheitlich definiert, wird in den meisten Fällen allerdings als Synonym aufgefaßt für die Absicherung bereits bestehender oder geplanter Kassapositionen mit Hilfe Derivativer Instrumente.

Historische Volatilität
Auf der Basis vergangener Preise gewonnene Intensität der Preisschwankungen.

Hockeystick-Diagramm
Trägt man den Inneren Wert einer Option in Abhängigkeit vom Underlyingkurs in einem Diagramm ab, so erinnert das dabei entstehende Bild an einen Hockeyschläger, englisch „Hockeystick". In der Fachsprache heißen derlei Graphiken daher „Hockeystick-Diagramme".

Im Geld
→ In-the-money

Implizite Volatilität
Diejenige Volatilität, die die Markt-

teilnehmer künftig für ein bestimmtes Underlying (z. B. T-Aktie) vermuten und daher in den Warrantpreis einfließen lassen.

Innerer Wert
Positive Differenz zwischen aktuellem Underlyingpreis und Strike (beim Call) bzw. Strike und aktuellem Underlyingpreis (beim Put).

In–the–money
Optionen notieren in-the-money, wenn sie einen Inneren Wert größer als null aufweisen. Je mehr der Preis des Underlyings den Strike überragt (bei Calls) bzw. unterschreitet (bei Puts), desto weiter liegt die Option im Geld. Bei sehr starken Abweichungen sprechen die Fachleute daher auch von Optionen, die sehr weit im Geld sind, englisch: deep-in-the-money.

Intrinsic Value
→ Innerer Wert

ISIN–Code
Internationaler Abwicklungscode. Vergleichbar mit der in Deutschland geläufigen WKN.

JPY
In der Finanzwelt geläufige Abkürzung für „Japanischer Yen".

Kassaposition
Terminus aus dem Fachjargon. Er umfaßt gekaufte Waren und Finanzinstrumente, etwa im Bestand eines Anlegers befindliche Aktien, Anleihen oder Devisen, allerdings keine Derivate. Letztere könnte man unter den Begriff „Terminpositionen" fassen.

Kaufoption
→ Call

Kaufrecht
→ Call

Klassische Scheine
Warrants, die in Verbindung mit einem anderen Wertpapier, üblicherweise einer Anleihe („Optionsanleihe") ausgegeben werden. Derlei Scheine sind durchweg Calls, die sich auf die Aktien des Anleiheemittenten beziehen. Macht der Inhaber eines Klassischen Warrants von seinem Recht Gebrauch, so muß der Emittent sein Kapital erhöhen. Mit anderen Worten: Die Zahl der umlaufenden Aktien steigt.

Knock-In-Barriere
Kursgrenze, die vom Underlying über- bzw. unterschritten werden muß, damit der Inhaber eines Knock-In-Border-Warrants in den Genuß des Auszahlungsbetrages gelangt.

Knock-Out-Grenze
Kursschwelle, die vom Underlying über- bzw. unterschritten werden muß, damit Knock-Out-Border-Warrants sowie K. O.-Range-Warrants wertlos verfallen.

K. O.-Schwelle
→ Knock-Out-Grenze

Korb-Optionsschein
Schein basiert nicht auf einer einzigen Aktie, Anleihe oder Währung, sondern auf einer Vielzahl gleichartiger Underlyings, etwa zehn verschiedenen Aktien aus der Chemiebranche oder fünf unterschiedlichen Währungen.

Korridor
Durch eine Kursober- und eine Kursuntergrenze aufgespannte Bandbreite, innerhalb derer der Underlyingpreis liegen muß, damit ein Innerer Wert erhöht (Single- und Dual-Range-Warrants) bzw. gefestigt wird (K. O.- und Digital-Range-Warrants).

Laufzeit
→ Optionsfrist

Leerverkauf
Bei einem Leerverkauf wird eine Sache veräußert, etwa eine Aktie, die dem Verkäufer in Wirklichkeit nicht gehört – deshalb die Bezeichnung „leer". Dafür muß beispielsweise die Aktie für einen bestimmten Zeitraum zunächst ausgeliehen und nach Ablauf der Leihfrist wieder zurückgegeben werden. Wenn das Papier spätestens am Fristende preiswerter zurückgekauft werden kann, erzielt der Leerverkäufer einen Gewinn.

Leverage
Entspricht dem Hebel multipliziert mit dem Delta. Die Aussagekraft dieser Kennziffer ist deutlich höher als die des „einfachen Hebels", da im Gegensatz dazu die Veränderung der Zeitprämie Berücksichtigung findet.

LIBOR
Abkürzung für „London Interbank Offered Rate" (Referenzzinssatz).

LIFFE
Abkürzung für „London International Financial Futures and Options Exchange". Die LIFFE ist eine britische Terminbörse, bei der es sich, im

Unterschied etwa zur DTB, nicht um eine Computer-, sondern um eine Präsenzbörse handelt.

Market-Maker
Ein Market-Maker nennt sowohl An- als auch Verkaufspreise für Warrants und ist bereit zu diesen Konditionen zu handeln. Dadurch ist sichergestellt, daß Anleger allzeit kaufen und verkaufen können. Zumeist verpflichten sich Warrant-Emittenten auch zum Market-Making für die eigenen Produkte.

Market-Making
Tätigkeit des Market-Makers.

Maturity
Englischsprachige Bezeichnung für Fälligkeit.

MDAX
Kurzwort für Mid-Cap-DAX. Dabei steht Mid-Cap als Abkürzung für „middle-sized capitalization", was auf die im Vergleich zu DAX-Werten geringere Kapitalausstattung der im MDAX erfaßten Aktiengesellschaften hindeutet. Der MDAX umfaßt die siebzig, nach den DAX-Werten bedeutendsten börsennotierten deutschen Unternehmen.

Naked Warrant
Kein feststehender Begriff. Üblicherweise umfaßt er Optionsscheine, die selbständig emittiert werden und somit nicht Bestandteil einer Schuldverschreibung („Optionsanleihe") sind.

Neuemission
Erstmalige Ausgabe von Wertpapieren, etwa Aktien oder Warrants.

Normierung
→ Standardisierung

Offer Price
Englischsprachige Bezeichnung für Briefkurs.

Option
Vertragliche Vereinbarung zwischen zwei Parteien, die dem Optionskäufer das Recht verschafft, allerding nicht die Verpflichtung, ein bestimmtes Basisgut vom Stillhalter zu einem im voraus fixierten Preis entweder zu einem festgelegten Zeitpunkt oder während eines vorab eingegrenzten Zeitraums zu beziehen (Call) bzw. zu veräußern (Put).

Optionsanleihe
Schuldverschreibung mit beigefügtem Warrant. Schein kann zumeist von der Anleihe getrennt und separat davon gehandelt werden.

Optionsfrist
Zeitspanne zwischen Emission und Fälligkeit eines Optionsscheins. Sozusagen die „Lebensdauer" eines Warrants.

Optionsprämie
In Deutschland bezeichnet der Ausdruck generell den Gesamtpreis, der für einen Warrant gezahlt werden muß. Vor Erreichen des Laufzeitendes setzt sich die Optionsprämie demnach aus Innerem Wert und Zeitprämie zusammen, am Verfalltag dann nur noch aus inneren Wert. In anderen Ländern, vorwiegend den USA, dient der Terminus ausschließlich als Synonym für die Zeitprämie, nicht jedoch für den gesamten Optionspreis.

Optionspreis
→ Optionsprämie

Optionspreistheorie
Im Zentrum der Optionspreistheorie steht die Frage nach dem „fairen" Wert von Optionen. Zu den bekanntesten optionspreistheoretischen Modellen zählt sicherlich der Ansatz der US-Amerikaner *Fischer Black* und *Myron Scholes* („Black/Scholes-Formel").

Optionsschein
Verbriefte Option, also ein Wertpapier, das ein Kauf- bzw. Verkaufsrecht garantiert.

Optionsverhältnis
Kehrwert des Bezugsverhältnisses. Gibt an, wieviel einzelne Warrants benötigt werden, um eine Einheit des Underlyings im Falle einer Ausübung zu kaufen bzw. zu verkaufen.

OTC
→ Over The Counter

Out-of-the-money
Unterschreitet der Underlyingpreis den Strike eines Calls, so notiert die Option out-of-the-money. Im Vergleich dazu liegt ein Put aus dem Geld, falls der Basispreis überschritten wird. Analog zu deep-in-the-money-Optionen existieren auch Calls und Puts, die sehr weit aus dem Geld notieren, was dann mit deep-out-of-the-money umschrieben wird.

Over The Counter
Der Terminus kennzeichnet Geschäfte, deren Ausstattung individuell zwischen den Vertragspartnern vereinbart werden kann. OTC-Produkte unterliegen, anders als Börsengeschäfte, keinerlei Standardisierungsvorschriften. Die Bezeichnung OTC wird auch im Zusammenhang mit Warrants verwendet. Sie bringt dann zum Ausdruck, daß mit dem Emittenten direkt gehandelt wird und nicht an einer Wertpapierbörse.

p. a.
→ per annum

per annum
Bezeichnung für „pro Jahr". Dient häufig als Zusatz für bestimmte Kennziffern, etwa die Rendite, und soll zum Ausdruck bringen, daß sich die jeweilige Angabe auf ein Jahr bezieht.

Performance
In der Fachsprache geläufiger Begriff für die Wertentwicklung einer Geldanlage.

Physical Delivery
Stillhalter erfüllt seine Verpflichtung bei Ausübung der Option dadurch, daß er das Underlying tatsächlich liefert bzw. abnimmt, je nach dem, ob es sich um einen Call oder Put handelt.

Plain Vanilla
Gängige Bezeichnung für Standardprodukte. In bezug auf Warrants umfaßt der Begriff herkömmliche Calls und Puts. Im Gegensatz dazu weichen die Konstruktionselemente sogenannter Exotischer Optionsscheine zum Teil recht deutlich davon ab.

Prämie
Andere Bezeichnung für Options-

prämie. Dient insbesondere in den USA als Begriff für das Aufgeld (Agio) einer Option.

Pricing by Duplication
Nachbildung der Zahlungsstruktur eines bestimmten Finanzinstrumentes („Original") durch andere Produkte, mit dem Ziel, den Preis des Originals auf die Kurse des Duplikats zurückzuführen.

Put
Berechtigt den Inhaber, das Underlying bei Ausübung zum Strike Price veräußern zu dürfen.

Range
→ Korridor

Referenzzinsatz
Unter diesem Begriff wird üblicherweise ein bestimmter durchschnittlicher Geldmarktzinssatz verstanden. Ausgewählte Geschäftsbanken geben einmal am Tag an, zu welchen Sätzen sie an andere Institute Kredite vergeben – und zwar meist für Laufzeiten von einem Monat, zwei Monaten usw. bis hin zu zwölf Monaten. Jede Bank teilt also 12 einzelne Zinssätze mit. Für jede Laufzeit liegen nun mehrere, von unterschiedlichen Instituten stammende Sätze vor, aus denen schließlich ein Durchschnittswert gebildet wird, der sogenannte Referenzzinssatz.

Rendite
In Form eines Prozentsatzes ausgedrückter und auf Jahresbasis umgerechneter Ertrag einer Geldanlage.

Restlaufzeit
Noch verbleibende Zeit, bis der Verfalltermin erreicht ist. Gesamt- und Restlaufzeit sind bei Emission eines Warrants identisch.

Reuters
Einer der weltweit bedeutendsten Informationsanbieter, der neben anderen Nachrichten auch Finanzmeldungen und aktuelle -daten, etwa Börsenkurse, offeriert.

Rho
Beziffert die Empfindlichkeit des Optionspreises im Hinblick auf Veränderungen des Zinsniveaus.

Roll-Over-Termin
→ Zinsanpassungstermin

Schlußkurs
In aller Regel letzter an einem Handelstag an einer Börse festgestellter Kurs für einen bestimmten Finanztitel oder Index. Der Schlußkurs – etwa der einer Aktie, die als Underlying fungiert – wird häufig für die Berechnung des Differenzausgleichs bei Warrants mit Cash Settlement verwendet.

Schrankenoptionsscheine
Warrants, deren Innerer Wert ab einer bestimmten Kursschwelle nicht mehr von einem Anstieg bzw. Rückgang des Underlyingpreises profitiert. Dies ist zurückzuführen auf eine Kursober- („Cap") bzw. Kursuntergrenze („Floor").

Schreiber
Andere Bezeichnung für Stillhalter. Die Emission von Warrants oder anderen Optionen wird gelegentlich auch als „Schreiben" bezeichnet.

Schwellenoptionsscheine
Optionsscheine, deren Wertentwicklung ganz entscheidend davon abhängt, ob eine Kursschwelle während der Laufzeit durchbrochen wird oder unverletzt bleibt.

Sensitivitätskennzahlen
Kennziffern, die jeweils zum Ausdruck bringen, wie empfindlich der Optionspreis auf die Veränderung einer bestimmten Einflußgröße reagiert. Hierzu zählen vor allem die „Griechen" Delta, Gamma, Vega, Theta und Rho.

Simplex–Warrants
→ Digital-Warrants

S & P 500
Bedeutender nordamerikanischer Aktienindex, der die Wertentwicklung 500 marktstarker US-Aktien widerspiegelt.

Spanne
→ Korridor

Spread
Differenz zwischen Geld- und Briefkurs. Um die Spreads verschiedener Warrants direkt miteinander vergleichen zu können, sollte das Bezugsverhältnis miteinbezogen werden.

Standard & Poor's 500
→ S & P 500

Standardisierung
Vereinheitlichung hinsichtlich bestimmter Ausstattungselemente, etwa des Verfalltermins, der Kontraktgröße oder der Basispreise.

Step-Down
Zusatz, der andeutet, daß der Basispreis im Zeitablauf nach unten angepaßt wird.

Step-Up
Zusatz, der darauf hindeutet, daß der Strike im Zeitablauf nach oben verschoben wird.

Stillhalter
Im Rahmen eines Optionsgeschäftes diejenige Partei, die sich der Entscheidung des Optionsinhabers beugen muß und – im Falle einer Ausübung – das Underlying gegen Zahlung des Basispreises liefern muß bzw. den Strike zahlen muß und dafür das Underlying erhält. Bei Warrants kann lediglich ein zur Emission von Wertpapieren fähiger Marktteilnehmer die Stillhalterrolle übernehmen.

Strike
Kurzform für Strike Price.

Strike Price
Fixierter Preis, zu dem Optionsinhaber das Underlying erwerben oder veräußern kann bzw. auf dessen Grundlage das Cash Settlement erfolgt.

Strike Reset
Basispreisanpassung bei Warrants, die sich auf Futures beziehen. Damit soll die Benachteiligung einer Vertragspartei verhindert werden, die sich aufgrund eines calendar spreads ergeben kann.

Stripping
Zerlegung eines Finanzinstrumentes in seine einzelnen Komponenten.

Terminbörsenoption
Optionen, die an Terminbörsen gehandelt werden. Derartige Produkte sind, im Unterschied zu OTC-Geschäften, vor allem im Hinblick auf die Verfalltage und die Kontraktgrößen vereinheitlicht. Dadurch soll insbesondere eine hohe Liquidität gewährleistet werden, die zum einen eine faire Preisbildung unterstützen und zum anderen die jederzeitige Glattstellung einer Position gewährleisten soll.

Theoretischer Optionspreis
Warrantkurs, der mit Hilfe eines Optionspreismodells berechnet wird. Sehr häufig wird auf den Ansatz von *Black/Scholes* zurückgegriffen.

Theta
Bringt zum Ausdruck, wie sich der Warrantpreis bei einer Verkürzung der Optionsfrist verhält.

Time spread
→ Calendar spread

Time Value
→ Zeitprämie

Underlying
Objekt, auf das sich das Kauf- bzw. Verkaufsrecht bezieht. Hierzu zählen etwa Aktien, Devisen, Indizes oder Commodities.

USD
In der Finanzwelt gebräuchliche Abkürzung für „US-Dollar".

Valuta
Derjenige Zeitpunkt, an dem die Wertstellung, etwa bei Warrantgeschäften, vonstatten geht.

Variabel verzinsliche Anleihe
Im Unterschied zu festverzinslichen Schuldverschreibungen wird die laufende Verzinsung einer variabel verzinslichen Anleihe in regelmäßigen Zeitabständen an das aktuelle Zinsniveau angeglichen.

Vega
Kennzahl für Preisreaktionen einer Option aufgrund von Änderungen der impliziten Volatilität.

Verfalltag
Zeitpunkt, an dem das Recht zur Ausübung erlischt. Bei amerikanischen Optionen derjenige Tag, an dem das Recht letztmalig genutzt werden kann. Im Vergleich dazu ist der Verfalltermin bei europäischen Optionen der Zeitpunkt, an dem die Ausübung erst- und letztmalig möglich ist.

Verfalltermin
→ Verfalltag

Verkaufsoption
→ Put

Verkaufsrecht
→ Put

Vola
In der Praxis häufig verwendete Abkürzung für Volatilität.

Volatilität
Intensität, mit der ein bestimmter Preis – etwa der des Underlyings – schwankt. Grundsätzlich läßt sich eine Unterscheidung treffen zwischen der historischen und der impliziten Volatilität.

Warrant
Englischsprachige Bezeichnung für Optionsschein.

Wertpapier
Bezeichnung für Urkunden, die bestimmte Rechte verbriefen. So können zum Beispiel Eigentumsrechte („Aktien"), Forderungen („Anleihen") oder Optionsrechte („Warrants") differenziert werden.

Wertpapier-Kenn-Nummer
Numerischer Code zur Identifikation eines Wertpapiers.

WKN
→ Wertpapier-Kenn-Nummer

Zeitprämie
Derjenige Betrag, um den der aktuelle Warrantpreis den Inneren Wert überragt.

Zeitwert
→ Zeitprämie

Zinsanpassungstermin
Regelmäßiger, zumeist halb- oder vierteljährlicher Termin, an dem die Zinszahlungen einer variabel verzinslichen Anleihe an den aktuellen Referenzzinssatz angepaßt werden. Begriff findet allerdings nicht nur im Zusammenhang mit Floating Rate Notes Verwendung. Er bezeichnet auch die Termine bei Zinssicherungszertifikaten, an denen der Strike mit dem jeweiligen aktuellen Referenzzinssatz verglichen wird.

Zinsoption
Sammelbegriff für Zinssatz-Warrants, Zinssicherungszertifikate, Anleihe-Warrants sowie Scheine auf Zinsfutures.

Zinssicherungszertifikat
Warrant, der seinem Inhaber eine Ausgleichszahlung zukommen läßt, wenn ein fixierter Zinssatz („Strike") durch einen bestimmten Referenzzinssatz über- bzw. unterschritten wird. Im Unterschied zu einer Zinssatzoption weist ein Zinssicherungszertifikat mehr als einen Roll-Over-Termin auf.

Stichwortverzeichnis

Buchanzeigen

WIRTSCHAFT UND

Pauk/Lüdecke
Schlüsselfertiges Bauen
Der einfache Weg zum Eigenheim.
(dtv-Band 5857)

Witt/Witt · Controlling für
Mittel- und Kleinbetriebe
Bausteine und Handwerkszeug für
Ihren Controllingleitstand.
(dtv-Band 5858)

Deuker
Kostenrechnung für Praktiker
Betriebsabrechnung, Kalkulation,
Deckungsbeitragsrechnung, Investitionsrechnung,
Test- und Prüfungsfragen.
(dtv-Band 5860)

Kleine-Doepke
Management-Basiswissen
Strategische Planung, Kostenrechnung, Investitionsrechnung, Bilanzanalyse.
(dtv-Band 5861)

Hauptmann · Die gesetzlichen Renten
Ihr Wegweiser durch das Rentenlabyrinth.
(dtv-Band 5864)

Diwald · Zinsfutures und Zinsoptionen
Erfolgreicher Einsatz an DTB und LIFFE.
(dtv-Band 5866)

Mehrmann/Plaetrich
Der Veranstaltungs-Manager
Organisation von betrieblichen Veranstaltungen,
Messen, Ausstellungen, Kongressen und Tagungen.
(dtv-Band 5867)

Pauli · Leitfaden für die Pressearbeit
Anregungen, Beispiele, Checklisten.
(dtv-Band 5868)

Neuhäuser-Metternich
Kommunikation im Berufsalltag
Verstehen und verstanden werden.
(dtv-Band 5869)

Schulz/Schulz · Ökomanagement
So nutzen Sie den Umweltschutz im Betrieb.
(dtv-Band 5870)

Rohr (Hrsg.)
Management und Markt
Unternehmensführung und
gesamtwirtschaftlicher Rahmen.
(dtv-Band 5871)

Becker · Lexikon des
Personalmanagements
Über 1000 Begriffe zu Instrumenten, Methoden und
rechtlichen Grundlagen betrieblicher Personalarbeit.
(dtv-Band 5872)

Knieß · Kreatives Arbeiten
Methoden und Übungen zur Kreativitätssteigerung.
(dtv-Band 5873)

Eller
Alles über Finanzinnovationen
Geld verdienen mit kalkuliertem Risiko.
(dtv-Band 5874)

Häffner-Schroeder
Ratgeber Lebensversicherung
Formen, Tarife und Renditen von Kapitallebensversi-
cherungen.
(dtv-Band 5875)

Jäcklin
Vermögen bilden und vermehren
Ratgeber für Ihr privates Finanzmanagement.
(dtv-Band 5876)

Heinrichs/Klein
Kulturmanagement von A–Z
Wegweiser für Kultur- und Medienberufe.
(dtv-Band 5877)

Briese-Neumann
Erfolgreiche Geschäftskorrespondenz
Perfektion in Form, Stil und Sprache.
(dtv-Band 5878)

Schanz/Gretz/Hanisch/Justus
Alkohol in der Arbeitswelt
Fakten – Hintergründe – Maßnahmen.
(dtv-Band 5879)

Knapp · Pflegeleichte Geldanlagen
Erfolg mit minimalem Zeitaufwand.
(dtv-Band 5883)

Pepels · Lexikon des Marketing
Über 2500 grundlegende und aktuelle Begriffe für
Studium und Beruf.
(dtv-Band 5884)

Held · Ratgeber Kfz-Versicherung
(dtv-Band 5885)

Schelle · Projekte zum Erfolg führen
(dtv-Band 5888)

FINANZEN im

**Wicke · Umweltökonomie
und Umweltpolitik**
(dtv-Band 5828)

**Hugo-Becker/Becker
Psychologisches Konfliktmanagement**
Menschenkenntnis – Konfliktfähigkeit – Kooperation.
(dtv-Band 5829)

Witt · Lexikon des Controlling
Von ABC-Analyse bis ZVES-Kennzahlensystem
(dtv-Band 5830)

Arnold · Das Franchise-Seminar
Selbständig mit Partner.
(dtv-Band 5831)

**Herrling/Federspiel
Wege zum Wohneigentum**
Ihr Ratgeber für den Immobilienerwerb.
(dtv-Band 5834)

**Dichtl/Eggers (Hrsg.)
Marke und Markenartikel als
Instrumente des Wettbewerbs**
Marke und Markenartikel, Markenpsychologie
(dtv-Band 5835)

**Herrling/Mathes
Der Buchführungs-Ratgeber**
Grundlagen der Buchführung für Einsteiger
(dtv-Band 5836)

**Weber
Kosten- und Finanzplanung**
Ein Praxisleitfaden für Klein- und
Mittelbetriebe.
(dtv-Band 5838)

**Thomas
Praxis der Betriebsorganisation**
(dtv-Band 5839)

**Schwan/Seipel · Personalmarketing
für Mittel- und Kleinbetriebe**
(dtv-Band 5841)

Haug · Erfolgreich im Team
Praxisnahe Anregungen und Hilfestellungen
für effiziente Zusammenarbeit.
(dtv-Band 5842)

**Eller · So gestalte ich
meine Altersvorsorge**
Zukunftssicherung für Arbeitnehmer
und Selbständige.
(dtv-Band 5843)

**Kühlmann/Blumenstein/Dietrich
Die Lebensversicherung
zur Altersvorsorge**
Ihre Versorgung und Absicherung für
heute und morgen
(dtv-Band 5844)

**Weisbach
Professionelle Gesprächsführung**
Ein praxisnahes Lese- und Übungsbuch.
(dtv-Band 5845)

**Kastin · Marktforschung
mit einfachen Mitteln**
Daten und Informationen beschaffen,
auswerten und interpretieren.
(dtv-Band 5846)

**Gramlich
Geldanlage in Fremdwährungen**
(dtv-Band 5847)

**Lobscheid
Mitarbeiter einvernehmlich führen**
Praxiswissen für erfolgreiche Führungsarbeit.
(dtv-Band 5848)

Knapp · Geld flexibel anlegen
Die Wahl der Anlageformen zum richtigen Zeitpunkt.
(dtv-Band 5850)

Then/Denkhaus · Zeitarbeit
Flexibel arbeiten und beschäftigen.
(dtv-Band 5851)

**Hammer · Soll ich mich
selbständig machen?**
(dtv-Band 5853)

**Wolff · Deutsche Aktiengesell-
schaften**
Kennzahlen und Charts.
Das Jahrbuch der Aktien.
(dtv-Band 5854/5894)

**Schmitt · Streß erkennen
und bewältigen**
Streß in der Arbeitswelt, Aspekte des Stresses,
Streßmanagement in der Praxis.
(dtv-Band 5855)

Sinn/Sinn · Kaltstart
Volkswirtschaftliche Aspekte der
deutschen Vereinigung.
(dtv-Band 5856)

WIRTSCHAFT UND

FINANZEN im dtv

Wolff · Börsenerfolge leicht gemacht
Der Ratgeber für die Aktienanlage
(dtv-Band 5890)

Pepels · Praxiswissen Marketing
(dtv-Band 5893)

Daschmann · Erfolge planen
Strategische Managementansätze und Instrumente
für die Praxis.
(dtv-Band 5895)

Hugo-Becker/Becker · Motivation
Neue Wege zum Erfolg.
(dtv-Band 5896)

**Götz/Herrling/Potthoff/Richter
Jahrbuch für Geldanleger**
Jährlich neu.
(dtv-Band 5891/50801)

**Sillescu
Was bieten Direktbanken?**
Kontoführung per Telefon und PC.
(dtv-Band 50802)

**Pepels
Lexikon der Marktforschung**
über 1000 Begriffe zur Informations-
gewinnung im Marketing
(dtv-Band 50803)

**Briese · Neumann
Optimale Sekretariatsarbeit**
Büroorganisation uns Arbeitserfolg
(dtv-Band 50804)

**Füser
Modernes Management**
Lean Management, Business Reengineering, Bench-
marking und viele andere Methoden
(dtv-Band 50809)

**Castner
Der EURO-Ratgeber**
Antworten zur neuen Währung
(dtv-Band 50810)

**Jossé
Basiswissen Kostenrechnung**
Kostenarten, Kostenstellen, Kostenträger, Kosten-
management
(dtv-Band 50811)

**Beike/Potthoff
Optionsscheine**
Grundlagen für den gezielten Einsatz an der Börse
(dtv-Band 50812)

**Böhmer/Wicke
Energiesparen im Haushalt**
So schonen Sie Umwelt und Geldbeutel
(dtv-Band 50813)

**Aehling
Investmentclubs**
Gemeinsam den Schritt an die Börse gehen
(dtv-Band 50817)

**Schöne
Bilanzierung in Fallbeispielen**
Grundlagen, Fälle und Lösungen zur Handels- und
Steuerbilanz
(dtv-Band 50818)

**Sattler
Unternehmerisch denken lernen**
Das Denken in Strategie, Liquidation, Erfolg und Risiko
(dtv-Band 50819)

**Falk/von Lüpke
Energie und Wohnen**
Nutzung regenerativer Energie im Eigentum
(dtv-Band 50821)

**Bombita/Köstler
Gewinnermittlung für Selbständige
und Existenzgründer**
Praktische Darstellung der Einnahme-Überschuß-
Rechnung
(dtv-Band 50823)

**Jeske
Erfolgreich verhandeln**
Grundlagen der Verhandlungsführung
(dtv-Band 50824)

Beck-Wirtschafts-
berater im

Wolff

Börsenerfolge leicht gemacht

Der Ratgeber für die Aktienanlage

Von Rudolf Wolff, Herausgeber des Börsendienstes „Börse intern Deutschland"

**dtv-Band 5890
1998. XIII, 137 Seiten. Kartoniert DM 14,90**

Trotz des derzeitigen Aktienbooms ist der Anteil des Aktienbesitzes verglichen mit anderen Anlageformen in Deutschland immer noch gering. Dem will dieses Werk abhelfen, stellt es doch gerade für den Börsenneuling das Grundwissen zusammen, das unbedingt erforderlich ist, um nicht nur mitreden zu können, sondern auch erfolgreich anzulegen.

Der Autor, langjähriger Börsenbeobachter und selbst ständig engagiert, stellt kompetent, aber nachvollziehbar all das dar, was der Leser braucht, um wie die Profis an den Börsenzyklen zu verdienen. Ein ausführlicher Informationsteil ergänzt das Werk.

Beck-Wirtschafts-berater im  Deutscher Taschenbuch Verlag